教育部人文社会科学重点基地重大项目
"中国特色的大学内部治理结构与质量保障机制建设"（18JJD880005）

"大学治理现代化丛书"顾问委员会

潘懋元　别敦荣　刘振天　吴　薇　郭建鹏　覃红霞

大 学 治 理 现 代 化 丛 书

丛书主编/王洪才

研究生导学权力-权利适配性研究

THE COMPATIBILITY OF SUPERVISORS 'POWERS AND STUDENTS'
RIGHTS IN POSTGRADUATE EDUCATION

施卫华◎著

厦门大学出版社 | 国家一级出版社
XIAMEN UNIVERSITY PRESS | 全国百佳图书出版单位

图书在版编目（CIP）数据

研究生导学权力-权利适配性研究 / 施卫华著. --
厦门：厦门大学出版社，2022.8
（大学治理现代化丛书 / 王洪才主编）
ISBN 978-7-5615-8702-7

Ⅰ．①研… Ⅱ．①施… Ⅲ．①研究生教育－研究
Ⅳ．①G643

中国版本图书馆CIP数据核字(2022)第149132号

出 版 人	郑文礼
责任编辑	曾妍妍

出版发行　厦门大学出版社

社　　址	厦门市软件园二期望海路 39 号
邮政编码	361008
总　　机	0592-2181111　0592-2181406(传真)
营销中心	0592-2184458　0592-2181365
网　　址	http://www.xmupress.com
邮　　箱	xmup@xmupress.com
印　　刷	厦门集大印刷有限公司

开本	720 mm×1 000 mm　1/16
印张	18.25
插页	2
字数	318 千字
版次	2022 年 8 月第 1 版
印次	2022 年 8 月第 1 次印刷
定价	72.00 元

本书如有印装质量问题请直接寄承印厂调换

厦门大学出版社
微信二维码

厦门大学出版社
微博二维码

总　序

一、高等教育内涵式发展需要大学治理现代化护航

(一)中国高等教育质量提升需要治理结构调整

我们清晰地认识到,研究大学内部治理结构问题是推进国家治理体系与治理能力现代化的急迫需要,也是推进高质量高等教育体系建设的客观需要。

从历史发展规律看,中国高等教育发展必然要经历从量变到质变的转变。虽然高等教育发展任何时候都不能忽视质量建设,但质量是作为基准还是高水平状态却有本质的不同。我们知道,在高等教育精英阶段,由于高度的选拔性使得生源素质普遍较高,学生的学习自觉性比较强,从而基本质量是有保障的,故而不必太关心质量问题。随着高等教育大众化的发展,大批新建高校出现,质量就变成了一个突出问题。我国也适时地开展了高等教育评估,并且通过建立示范校方式来促进质量建设。但在效率优先原则的带动下,人们对质量的关注成为其次的选择。对于高职院校、民办高校而言,保证充足生源无疑是第一位的选择。对于多数高校而言,扩充规模仍然是一种第一位选择。在此背景下,质量建设主题往往被忽视,经常成为一种口号的存在,在实际中往往不发挥真正作用。只有当高等教育规模开始趋向稳定时,质量建设主题才开始凸显出来。

高等教育规模扩张的拐点出现是在 2008 年,这一年是适龄入学人口的峰值,之后适龄入学人口出现不同程度的递减,因而人口学专家认为,即使招生规模不再继续扩大,仅仅维持 2008 年的招生规模,我国高等教育毛入学率也将出现持续增长的趋势,因为按照数学公式计算,在分子不变的情况下,分母减小,分值必将增加。事实也如此,虽然在 2008 年之后我国高等教

育规模扩张速度开始大幅度降低,而高等教育毛入学率依然呈快速增长态势。所以在 2018 年就基本完成了大众化,到 2019 年就已经超越了大众化水平,即高等教育毛入学率已经超过 50%。这意味着高等教育大众化过程基本结束,量的扩展任务基本完成,高等教育发展重心将从量的扩展转向质的提升。正是 2018 年年底我们正式启动了"中国特色的大学内部治理结构与质量保障机制建设"研究课题。这看似一种巧合,实质存在一种必然的逻辑,背后是"量变质变规律"在发挥作用。

事实上,伴随着高等教育大众化的发动,高等教育质量问题就开始引起各方面的关注,人们经常用"多而劣"来形容高等教育规模扩张。虽然人们认识到了高等教育大众化应该采取多样化的质量观,但对多样化质量观究竟是什么样的,人们并无清晰的认识。正是如此,我国提出了"分类发展"政策,也即倡导研究型大学、应用型高校、职业技术型高校应该采用不同的发展模式并采取不同的评价方式。分类发展概念实际上是多样化高等教育质量观的具体应用。但时至今日,人们并未给出一个清晰的划分标准,只是给出一个粗浅的分析框架。原因在于,对于众多高校而言,无法给出一个统一的合理的标准。因为每个高校办学条件不同,面对的生源素质不同,所面向的就业市场不同,教师的来源不同,于是教学质量千差万别,采取统一的评价标准根本不可行。唯一可行的路线是加强高等教育主体责任建设,使高等教育行为主体对高等教育质量问题高度重视,把质量提升变成每个主体的自觉行动。这实际上就需要治理机制的变革,而非通过外在控制的手段来解决质量问题。

要使每个高等教育行为主体担负起质量建设的责任,就必须进行高等教育治理结构的调整。高等教育管理重心太高,必然使高等教育基层变得被动。而高等教育质量建设的重心恰恰是在底层,所以激活高等教育行为底层的活力才是高等教育质量建设的第一要务。很显然,高等教育质量建设的第一行动者是高校教师,只有他们充分认识到质量问题的重要性并且致力于探讨教学质量提升的路径,才能从根本上解决质量问题。教师是高等教育质量建设的第一大群体,只有他们真正行动起来,高等教育质量建设才有保障。这直接涉及治理结构的调整,首先是大学内部治理结构的调整,即高校真正赋权给教师,给他们教学探索权、教学创制权,如此才能激发他们的创造活力。这样就要求高等教育管理重心下移,使高校二级管理机构真正变成管理实体,而非简单的执行机构,而能够根据办学市场变化和生源条件变化以及社会发展变化进行主动决策,而且能够科学决策,同时善于民主决策,从而把广大教师的积极性、创造性调动起来,最终能够激发每个学生的学习积极性,主动地把自己塑造成适应时代要求的创新创业人才。

(二)大学内部治理结构调整是一个系统工程,需要重点突破

显然,大学内部治理结构问题与高等教育管理体制密切相关,与高等教育运行机制紧密呼应。高等教育宏观管理体制不变,大学内部治理结构就难以调整。但我们不能等到外部管理体制完全调整完成之后才开始内部调整。事实上,高等教育改革并没有严格的先后顺序,可以同步进行,即只要哪个地方认识到了改革的必要性,就可以率先行动。可以说,高等教育创造性寓于每个行动者行为之中,高等教育改革动力就在于人们认识的超前性和对改革急迫性的感受。"知而不能行"是知识分子的痛楚,"知而能行"是时代赋予高校教师的使命。高等教育改革也可以从基层开始,从教学改革做起。当然,真正能够从自身做起的仍然是少数教师,对于绝大多数人而言,行动依然依靠自上而下的动员,需要行政上的赋权。所以,教育改革既离不开少数人率先探索示范,又不能缺少顶层设计和行政支持。高等教育体制改革事情很难全面铺开,只能选点进行实验探索,待实验成功之后再总结经验并逐步推广。大学内部治理调整也是如此,只能从局部探索开始,无法事先设计一个完美方案去推行。

选择哪些点进行探索比较合适?很显然,选择治理的关键节点进行比较合适。我们知道,在大学内部普遍采用的是一种垂直式管理方式,大学管理权力集中在学校领导机构,集中在校长与书记手中,因为我们实行的党委领导下的校长负责制。书记主持党委工作,自然就拥有工作的主导权,校长负责学校全面工作,必然就具有治理学校的权力。党委负责组织和人事工作,校长负责计划和落实工作。因为大学是一个多学科的综合体,如何调动每个学科的创造性就是书记和校长的核心职责。显然,选拔好各个学院的院长是书记和校长要做好的首要工作。那么,如何选拔合适的院长就是书记和校长工作的课题。随着办学重心的下移,办学压力将逐渐转移到学院,那么选拔合适的二级学院院长显得越来越急迫。什么是合适的二级学院院长呢?我们认为具有教育领导力的院长才是合适的院长,如果不具备教育领导力,就不是合适的二级学院院长。那么我们的第一个研究重点就是二级学院院长领导力研究。

1.大学二级学院院长领导力研究

之所以谈二级学院院长的教育领导力,就在于大学不仅是一个学术机构,而且是一个教育机构,大学各个二级学院应该是一个实体性的办学机构,而培养合格人才是办学的第一位职责,那么,培养我们社会所需要的人才就是院长的基本职责,如果不能完成这个任务,就是院长的失职,这样的院长就不称职。那么,二级学院院长的教育领导力问题就是我们的第一个研究主题。

如何开展二级学院院长领导力研究?选择合适的研究方法非常重要。通过简单的调查或理论推演都没有什么实际意义,只有能够面向高校改革实践来研究问题才是最合适的。显然对高等教育改革具有直接推动作用的研究方法是行动研究,那么只有行动者才适合从事该项研究。如果是纯粹的理论家进行研究就容易沦为空谈。而主管过高校组织人事工作并且正在从事高校人事管理的高校领导是最佳人选。

选择什么样的研究对象也非常关键。在高校办学群体中,地方高校在二级学院院长教育领导力提升问题上遇到的困惑最多,也最具有典型性。我们不得不承认,学术地位与领导能力之间具有紧密的相关性,学术地位越高越可以增加无形的影响力,自然对领导力提升具有促进作用。教育领导力提升与个人的学术水平有关,也与个人的教育经历和教育信念有关。在这些方面,地方高校劣势明显。如此,研究地方高校二级学院院长的教育领导力就具有代表性,换言之,如果地方高校二级学院院长教育领导力问题可以顺利解决,那么对于那些资源和优势非常明显的部属院校而言可能就不成问题。

2.大学二级学院学术委员会研究

在重视大学作为教育机构的同时,也必须重视大学首先是一个学术机构,教育活动是依托学术而进行的,没有学术这个本体,教育功能就难以实现。要充分实现大学的学术功能,就必须充分发挥二级学院的作用,因为二级学院是大学的基层组织,是基本的学术功能实体。那么,遵循学术规律,就不能把学院当成行政组织来管理。所以我们在研究二级学院院长的教育领导力的同时,必须关注学术委员会的建设,只有建立强有力的学术委员会组织,才能有效地发挥学院的学术功能实体作用。可以说,在研究二级学院的教育领导力时,也必须关注院长对学术委员会工作的支持,关注如何尊重学术自由,充分发挥学术委员会的作用,这对于实践"教授治学"的办学方针具有直接的现实意义。

二级学院学术委员会问题研究显然更为复杂,因为学术委员会组织长期以来处于一个弱势地位,受到的关注比较少,从而研究起来难度比较大。国内普遍缺乏比较成功的经验,而重点大学的情况会相对好一些,因为在重点大学,学术权威更容易受到重视,学术氛围也更好,学术委员会运行机制也更顺畅,从而从重点大学学术委员会建设中摸索成功经验比较容易。换言之,在重点大学,学术立场更容易得到坚持,行政化力量会受到自觉限制,这在无形中就为学术委员会运转提供了便利条件。那么,从重点大学获取二级学院学术委员会建设的成功经验就比较有利。

在研究方法选择上,无疑质性研究方法是第一位选择。因为学术委员会制度在建设过程中面临着许多挑战,这些挑战会因学科不同、学校不同或具体组成人员不同而不同,这些不同点又与复杂的历史背景和现实的多样的冲突有关。如何把握学术委员会制度建设中的难点和重点是大学学术治理的困惑所在。作为局外人很难完全理解当事人的处境,只有长期共事才有可能有比较全面的理解,显然这对于研究者而言是不现实的。在研究者无法全程跟踪研究对象的情况下,只能在取得信任的基础上通过深度访谈获得研究资料,然后再从中抽取出学术委员会制度建设的经验、问题进行思考。如果对二级学院院长教育领导力的研究需要采用行动研究方法的话,那么对学术委员会制度建设的研究只能采用客观描述的方法,即研究者不带个人主观意见地呈现研究对象的思考和对现实问题的分析,并且通过对不同研究对象的叙述的比较,找到一种比较理想的学术委员会制度建设图式。

3.大学本科课程治理研究

教育质量提高,关键靠教师。而调动教师的积极性关键要先全面了解教师在课程建设中的投入程度。如果教师在课程建设中投入的时间和精力充分,则教学质量无疑是高的,相反,则教学质量就难以保障。为此就需要在课程治理上做文章,调动教师投入课程建设的积极性,使教师积极投身教学改革研究。本科教育是高等教育的基础工程,"本科不牢,地动山摇"。在本科教育质量保障机制建设中,本科课程治理是一个关键环节。我们培养专业人才,都是通过一门门课程实施的,通过教师在每门课程上投身教学实践来达成的。要使教师充分地投身教学,就必须做好课程治理工作。

课程治理是一项艰难的工作,如何促进大学课程治理需要科学的设计。

本科课程涉及面非常广,涉及研究型大学和应用型高校乃至职业本科院校,但所有的本科课程建设都必须遵循教育基本规律,即都必须从调动学生学习积极性出发,都需要从激发教师的教学热情入手,离开这两点,课程治理就不可能成功。具体而言,就是要从满足教师发展需要出发,只有结合教师发展需要实际,才能激发他们的教学热忱,使他们主动投身教学,主动改革教学内容、方法,以适应学生发展需要,满足社会对大学生发展的要求。对于各个院校实际而言,必须根据各自的实际情况制订具体的工作方案,当然这有赖于各级管理者的聪明才智的发挥,特别是院系一级管理者的主动作为,需要建立合适的体制机制。

无疑,并非所有教师都是被动的,一些教师本身就具有对教育工作的热爱,一直在坚持进行教学改革探索,也取得了一些教学改革成功经验,从而对如何扩大教学改革效果具有自己的设计。为此,了解并收集他们的改革经验,倾听他们对推进改革的建议,将对完善课程改革方案设计具有重要意义。如此就需要实地调研,运用质性研究的方法,获取一线教师和管理者的成功经验或失败教训,这对于提供全面的改革建议具有直接的促进意义。

4.研究生师生关系研究

高等教育要培养创新人才,研究生教育则是必须关注的重点。教育质量的提升,依赖于和谐的师生关系建设,如果缺乏和谐的师生关系,就无法达到立德树人要求,为此必须高度关注师生关系问题,促进师生关系的和谐。显然,促进师生关系的和谐需要因循依法治教的理路推进,不能寄托于传统的说教方式。从法律角度思考师生关系是一个重要的研究主题。目前,研究生师生关系问题比较突出,把完善研究生师生关系问题作为研究主题就是大学内部治理调整过程中需要关注的重点。

依法治教,必须从我国的教育法律法规的实际出发,了解国家对于研究生师生关系是如何规范的。不得不说,我国并未出台系统的研究生师生关系法案,关于研究生教育中的师生关系规定散见于不同的法律文件中,这就需要进行大量的法律文本分析,从中抽离出关于研究生师生关系的规定。其中的研究生导师权力规定和研究生所享受的教育权利规定应该是关注的重点,这也是我们在分析研究生教育过程中师生关系矛盾发生原因和处理办法的依据。将研究生教育所涉及的师生权益的文本进行系统梳理成为研究的基础工作。

法律文本规定并不等于现实状况,法律规定执行和依法治教习惯的培养都需要一个过程，教育活动在一定程度上独立于法律文本规定，它经常按照传统的习惯逻辑运行，人们对法律规定的理解程度和遵照法律规定办事程度都与法律规定的理想要求存在差距。所以，现实中人们究竟是如何理解研究生师生权力-权利关系状况需要进行一定范围的调查研究。

5.关注民办高校质量与效率关系

在关注公办高校的同时，我们也需要关注民办高校办学质量问题。民办高校往往把经济效益放在第一位，对与社会效益直接相关的质量问题关注相对不足。质量提升，离不开管理杠杆的撬动，离不开内部治理结构的调整，我们假定，合理的内部治理结构有助于民办高校质量提升。但如何促进民办高校改善内部治理结构就是一个需要解决的难题。根据民办高校对办学效益（特别是经济效益）高度关注的特性，我们尝试以绩效评价机制为突破口来研究民办高校的内部治理结构调整问题。我们知道，民办高校具有自己的特殊性，选择适当的研究视角非常关键。办学效益是民办高校考虑的核心问题，绩效评价是民办高校提升办学效益的重要手段，通过绩效评价杠杆来促进内部治理结构调整是一个不错的选择。

要进行绩效评价与内部治理结构关系研究，首先需要论证两者之间确实存在着逻辑的联系。为此就需要运用扎根理论方法，从那些实际从事民办高校管理工作的当事人经验中去提取，也需要从民办高校正在执行的管理文件中去验证。所以前期的扎根理论方法的研究与后期的案例研究缺一不可。当然，在中间还需要进行民办高校治理机制与治理结构关系模型的建构，虽然它是基于扎根理论研究材料的，但又不完全依赖于这些材料，毕竟这些材料是零碎的、不全面的，难以完整地描绘民办高校治理机制运行图式，也难以清晰地勾勒出理想的民办高校内部治理结构样式，为此就不得不依据研究者对民办高校治理过程的体验，经过反思之后再从理想角度进行构建，这样才能既具有理想性又具有现实性，从而可以指导未来民办高校治理结构调整。这就要求研究者本身必须对民办高校治理过程具有深度的体验。

二、高等教育作为国之重器，大学必须率先实现治理现代化

大学是高等教育活动的基本单元，高等教育现代化必须从大学治理现

代化做起,而且要伴随着高等教育现代化全过程。如前所述,在大学治理走向现代化的过程中,大学治理中面临的最突出问题是管理重心太高,无法发挥基层的积极性。如此就出现大学内部行政化状况久治难愈,甚至有愈演愈烈的倾向,所以大学走向治理的出路就要降低管理重心。显然,冰冻三尺,非一日之寒,大学内部治理结构非一朝一夕就可以解决的,必须一步步来。究竟如何开始就需要认真思考。我们认为,推进大学内部治理现代化有五步是必须的,第一步是把管理重心降到院级。所谓降到院级,意味着院级的管理责任必须增强,如此就会对院长的管理能力提出挑战,那么,院长应该具备什么样的管理能力就是高校内部治理研究首先需要解决的问题。第二步就是要壮大院级学术委员会的治理概念,从而与学院治理责任加强相一致,与院长管理能力提升相适应。可以说,与院长管理能力提升直接相应的就是强化院级学术委员会的功能,使之在教授治学过程中发挥积极的作用。第三步是优化治理机制,促进院系有效治理。所谓有效治理,就是要确立合理的治理目标,采用有效的执行机制,促进目标有效达成。有效治理的根本目的是调动教师的积极性,通过教师积极性调动来促进教育教学质量提升。教师积极性提升最终效果应该体现在课程建设和课堂教学质量上,为此大学内部治理机制优化最终需要落实在课程治理机制优化上,因为课程是联系教师与学生、教师与学校、学校与社会的桥梁,所以,课程治理是大学治理的落脚点。大学内部治理效果最终通过强化课程治理、调动教师的积极性来实现,可以说课程是影响教育教学质量的最直接的因素。第四步是顺应社会发展趋势,加强依法治教力度,强化师生关系的疏导和引导,特别是要注重化解研究生教育中师生关系不合适的状况,促进大学校园建立权力一权利适配的师生关系。第五步是有效地运用绩效评价杠杆,使之成为高校内部治理结构调整的平衡器。能够做好这五步,就建立了一个比较合理的大学质量保障机制。

我们认为,我国高校管理重心过高主要是传统管理体制造成的。我国传统上是计划体制,实行的是垂直式管理模式,即学校一级领导直接对应上级教育管理部门的领导,学校自主权集中体现在上级指示的执行者,而非主动的社会需要的反映者。要强化大学办学自主地位,就需要加强学校办学自主权。但大学是一个多学科的联合体,学校自主权不能集中在学校层面,因为集中在学校层面就无法反映各个学科的具体发展情况,就无法反映市场对专业人才需求的变化情况。所以,办学权力应该适当地分散到各个学院,由学院负责具体学术事务,掌管各个具体学科与专业的发展情况,促进学科与专业主动适应社会发展变化要求。显然,办学权力下放到学院,绝不是下放给某个人,无论是院长或是学术权威,都不行,必须是一个学术共同体。代表学术共同体的是学术委员会,因为它是学院学术力量的代表,集中了学院最具有学术影响力的教授,因为这些教授不仅学术贡献大,而且能够谨守学术规范,得到了同行的认可,从而被推举到学术委员会中负责学术事务评议工作。但作为一个相对独立的办学单位,要处理大量的学术事务和行政事务,就必须由一个有管理能力的院长负责全面事务以维持学院日常运转。这样的院长第一条需要有自己的教育理念,否则就难以担负起全院人才培养的重任和学术事务协调工作。所以,院长的领导力本质上是一种教育领导力。

那么,研究院长的教育领导力必须与研究学院学术委员会建设同步进行。在二级学院,院长虽然负责学院全面事务,但主要发挥的是一种行政管理职能,他虽然对学术事务具有很大的发言权,但必须尊重教授群体的意见,不能实行个人独裁。所以,学术权力既是一种精英权力,也是一种民主权力。所谓精英权力,指学术权力不是平均分布的,而是向学术权威倾斜,即谁的学术贡献大,谁的学术话语权就强。所谓民主权力,指学术决策不是某个人说了算,而是需要集体决定,无论是通过投票的方式还是通过辩论的方式,都是在让人们充分发表意见之后再进行决策。但学术权力又不是一个纯粹的民主权力,学术权力也需要采用一种集中制,如此才能进入执行环节,从而院长具有学术干预的权力。当学术决定不符合办学目标的时候就要运用行政手段进行干预,也即院长具有否决学术委员会决定的权力,如此才能获得一种学术权力与行政权力的基本平衡。我们知道,集体决定未必都是正确的,个人决定不一定都是主观臆断的,各自具有自己的优势,关键是两者之间达成一个合理的平衡,从而在不否定民主决策的同时又可以保证决策的效率。

课程与教学是决定教学质量的根本环节,教学质量从根本上说又取决于课程建设质量。课程就是对教学内容和方法的系统规划设计,是实现专业人才培养目标的基本载体。教学是课程的具体执行,是一种活的课程。课程并不等于教学计划和教学方案的设计,必须通过具体执行环节来体现。只有在课程正确设计的前提下才能出现高质量的教学,有高质量的教学,才有高质量的课程。进行有效的课程设计需要充分发挥教师的能动性,需要教师进行充分的教学研究,需要教师真正关心学生成长需求,同时必须认真关注社会发展需求的变化。只有教师的关注点与学生需求和社会发展需要有机地统一在一起,课程设计才可能是有效的。在正确关注学生需求和社会发展需要基础上,还必须采用恰当的方式进行教学才能促进学生发展,为此必须钻研学生的接受心理,激发学生从被动学习状态转向主动学习状态,只有把学生从被动的接受者的状态转变为主动探索者的状态,教学才是成功的。显然,激发教师教学主动性是关键,调动学生学习积极性是根本,如果学校管理策略不改变,学校不能针对不同学科使用不同的教学管理策略,就难以真正调动教师的积极性和学生的主动性。与教师的积极性直接相关的就是教师评价政策,这是影响课程治理成效的根本,因为评价就是指挥棒,指挥棒不变,其他就很难改变。所以,课程治理显然不只是课程本身的事情,而是整个高校管理机制的事情,这就与高校的绩效评价制度直接相关。

谈到绩效评价,就直接涉及高校内部部门利益的调整,因不同的考核意味着不同的权力分布,权重越大自然就越受重视,在考核中比重越小,自然就越不受重视。在课程领域,专业课比通识课受重视,必修课比选修课受重视,从而学生把更多的精力用在专业课和必修课上,这样就使课程出现了不同的等级,相应地也影响到教师的教学积极性。在绩效评价过程中,科研比教学权重更大,从而吸引教师把更多精力用于科研而非教学。由于科研业绩直接关系到学校排名和地位,从而管理层就越发重视科研,而对教学则采取应付策略。随着各项教学比赛纳入排名行列,这些比赛项目也受到了重视。这显示出大学办学受外部控制的影响太大,难以发挥自身的主动性与能动性。如何让管理部门把注意力向教学倾斜,特别是发挥科研对教学的促进作用,使科研定位与自身的办学定位相一致,是一个非常重要的问题。可以说,绩效评价方式是大学内部管理机制的牛鼻子,抓住这个牛鼻子,对高校治理结构调整和质量保障有积极的作用。

师生关系调整最能够显现人才培养质量,也是治理成效的展示区。健康和谐的师生关系是立德树人根本目标落实的表现,如果出现师生关系紧张则是大学治理失灵的表现。所以,师生关系状况是大学治理状况的警示器。很显然,建设健康和谐的师生关系是师生双方面的责任,绝不是单方面的事情,但双方面的责任绝不是均等的,而教师在其中占有主导地位,负有主要责任。教师所具有的优势地位容易使学生处于被动的地位,所以,如何尊重学生的主体性,使学生能够充分主张自己的学习权利,保护自己的正当利益,是高校管理者必须思考的事情。高校自然需要健全规章制度,完善对教师的行为规范,引导教师正当行使自己的学术权力,同时也要进一步保护学生所享有的学术权益,特别是学生的学习权利,使师生在正常的交往过程中获得一个相互促进的关系。近年来,研究生师生关系出现了不少问题,需要引起高度关注,为此也需要对校园环境进行治理,这也是校园文化建设的重要一环。不得不说,校园环境治理必须遵循依法治教的轨道进行,只有遵循法治的思路才能使大学校园长治久安。

三、"唯论文""唯项目"对高等教育质量造成重大威胁

(一)高等教育质量提升面临的问题非常多

众所周知,目前我国高等教育规模已经是世界第一,毛入学率已经超过50%,进入了普及化阶段,但我国高等教育实力并不强,与成为世界高等教育强国还有相当距离。

在高等教育进入普及化阶段后,规模扩张就不再是高等教育发展中的主要问题,而质量提高才是高等教育发展中面临的最主要问题,也是真正的难题。对于规模扩张而言,似乎只要经费充足投入就可以完成预期目标,然而要达到质量提升目标就显得非常困难和复杂,因为要提升高等教育质量,就需要考虑到高等教育层次和类型问题,考虑到专业和学科差异问题,考虑到师资和设备的适配性问题,而且必须考虑到校园文化环境建设和学生学习心态问题,同时还必须考虑到社会需求变化和高校的承受能力问题。对这一系列问题的考虑,都是对高等教育质量提升课题所提出的挑战。但我国要建设高等教育强国,就必须突破质量建设的难题,这也是我国提倡高等教育走内涵式发展道路的由来。

(二)提升高等教育质量需要从大学内部治理结构进行突破

很显然,妨碍我国高等教育质量提升的根本问题仍然是办学体制机制问题,对于这些问题,必须用改革的眼光来看待,也即必须从新思路去思考和解决。在高等教育内部,人们普遍发现基层创新活力还没有被激发,这实际上已经成为阻挡高等教育质量提升的关键问题。为此就必须从治理机制变革入手来解决。治理机制问题,从根本上说是治理结构问题,如果大学内部权力集中,基层缺乏必要的行动能力,那么基层的活力就难以显现出来。

为此,大学内部治理结构问题就是一个我们必须关注的重点问题。

按照功能主义理论,结构决定功能。没有合理的治理结构,就难以让大学发挥出真正的办学效能,进而就难以使整个高等教育系统发挥出有效的功能。因为高等教育的基本单位就是各所高校,只有每所高校在治理上都发挥出高效能,高等教育办学质量才能获得整体提升。要使高校治理发挥出高效能,大学内部治理结构调整在所难免,因为人们感受最深的就是目前大学内部治理结构制约了大学办学的功能发挥。当然,大学内部治理结构受大学外部治理结构影响,但外部治理结构调整是一个长期的复杂的事情,很难很快地找到答案,而大学内部治理结构调整容易找到突破口。所以,从大学内部治理结构的突破口去思考,就容易推进高等教育质量获得有效的提升。

目前高等教育理论界与实践界双方面都获得了一个共识:大学治理重心必须下移,二级学院应该成为真正的办学实体。所以,"学院办大学"成为大学治理结构调整的一个不可逆转的基本趋势。但如何实践"学院办大学"战略,就是大学内部治理结构研究的重点所在。故而,本课题以"大学内部治理结构"为研究的逻辑起点正是以此为背景展开的研究。

(三)我国大学内部治理结构改革必须走中国特色道路

要探索中国特色的大学治理结构确实不是一个简单的命题,充满了挑战性。但我们不能回避这个难题,因为我们要建设世界一流大学,必须做出中国气派,必须具有中国学派,哲学社会科学必须在世界上独树一帜。我们必须能够对中国大学制度做出合理的解释,从而支持中国学派建设。中国有自己的国情,必须根据自己的情况办事,为此我们必须具有文化自信、制度自信、理论自信和道路自信,因为我们是社会主义国家,走的是中国特色的社会主义道路,我们必须对中国特色社会主义道路充满信心,我们也必须不断地充实、发展和完善中国特色社会主义理论,我们必须具有这种理论的自觉性,这种自觉性就表现在我们主动地把马克思主义基本原理用于指导中国社会改革开放实践,教育实践就是其中重要的组成部分,高等教育实践尤其充满挑战性,因为高等教育不仅肩负培养创新人才的责任,同时也肩负创新知识的重任,需要在创新知识过程中为社会提供广泛的服务。这种自觉就转变为高等教育学科建设的动力,即我们需要用创新的高等教育理论指导高等教育实践。

毫无疑问,大学内部治理结构调整目的是提高质量,促进人才培养质量的提升,提高科学创新能力,促进社会服务能力的提升。教育以育人为本,所以,大学科学创新能力提高和社会服务能力提升都离不开人才培养质量提升这个根本,而且人才培养质量本身就是检验科学创新能力和社会服务能力的主要依据。现今我国大学发表的论文量非常巨大,已经超过许多发达国家,总量仅次于美国,但这些论文究竟对社会贡献如何、对人才培养质量提升的作用如何,非常值得拷问。大学中为发表而写论文的情况屡见不鲜,已经构成了高等教育质量的隐患,这是中央决心要破除"唯论文"倾向的根源。

(四)改革重科研、轻教学的绩效评价机制是大学治理改革的重点

确实,要解决"唯论文"这个问题并不容易,但关键是要找到问题的根源,否则就可能出现治标不治本的情况。从本源上说,之所以出现"唯论文"的情况,就在于基层无法决定自己究竟干什么,已经被各种指标所捆绑,这些指标成为大学教师必须完成的任务,不然就很难达标,这才是"唯论文"的根源。这说明科研人员缺乏基本的自主权,无法决定自己究竟该做什么,不能从诚实的原则出发来从事教学与科研工作。因为各种管理指标并不针对每个人,是不加区别的,那么每个人也只能不顾自己的实际情况都从指标出发来安排自己的工作与生活。而论文量是每个教师必须完成的工作。在这种被动情况下所撰写的论文只能靠追慕热点和投机取巧方式来获得发表机会,不然就很难在短时间内达到发表任务量的要求。这种非自由状态下从事的研究与高质量无缘,只能是一种低水平的重复劳动。

"唯项目"也是如此,因为项目是大学教师晋升的必要条件。每年一度的课题指南基本上就确定了教师的选题范围。毫无疑问,指南所列项目的指导性非常强,但是否适合大学教师就难以预料。大学教师更适合从事基本理论研究,这是学科体系构建的需要,也是教学的实际需要,因为在教学过程中必须能够解答学生提出的相关问题,如果不进行系统的理论研究就无法胜任。而指南课题非常偏重应用性,对教师的实践条件要求非常高,这些都是绝大多数教师无法胜任的。加上现在考核制度都是个人性评估,不鼓励合作研究,教师的研究能力也存在着严重不足。如果有科研助手的话还能降低一定的科研压力,否则个人就需要从事课题设计、文献查找、课题论证、课题申报等一系列工作。如果有幸获中课题,就需要个人全方位地开展研究工作,完全超出了个体的研究能力。在这种情况下,科研质量难以保证就是自然而然的了。由于管理部门重视课题申报而不重视课题完成情

况,导致很多课题都成了"烂尾楼"工程。即使可以结题的项目多半也属于应付。原因在于科研机制不合理,计划研究项目是一种理想设计,一遇到现实问题,这些设计都必须重新修订。而管理部门如果严格按照原先设计进行管理,那最终结果只能是应付和拼凑。可以说,这种科研机制不仅无法鼓励科学创新,反而会抑制创新,因为这种科研机制无法使教师充分自由地开展研究,已经把研究变相地转化为一种硬性任务。

在这种科研体制和考评机制下,教师们只好把主要精力用在科研上,也即项目申报和论文撰写上,这种科研很难说是真正意义上的科研。所以,考评机制不改,办学真正效益和办学质量就无法提升,自然也就很难提升教育质量和人才培养质量了,就可能与落实立德树人根本任务渐行渐远。故而,绩效评价机制改革是大学内部治理结构改革的最终突破点。

四、大学内部治理结构改革遵循的行动逻辑

(一)选好二级学院院长是治理重心下移需要第一位思考的问题

要让大学二级学院成为真正办学实体,选好当家人即学院院长是第一位思考的问题。毛主席说过:"政治路线确定之后,干部就是决定的因素。"①学界普遍认为,学院院长必须具有很强的管理能力才行,否则学院的秩序就难以保证,办学方向就难以坚持。同时也认为,要使学院具有较高的学术水准,院长自身需要具有学术带头人的资历,否则就难以服众。进而还认为,要培养社会主义合格的建设者和接班人,院长也必须具有正确的教育理念。因而,学院作为一个学术性、教育性和行政性相统一的机构,院长必须具有综合协调能力,既能够满足学术发展的内在需求,又能够倾听学生发展需要的声音,同时还能够认真贯彻上级指示精神。所以,院长必须具有较高的综合素质,不能是一个只知道做学术的单纯的学者,也不能是只知道听从上级命令的行政人员,更不能是只懂把书本教好就知足的教书匠,而应该是一个具有人格魅力、管理实力和学术权威的专家,这种院长就是具有教育领导力的专家。所以,研究如何使院长具有教育领导力就是中国特色的大学内部治理结构与质量保障机制建设研究需要解答的第一个问题。

---

① 毛泽东.中国共产党在民族战争中的地位[M]//毛泽东.毛泽东著作选读:上册.北京:北京人民出版社,1986:279.

(二)建设好学院学术委员会可以有效地平衡学术权力与行政权力,阻止行政化加剧

经过近20年的探讨,学术界普遍认为,大学内部行政权力过大是当代中国大学治理面临的一个通病,如何在大学内部治理重心下移状态下避免行政权力过大,是一个必须认真预先思考的问题。对于试图实践学院办学理念的二级院长而言,必须具有充分的行政权力,因为这是一种正式权力,有了这个权力,才能有效地调动办学资源,落实办院计划,实现学院发展目标,否则就难以管好一个学院。但在办院过程中又不能出现"一言堂"的情况,否则就会扼杀学术活力,会让人变得唯唯诺诺,不敢创新。因此,无论行政事务还是学术事务都必须遵循民主集中制原则,特别是在学术事务处理上必须尊重教授群体共同的意见。为此就离不开学术委员会(含教授委员会)的建设。建设好学术委员会,就是发挥教授治学的主动性、积极性,共同建言献策,使学术决策能够照顾绝大多数学者的利益而不是单纯反映个别人的意志。所以,找到学术委员会良性的运行方式就是学术委员会建设急迫需要解决的难题。我国大学学术委员会建设一直处于软弱无力状态,长期受行政权力挟制,无法充分发挥作用,难以维护学术的独立地位,这种状况严重阻碍了我国大学迈向世界一流大学的步伐。只有院长与学术委员会之间保持健康的良性关系,才能使教授治学有效地发挥作用。所以,我们非常有必要研究学术委员会健康运行的文化生态问题。

(三)课程治理是大学治理的重点,也是高等教育质量的根本保障

课程是教学的载体,教学是师生沟通的主要桥梁,教学质量决定教育质量,而课程质量决定教学质量,抓好课程建设就抓住了高等教育质量建设的牛鼻子。因此,高等教育质量保障最终依靠课程来落实,通过课程建设把每个教师的积极性发挥出来正是课程治理的目的。如果不能把教师的主要精力吸引到课程建设上来,说明大学内部治理改革并没有到位,大学内部治理成效就不明显。只有把教师的教学积极性充分发挥出来,大学内部治理改革才是成功的,因为教学可以促进科研,可以促进课程建设,可以促进学术环境建设,可以提升大学的文化软实力。目前大学教师对教学投入不足已经成为我国高等教育人才培养质量建设的软肋,只有解决好这个问题,高等教育质量建设才算落到实处。如何促进教师投身教学?课程治理就是关键。正是由于教师能够投身课程建设,才会吸引他们把每一堂课上好,从而把课程做精,精品课程依赖于每堂课的高质高效。要使每堂课高质高效,不

对课程进行总体设计是不可能的,不安排好课程总体内容、不设计好课程采取的基本方法、不考虑好课程所依赖的设备设施就无法让课程达到预期效果。这就要求教师必须有自己的教学理念和课程理念,通过课程理念统帅自己教学过程,指导自己的教学行为。

目前,本科教育质量弱化已经成为社会高度关注的事情,那么研究本科课程治理就是大学内部治理结构调整研究中必须关注的一个重点,而本科课程治理也是高等教育质量保障体系建设的一个关键。

(四)师生关系和谐关系到大学治理成败,依法治理是平安校园建设的基础

研究生师生关系恶化已经成为社会上非常关注的事件,这也对高等教育质量建设产生巨大的负面影响,如何进行治理已经成为大学治理过程中一个亟待解决的问题,当然也是大学内部治理结构必须思考的一个重要问题。我们知道,师生关系是大学内部最基本的关系,师生关系状况直接影响到教育教学质量。虽然目前出现的研究生师生关系恶性事件属于个别事例,但已经暴露出大学内部师生关系出现了异化现象并亟待调整和整顿,显然它也显示出大学师生在大学治理过程中权力不足状况,从而涉及大学师生对大学治理的参与权问题。然而,在目前研究生师生对大学治理的参与权还难以结构化,需要进行系列的研究,因为这不仅涉及大学章程的建设问题,也涉及法律的基本规定问题。我们只能在目前法律框架下思考该如何保障教师的学术权利和维护学生的学习权利,同时制约教师的学术权力滥用和培养学生对自身学术权利的保护能力。为此就必须对目前师生权益的法律法规进行系统梳理,并且从大学具体执行的角度来思考如何完善师生权益保护的法律框架。

(五)绩效评价是大学治理的重要抓手,也是完善治理结构和提升办学质量的有效杠杆

无疑,现今大学教师的行为受到了绩效评价的巨大影响,完全置身于绩效评价之外的教师几乎没有。要调动教师积极性,就不能不思考如何运用绩效评价杠杆的问题。传统的"五唯"评价是评价导向出了问题,才产生今日大学质量危机。"解铃还须系铃人",我们要改变今天大学治理的不利局面,仍然需要从解决绩效评价存在的问题入手。如果绩效评价产生了正向效应,说明大学治理结构是合理的、有效的,否则就说明大学治理结构存在着明显问题。调整绩效评价指标,在一定意义上就是在调整大学治理结构。

我们知道,要使教师们更加投入教学,就必须提高教学指标在绩效评价中所占的比重,只有教学绩效占据整个绩效评价一半左右的分量时,教师们才会充分注重教学投入。如果教学绩效在总体评价所占分量极低,就是无意中鼓励教师脱离教学。因此,完善绩效评价机制可以在相当程度上促进大学内部治理结构完善。

五、广泛萃取成功经验,探索中国本土化的大学治理路径

在研究主题确定之后,研究方法选择就是关键因素。针对大学内部治理结构问题研究,无法采用预先设计理论框架的方式进行,只能采取经验萃取的方式进行。因为我们无法把西方大学的治理框架直接搬过来为我所用,事实上通过改革开放以来的摸索,人们已经认识到我们必须走自己的道路,必须从完善自身的治理结构出发,走中国特色的大学内部治理之路。目前,我们正处在推进管办评分离的途中,还没有实现真正的管办评分离。采用垂直式管理仍然是中国高等教育管理体制的特色。当然,坚持党的领导是我国社会主义大学办学的最根本的特色。大学内部管理体制也是如此,坚持党的领导是社会主义大学办学的基本特色,实行党委领导下的校长负责制是中国大学治理的基本模式。中国特色的大学内部治理结构调整也是在遵循这个基本特色和基本模式的基础上开展研究的。所以,无论二级学院院长选拔还是学术委员会建设,抑或是课程治理或是师生关系调整,再或是绩效评价的开展都是在坚持党的领导的基本原则下进行的。

本研究采用的基本方法是经验萃取法,也即从调查研究出发,从实践中发现成功经验,进而在总结经验的基础上形成基本理论。具体而言,就是采用个案研究法,通过找到一些典型个案,发现促进大学内部治理结构调整的有效经验,用来建构比较适宜的理论,从而为中国特色的大学治理结构调整找到一条切实可行的路线。当然,这些经验都是在通过大量的访谈之后才能确定的,为此,所采用的基本研究途径就是质性研究方式,因为我们无法事先构建理论框架,然后采取大规模的量化调查方法。相反,我们正是在大量的实地调查基础上,生成一个理论框架。如我们提出"提高二级学院院长教育领导力"命题就是在长期的实地调查基础上提出的,提出大学课程治理思想也是在大量的田野调查中生成的,提出通过绩效评价来调整治理结构

思想、建立研究生导师学术权力与学生权利适配性思想也是如此,提出建立二级学院学术委员会良性的文化生态思想也都是基于田野调查而提出的。

为了找到典型的研究资料,我们进行了多轮实地调研。我们身在高等教育研究重镇,目前正在从事大学治理的行动研究,有着非常深刻的切身经验。研究者都经历了大学治理的专业理论训练,具备从实践一线获得生动资料的能力。我们的研究团队非常精干,不仅有精力集中、全神贯注的全日制博士生参与,而且有丰富实践经验的专业博士生加入,他们具有丰富的管理经验,对于大学内部治理结构存在的问题有深刻的体会,能够从真正问题出发开展研究。作为主持人,我非常关注大学内部治理结构改革问题,切实体会到治理结构直接关系到办学质量提升。我具有作为大学教授的经验,长期参与教授委员会工作;后来担任研究所所长,开始参与院系层面的治理工作;再后来成为院教授委员会主任,直接主持教授治学的过程;如今作为院领导人一员,先后负责教学管理和科研管理工作,并且参与聘任委员会工作、学术委员会工作,参与党政联席会的决策过程,直接体会到院管理工作的不易和面临的诸多挑战,从而更加坚定了大学内部治理结构改革研究的决心。

为了保证研究高质高效地推进,同时也为了在实际研究中培养研究生的理论联系实际能力,我把研究任务进行细化深化,并且作为博士生博士论文的研究选题,使他们的学术研究不仅具有充分的理论价值,而且同时要具有充分的实践价值。只有用充满挑战的实践性课题来训练学生的思维和实践意识,才能真正提升其思维的敏锐性和观察问题的深度,提升其理论视野的开阔性和实践关注的现实性,培养其具有强烈的责任意识和自觉的使命担当精神,让他们通过回答当前中国高等教育发展过程中面临的最迫切的问题增长理论思维水平和领导实践才干。

第一个研究主题"大学二级学院院长教育领导力研究"责任人是毛芳才教授,他目前是贺州学院党委副书记,长期担任学校的组织部负责人,具有学院院长选拔的丰富实践经验,也有很多理论困惑,参加该专题研究,不仅发挥其实践经验的长处,而且激发其理论探讨的热情,从而能够有效地做到学用结合和学以致用,如此训练,也真正符合教育博士生的训练要求,即用理论解决工作中的实际问题。

第二个研究主题"大学二级学院学术委员会建设研究"责任人是田芬博士生,她目前已经获得西北工业大学高教研究所助理研究员的职位邀请。

她是一个很具有同理心的女生,特别擅长与他人产生心理共鸣,她负责田野资料搜集非常合适。她没有在大学实际工作的经验,反而是她从事质性研究的优势,即她不会戴着有色眼镜去观察学术委员会建设中存在的问题,从而可以以完全的第三人立场去搜集资料,用共情的心理去体会大学二级学院的学术委员会委员们的苦与乐,分享他们的成功经验,正视他们所面临的问题,并尝试从学理的角度来回答他们的疑惑。这是一个富于挑战性的工作,也是增长学生知识和智慧的工作,同时也是训练其学术见解的工作,使其可以在其中真正领会学术的含义、学术与治理的关系、学术治理会遇到哪些实际的挑战,这些都会变成她终身的财富。

第三个研究主题"大学本科课程治理研究"责任人是汤建博士,她目前为安徽大学高等教育研究所助理研究员。她非常聪慧,善于理论思维,敢于迎接挑战,对于本科课程治理这个具有开创性的难题一点都没有退缩。我们知道,国家对本科课程建设非常重视,"双万计划"就是"金课"建设的动员令。因为只有"金课"建设成功,才能有一流专业出现。然而传统的课程建设模式是行政命令型的,这种建设很容易表面上轰轰烈烈,而真实效果却乏善可陈。所以课程建设必须走出一条新路来,即从自上而下的路线改为自下而上的路线并与自上而下的路线进行汇合,否则课程建设就不接地气。要找到一条自下而上的建设路线,就必须广泛萃取各类学校成功的课程建设经验,找到它们的成功案例,再通过理论思辨,形成一个具有统整意义的课程治理路线。换言之,只有从治理理念出发,才能改变目前课程建设中"领导忙活而群众旁观"的尴尬局面。

第四个研究主题"研究生师生权力-权利适配性研究"责任人是施卫华副研究员,他目前是福州大学石油化工学院党委书记,曾担任组织部副部长多年,并具有多年的学生工作经验,有较好的法学理论基础。他选择了研究生导师学术权力与研究生学习权利关系的研究,可谓正得其人。他思想政治觉悟非常高,自觉地以立德树人根本目标作为研究的指导思想,非常关注研究生教育中师生关系健康和谐问题,也在负责研究生师生关系矛盾调解的相关工作,从而具有丰富的实践经验。在实践中发现,导师权力与学生权利的适配性是一个关键问题,如果法律规定比较具体明确,就有利于指导师生健康和谐关系的建设,相反,如果法律规定模糊或空白,就容易使一些法律法规意识不强的教师在师生关系处理上出现越界行为。当然,研究生自身缺乏法律意识和自我保护能力也成为师生关系矛盾频发的一个重要影响因素。从法治建设入手探究师生关系调整问题无疑是一个正确有效的思路。

第五个研究主题"大学绩效评价与大学内部治理结构调整研究"责任人是宣葵葵研究员,她在宁波财经学院(前身是宁波大红鹰学院)科研处任处长一职,长期在管理部门工作,与校内各个管理部门具有密切的联系,并且参与学校改革发展规划和负责绩效评价改革设计工作。在民办高校,绩效评价是非常重要的管理手段,是办学者意志的集中反映,同时也反映出高校内部治理结构现状。作为一个行动研究者,她总是在不自觉地思考如何促进高校内部各种关系和谐,如何提升高校管理效率,以及如何提升学校办学竞争力,对这些问题的思考使她的研究更具有针对性。当然,对高校治理结构和治理效能的关注不能仅仅局限在本校,因为那样的视野是狭窄的。借鉴成功学校的经验无疑对完善本校改革思路和改革设计是大有裨益的。因此对校本研究和案例研究,都有助于丰富绩效评价研究的设计,也可为大学内部治理结构改善提供有效的借鉴。故而,她从事该专题研究不仅是专业发展的需要,也是承担好学校工作的需要,还是促进大学质量保障机制建设的需要。

六、结语

必须指出,关于中国特色的大学内部治理结构与质量保障机制建设研究目前取得的成功也只能是一个开端,后续的研究任务还很多,因为许多问题研究随着大学治理现代化命题的深化而不断涌现,都需要进行深度探讨。本次研究所取得的成果也只能为后来研究起到一个奠基的作用。这也呼唤研究者仍然需要继续努力,在本研究领域做出更多的成果和成绩。我们研究的目的就是突破目前高校治理结构难题,为中国特色的大学内部治理结构调整与质量保障机制建设奠定基础。

本研究总体而言是一次大规模的团队作战,需要多方面协作才能成功。在本次研究中,毛芳才、施卫华、宣葵葵、汤建和田芬5个人担任了主力,分别承担了专题研究工作,这也是他们博士论文的选题,他们都顺利地通过了论文答辩,本丛书就是在他们博士论文基础上修改而成的。赵祥辉、段肖阳、闵琴琴、杨振芳、郑雅倩、郭一凡等参与了调研和研讨,他们都表现出很高的研究热情和创造性,具有良好的学术素质,我对他们表示衷心的感谢。

本套丛书是教育部人文社会科学重点研究基地重大课题的成果,得到了基地领导的支持,我作为课题负责人在此表示热诚感谢。在课题设计论证环节,有许多专家提供了帮助,如西安欧亚学院董事长胡建波教授、青岛大学的李福华教授、华侨大学的陈雪琴教授等都给予了很大支持,我对他们的支持表示真诚感谢。特别是西安欧亚学院董事长胡建波教授,他热情接待了我们的专题调研活动,使我们调研收获非常大并发表了系列研究论文。而且西安欧亚学院也成为民办高校内部治理结构改革成功案例出现在终期的专题研究成果中。

本丛书是对大学内部治理结构与质量保障机制建设的一次深入的系统探索,是一次深入的系列专题研究。显然,研究无法对该问题给出一整套成熟的答案,我们只是对人们所关注的主要问题进行了前沿探索。我们相信大学治理重心下移是必然的,也相信必须从提升二级学院院长的教育领导力进行突破,从院级学术委员会的文化建设方面出发完善学术治理,从本科课程治理做起保障质量,从师生健康和谐关系构建入手推进大学校园环境建设,抓住绩效评价这个杠杆促进大学内部治理结构调整,这些基本判断有待时间的检验。我们寄希望于未来能够有机会对今天的研究结论做一次系统的检验,从而完善和推进该主题研究进一步走向深入。

王洪才

2021 年 12 月 16 日

序

2007 年我调任福州大学党委书记，此时中国高等教育发展正面临着从外延扩张向注重内涵建设的转变，在这一转变的过程中，提高高校党政干部的高等教育理论水平尤为重要。为此我经常在各种场合鼓励福州大学的党政干部加强高等教育理论的学习，并建议年轻干部如有可能争取到厦门大学教育研究院等单位攻读相关学位，提高高等教育理论水平。时隔 10 多年，看到福州大学石油化工学院党委书记施卫华博士完成学业，其修改后的博士论文《研究生导学权力-权利适配性研究》即将付梓，感到十分欣慰。

加快高等教育强国建设步伐，离不开高水平、有质量的研究生培养体系，以确保作为高等教育顶端的研究生教育，能源源不断地为国家输送数量充足的高层次专门人才和拔尖创新人才。教育部的统计数据表明，2018 年全国研究生招生 85.80 万人，在学研究生 273.13 万人；2019 年研究生招生 91.65 万人，在学研究生 286.37 万人；2020 年全国研究生招生 110.66 万人，在学研究生已有 313.96 万人。这些数据说明了随着高等教育普及化的推进，我国研究生教育也进入了快速发展的阶段，提高学历已经成为越来越多本科毕业生的选择。从总体上看，我国研究生教育情况是好的，为国家培养了一批又一批优秀人才，为经济社会发展提供了智力支撑和人才保证。然而由于应对快速发展的准备不足，近年来研究生教育也出现了一些问题，特别是师生关系出现了异化现象，恶性事件时有发生。施卫华博士敏锐地觉察到大学治理中出现的这一问题，其专著《研究生导学权力-权利适配性研究》的出版，对解决这一问题具有很强的针对性和指导意义。

施卫华博士本科及硕士阶段修读的是法学专业，具有扎实的法学基础，能从法律的视角来审视研究生教育中的师生关系，厘清了导师与研究生之间的法律关系。施卫华博士认为："在师生关系中，导师与研究生的法律关系是基于法律规范所形成的权利义务关系"，并对基于法律关系的导师与研究生的权利义务进行了认真的分析,探索了导师与研究生规范有序的法律关系建设路径。由于在研究生教育过程中导师发挥着重要作用,只有在和谐的师生关系氛围中才有可能培养出高质量的研究生。而对于构建和谐的研究生教育师生关系,过去的研究主要集中在道德层面,往往忽略了法律层面的问题。施卫华博士的研究弥补了现有相关研究的不足,为构建和谐的研究生教育师生关系的立法工作厘清了法理基础。

高等教育研究具有很强的实践性,为此实证研究显得尤为重要。施卫华博士在本书的写作过程中自觉加强实证研究,在指标体系及模型的构建、问卷的设计、测量量表的选择、数据整理统计、实证分析、深度访谈,案例分析等方面做了大量工作。难能可贵的是施卫华博士运用层次分析法,在行业专家的帮助下,设计了师生关系适配度的计算公式,对师生关系适配度高低进行了标准划分,这对于今后研究各种不同高校不同时期的研究生师生关系的适配度提供了科学的依据。

我在厦门大学教育研究院硕士研究生课程班和博士生班学习过,对教育研究院优良的院风和学风、融洽的师生关系,留下了深刻印象,特别是潘懋元先生的渊博学识、谆谆教诲,使我对高等教育研究产生了浓厚的兴趣,并终生投入其中。在我国推进国家治理体系和治理能力现代化的宏大背景下,厦门大学教育研究院王洪才教授领衔完成了教育部人文社会科学重点基地的"中国特色的大学内部治理结构与质量保障机制建设"重大项目的研究,其系列成果正式出版,有很强的现实意义和时代价值。施卫华博士有幸在厦门大学教育研究院学习,有幸参加王洪才教授领衔的重大项目研究,这是他能写出具有独创性、新颖性著作的重要原因。相信施卫华博士著作的出版,能够进一步丰富师生关系、依法治教等相关领域的研究成果,特别是在完善大学内部治理,构建和谐适配的研究生教育师生关系领域的学术研究和实践创新方面做出积极的贡献。

是为序。

陈笃彬

2022 年 2 月 22 日

于泉州平水庙四读阁

前　言

　　研究生教育作为最高层次的学历教育，承担着为党和国家培养高层次创新人才的重大使命，是实施创新驱动发展战略和应对全球人才竞争的基础布局。导师是研究生培养的第一责任人，在研究生培养过程中扮演着至关重要的角色。由于研究生教育的特殊性，导师和研究生的关系往往超出传统师生关系的范畴，成为高等教育研究和社会关注的热点。在我国传统师生文化视角中，导师肩负着学术指导、传道授业、引领成才的重要职责，除了对研究生进行学术学业指导外，也是其人生发展和价值塑造的重要引路人。但近年来研究生师生关系出现了一系列的异化现象，导致恶性事件时有发生，这些病象深刻地反映出研究生教育中师生关系出了问题，需要对其内在逻辑进行审视和重构。

　　本研究以研究生教育中师生关系异化为研究对象，从导师权力与学生权利适配性的法律视角，研究在高校推进依法治教、提升治理体系和治理能力现代化的大背景下，研究生权利保障诉求对大学内部治理提出的新的挑战。首先，学生知情权意识高涨、参与权意识上升、正当程序意识增强，研究生权利意识特征日益明显；其次，传统行政法理论体系受到挑战，新的"以权利制约权力"的参与型行政模式、以程序建构为中心的程序主义模式受推崇，当代行政法变迁对权力与权利配置规范提出了新的要求；再次，以规范权力为重点、以信息公开和公众参与为重要途径，以合作、共识、沟通为主要目标等正当程序设置，是推进大学治理体系和治理能力现代化的重要前提；最后，培养高素质的创新人才要求重构导师与学生之间的关系，确立新的行为规范，引导师生双方向更加和谐、更高质量互动关系发展。因此，解决导师和研究生关系异化问题，不仅要从道德视角，更要从法律的视角来审视和剖析，特别是规范导师权力和学生权利关系，这是推进依法治教、完善大学内部治理、提升人才培养质量的根本要求。

　　导师和研究生关系的建立与发展,符合人际关系理论中的人际关系定向、情感探索、感情交流和稳定交往四个阶段,结合研究生教育过程和特点,可进一步分为招生、培养、毕业三个阶段。深入观察研究生教育师生关系异化现象后发现,随着师生关系逐渐紧密,师生矛盾冲突的可能性增加,毕业阶段是双方矛盾冲突爆发最频繁时期。从法律关系视角看,师生关系异化现象的加剧主要表现在研究生教育不同环节导师权力和学生权利配置失衡的逐渐加重:一是在招生阶段,导师权力对学生的影响开始体现,随着招生过程监督约束加强和学生权利救济制度的建立,在导师权力和学生权利配置之间仅出现轻度失衡现象;二是在培养阶段,由于导师权力影响加大、在变更导师上存在的不确定性和学生权利保障渠道的相对缺失,导师权力和学生权利配置之间呈现出中度失衡迹象;三是在毕业阶段,由于不少高校导师对学位论文评判具有的绝对权威地位和学生权利救济渠道的缺失,在导师权力和学生权利配置之间存在着重度失衡现象。为平衡双方的权责配置,本研究引入师生关系适配性概念,根据双方在不同阶段的权责配置情况,构建师生关系适配性指标体系,通过实证分析和深度访谈加以验证,并将师生关系适配性概念具象化,形成师生关系适配度的测量与论证方法。

　　提升研究生教育中导生关系的适配性,构建和谐融洽的研究生教育师生关系,重要路径是规范研究生教育关键节点导师权力和学生权利配置,优化学生权利救济渠道,完善程序正义举措。首先,从研究生招生环节对导师权力规范、学生权利救济、大学自治与司法救济平衡三个方面,构建招生环节导师权力和学生权利配置的规范;其次,从研究生自治组织参与决策、导师评价与师生关系变更机制完善、研究生学术自主权利与导师权力平衡三个方面,构建培养环节导师权力和学生权利配置的规范;再次,从研究生论文送审机制优化、论文答辩机制改善、研究生毕业权利外化与司法救济平衡三个方面,构建毕业环节导师权力和学生权利配置的规范;最后,通过建立研究生教育导师与研究生关系沟通平台,促进双方对各自权利责任的认知与承担。

　　对研究生教育师生关系适配性的追求,是教育目标实现的基础,也是师生关系共同的价值取向。建立研究生权利纠纷处理机制及内外保障制度,是规范研究生导师权力、保障研究生权利的重要路径。首先,从优化内外协同救济、权利纠纷化解和大学权力制衡等制度出发,完善研究生权利纠纷解决机制;其次,从对学生参与决策、高校信息公开、学生权利申诉等制度的健全入手,完善研究生权利内部保障制度;再次,从对教育行政申诉、教育行政复议、教育行政仲裁和教育行政诉讼等制度的改进下功夫,完善研究生权利外部救济制度;最后,强化高校内部制度建设,把各种成功经验与教训进行系统化总结,建立一套完善灵活的执行机制。

　　本研究跳出传统的师生文化视角,创新性地从法律视角出发,剖析在研究生教育中导师权力和学生权利的配置情况,聚焦双方在研究生教育三个阶段权利配置失衡的现状。其次,创新性地引入适配性概念,使用定量和定性相结合的研究方法,设计师生关系评价指标体系,为构建和谐师生关系提供清晰的实现路径。因此,本研究在理论上进一步丰富了师生关系、依法治教相关领域的研究成果,同时积极构建和谐健康的师生关系,探讨解决近年来频发的研究生教育中导师与学生权责失衡、关系异化的现实问题。通过厘清研究生教育师生法律关系,平衡导师权力和学生的权利义务关系,完善学生权利保障与救济机制,构建适配的研究生教育师生关系,推进大学治理体系和治理能力现代化进程,不断提升研究生教育人才培养质量,为建设社会主义现代化国家提供高素质人才保证。

目 录 ......

第一章

绪　论

　　研究生教育肩负着培养高素质创新人才的重要使命,是国家人才竞争的重要支柱,也是科教兴国,推进国家发展和社会进步的重要基石。研究生教育质量的优劣与导师和研究生的关系是否融洽息息相关。因此,构建和谐适配的师生关系是提高我国研究生培养质量的基本前提和重要保证,也是推动我国研究生教育实现内涵式发展的现实路径。研究生教育师生关系虽为老话题,却始终是高等教育研究的热门话题,特别是近几年接连发生的研究生师生关系异化悲剧事件,让我们重新反思并再次审视研究生教育的导学关系这一恒久的话题。师生关系,是中国传统伦常中,最重要的非血缘关系之一。研究生教育中导师和学生关系之所以如"黑匣子"般难以厘清,主要是因为我国研究生教育导学关系多数依照的是传统伦常的道德逻辑,通常认为导师指导学生完成学业,并提供各类资源和信息便利,学生便需服从导师的一切安排,这一道德逻辑下的种种感性因素,在一定程度上便成为构建和谐师生关系的阻碍,健康和谐的研究生教育师生关系,更应当遵循法律逻辑下的理性情感因素来审视和把握。

第一节　研究缘起

　　导师和研究生关系是研究生教育中最基础、最重要的关系,导师的培养对研究生的成长成才发挥着关键性的作用,导师与研究生之间的导学关系影响、制约着研究生培养的全过程。因此,构建和谐的导学关系是提高我国研究生教育培养质量和培养水平的重要保证,也是推动研究生教育内涵式发展的现实路径。当前,研究生教师队伍总体是好的,绝大多数导师都敬重学问、关爱学生、严于律己、为人师表。但我们也看到,近年来,研究生师生关系出现了一系列的异化现象,导致恶性事件时有发生。这些导师让研究生干私活、做私事、设障碍、性骚扰等病象,深刻揭示了研究生教育中导师权力和学生权利适配性出了问题。如何从法律关系的视角,进一步规范研究生导师的权力,保障研究生应有的权利,理顺高校研究生教育中师生权益关系,完善研究生权利诉求的制度化表达,已经成为大学治理的难点和社会关注的热点。

一、选题背景

本书以研究生教育师生关系异化为研究对象。近年来,研究生师生关系异化现象时有发生,其根源就在于导师的权力和研究生的权利很大程度上处于"不适配"状态。因而,重新认识导师与研究生在师生关系中各自所处的地位、承担的责任、应尽的义务以及合理的权力与权利,积极推动导师权力与学生权利的适切和匹配,形成良好的研究生教育师生关系,便成为一个亟待探讨和着力解决的重要课题。

(一)适配的师生关系是研究生培养机制改革的客观要求

理顺高等教育内外部关系的制度架构,是建设现代大学制度、打造高等教育强国必须实现的目标[①]。2005 年教育部启动"研究生教育创新计划",提出要在研究生培养体制、导师指导方式等方面加强创新,旨在提升研究生的创新能力[②];2007 年启动研究生培养机制改革试点,强调各研究生培养单位实行以科学研究为主导的导师负责制[③];2009 年推动建立研究生培养创

---

① 王洪才.中国大学模式探索:中国特色的现代大学制度建构[M].北京:教育科学出版社,2013:2.

② 中华人民共和国教育部.教育部关于实施研究生教育创新计划加强研究生创新能力培养进一步提高培养质量的若干意见[EB/OL].(2005-01-21)[2020-06-19].http://www.moe.gov.cn/srcsite/A22/moe_826/200501/t20050121_82745.html.

③ 中华人民共和国教育部.扎实推进教育事业持续协调健康发展:周济部长在教育部 2007 年度工作会议上的讲话[EB/OL].(2006-12-24)[2020-06-22].http://www.moe.gov.cn/jyb_sjzl/moe_364/moe_2489/moe_2491/tnull_40758.html.

新基金,力求完善导师负责制和资助制度①;《国家中长期教育改革和发展规划纲要(2010—2020年)》从宏观角度为新时期的研究生教育改革指明了前进方向,提出大力推进研究生培养机制改革,建立以科学与工程技术研究为主导的导师责任制和导师项目资助制,推行产学研联合培养研究生的"双导师制"②;2010年实施基础学科拔尖人才培养计划,深入实施导师制,设立学业导师、科研导师和生活导师,对学生给予全方位的指导;2013年全面启动研究生综合改革,强调研究生教育在提高国家创新力和国际竞争力的重要支撑作用,要求健全导师权责机制,明确导师是研究生培养的第一责任人,是建设人才强国和人力资源强国坚强的保证③;2016年教育部强调走内涵式发展道路,提高研究生教育质量,着力建设研究生质量保障体系④;2018年教育部启动师德师风建设工程,中共中央、国务院出台了《关于全面深化新时代教师队伍建设改革的意见》,强调要加强教师思想政治素质和职业道德水平建设,旨在落实立德树人根本任务⑤;2020年召开的全国研究生教育工作会议中,强调要适应党和国家事业发展需要,培养造就大批德才兼备的高层次人才。同时再一次强调了要加强研究生导师队伍建设,夯实研究生教育质量管理、建设风清气正的校风学风。在此次大会上,习近平总书记强调,研究生教育在培养创新人才、提高创新能力、服务经济社会发展、推

---

① 中华人民共和国教育部.教育部办公厅关于进一步做好研究生培养机制改革试点工作的通知[EB/OL].(2009-09-04)[2020-07-12].http://www.moe.gov.cn/srcsite/A22/moe_826/200909/t20090904_82758.html.

② 中华人民共和国教育部.国家中长期教育改革和发展规划纲要(2010—2020年)[EB/OL].(2010-07-29)[2020-07-12].http://www.moe.gov.cn/srcsite/A01/s7048/201007/t20100729_171904.html.

③ 中华人民共和国教育部.教育部 国家发展改革委 财政部关于深化研究生教育改革的意见[EB/OL].(2013-04-19)[2020-07-13].http://www.moe.gov.cn/srcsite/A22/s7065/201304/t20130419_154118.html.

④ 中华人民共和国教育部.刘延东副总理在国务院学位委员会第三十二次会议上的讲话[EB/OL].(2016-03-08)[2020-07-13].http://www.moe.gov.cn/jyb_xwfb/moe_176/201603/t20160308_232316.html.

⑤ 中华人民共和国教育部.中共中央 国务院关于全面深化新时代教师队伍建设改革的意见[EB/OL].(2018-01-31)[2020-07-13].http://www.moe.gov.cn/s78/A10/moe_601/201801/t20180131_326148.html.

进国家治理体系和治理能力现代化建设方面都具有重要作用①。

由此可见,作为高校人才培养的顶端,国家对于研究生教育的关注度逐年上升,来自国家层面的研究生教育改革也从未停止,并在不断加强、深化和发展。导师角色、师生关系在研究生教育培养过程中的地位不断突显,并置于前所未有的战略高度进行顶层设计、统筹规划。研究生的培养质量关系着研究生自身的发展,而师生关系和谐与否对研究生的培养质量有着十分重要的影响。因此,研究生培养与战略性人才储备和创新型人才培育有着十分紧密的联系。教育改革的重要着力点就是人才培养质量的提升,其中关键环节就是师生关系的和谐与有序,只有这样才能不断促进研究生教育水平和培养质量的提升。研究生教育之中的师生关系,主要体现在招生、培养、毕业等关键环节,这就对研究生教育过程的师生关系调适、监管提出了制度性要求,由此突显出研究生与导师的法律关系和谐适配之必然性和重要性。

(二)适配的师生关系是研究生招生规模扩大的时代诉求

改革开放以来社会经济不断发展,我国高素质、专业化人才储备存在巨大缺口。为了满足国家发展的需要,教育部在 1998 年出台了"面向 21 世纪教育振兴行动计划",强调落实科教兴国战略,提高全民族的素质和创新能力,重在扩大我国研究生招生规模②。基于政策的连续性和完整性,教育部发布的《2005 年中国教育改革与发展的思路和举措》中,提出"研究生教育创新计划",推进研究生的教育改革③,强调要完善研究生培养导师资助制和负责制,推行研究生"三助",即助教、助研和助管,实施研究生培养成本分担制度改革,深化研究生招生和选拔制度改革,调整和完善研究生学制。教育部 2007 年出台研究生招生制度改革系列举措选拔创新人才,大力推进素质教育。通过改革推荐免试生制度、科学设定初试科目及内容、复试中强调"突出对学生创新精神和能力等方面的考查",在招生过程各环节坚持把能

---

① 习近平.习近平对研究生教育工作作出重要指示[EB/OL].(2020-07-29)[2020-08-13].http://www.gov.cn/xinwen/2020-07/29/content_5531011.htm.

② 中华人民共和国教育部.面向 21 世纪教育振兴行动计划[EB/OL].(1998-12-24)[2020-08-22].http://www.moe.gov.cn/jyb_sjzl/moe_177/tnull_2487.html.

③ 中华人民共和国教育部.2005 年中国教育改革与发展的思路和举措[EB/OL].(2005-01-27)[2020-08-22].http://www.moe.gov.cn/jyb_xwfb/xw_fbh/moe_2069/moe_2097/moe_2228/tnull_5491.html.

力考核放在突出位置,促使拔尖创新人才脱颖而出。在此背景下,我国研究生规模不断扩大,研究生教育得到快速的发展①。2020 年国家进一步扩大硕士研究生招生规模,研究生招生数首次突破 100 万人,达到 114 万人。2021 年研究生招生规模还在进一步扩大。根据教育部统计数据,从 1949 年研究生在学人数仅 629 人,到 1978 年恢复高等教育招生时的 0.11 万人,再到 2000 年招收 12.85 万名,2011 年招收 56.02 万名,2020 年研究生在学总人数已经突破了 300 万,我国研究生教育快速发展,适应了构建国家创新体系的战略布局,践行着"高端人才供给"和"科学技术创新"的时代发展诉求②。

随着研究生招生规模的迅猛扩张,虽然专任教师数量不断增长,但在与研究生数量和规模比较而言,高校教师数量尤其是高水平研究生导师的数量仍显不足,这对研究生教育质量的提升造成较大压力。研究生师资队伍建设周期长与研究生扩招速度快之间的反差,容易导致研究生导师承担超负荷的指导压力。根据教育部统计数据,我国 2015 年研究生数与导师数的比例为 5.26∶1,2019 年该比例达到 6.20∶1。导师指导研究生数量过多,容易出现导师与研究生沟通交流不足、指导管理不够到位的情况,致使有的导师对研究生的指导大多停留在专业领域和实验数据等,在对研究生课后生活、思想品德、综合素质培养等方面关心指导不够③。由于研究生扩招导致教育质量下滑的现象比较明显,导师与研究生关系是否适配这一关系到高校研究生培养质量的问题备受学界的关注。因此,只有不断理顺和优化研究生与导师之间的关系,才能缓解研究生扩招背景下,师生关系紧张、冲突事件频发的现实问题,不断提升我国研究生的教育质量和培养水平。

(三)适配的师生关系是培养高素质创新人才的迫切需要

近年来,研究生招生规模逐年扩大,导师和研究生的师生关系备受社

---

① 中华人民共和国教育部.教育部谈 07 年全国硕士研究生统一入学考试改革[EB/OL].(2006-08-10)[2020-08-22].http://edu.sina.com.cn/exam/2006-08-10/103149692.html.

② 中华人民共和国教育部.从小到大,从弱到强,我国 2020 年研究生在学人数预计突破 300 万:为高质量发展提供智慧引擎[EB/OL].(2020-07-29)[2020-08-22].http://www.moe.gov.cn/jyb_xwfb/xw_zt/moe_357/jyzt_2020n/2020_zt15/zongshu/202008/t20200813_477864.html.

③ 江苏高教.研究生扩招 18.9 万人,导师够用吗?[EB/OL].(2020-08-25)[2020-09-11].https://www.sohu.com/a/417799307_815891.

会各界关注,导师队伍的整体素质和师德师风、研究生的科研能力和培养质量等问题也受到社会各界的关注。特别是党的十九大以来,习近平总书记一再强调要把师德师风建设作为提升教师素质、办好人民满意的教育的首要任务,先后用"筑梦人"[①]"引路人"[②]"大先生"[③]等称谓表达在新时代对教师队伍建设的殷切期望,并对广大人民教师提出了"三个牢固树立"[④]"四有好老师"[⑤]"四个相统一"[⑥]等师德建设标准和要求,为新时代教师队伍建设及师德师风建设指明了前进方向,提供了根本遵循。当前,研究生教师队伍总体情况是好的,绝大多数导师都敬重学问、关爱学生、严于律己、为人师表。但我国研究生教育取得长足发展的同时,也出现了一些负面消息,师生矛盾和关系异化事件屡见报端。

近年来,我国高校研究生师生关系出现异化,学生自杀等恶性事件时有发生,据媒体公开报道及当事院校官方回应,与导师强制干涉其私生活、被强迫做大量与学业无关的事务,学生毕业无望、学业和精神压力巨大等研究生师生关系问题息息相关。因此,如何构建和谐有序的研究生教育师生关

---

① 2014 年 9 月 9 日,习近平总书记在同北京师范大学师生代表座谈时讲话指出:今天的学生就是未来实现中华民族伟大复兴中国梦的主力军,广大教师就是打造这支中华民族"梦之队"的筑梦人。

② 2016 年 9 月 9 日,习近平总书记在北京市八一学校考察时讲话指出:广大教师要做学生锤炼品格的引路人,做学生学习知识的引路人,做学生创新思维的引路人,做学生奉献祖国的引路人。

③ 2016 年 12 月 7 日,习近平总书记在全国高校思想政治工作会议中强调:教师不能只做传授书本知识的教书匠,而要成为塑造学生品格、品行、品味的"大先生"。

④ 2013 年 9 月 9 日,习近平总书记在向全国广大教师致慰问信中,希望全国广大教师要:牢固树立中国特色社会主义理想信念,带头践行社会主义核心价值观,自觉增强立德树人、教书育人的荣誉感和责任感,学为人师,行为世范,做学生健康成长的指导者和引路人;牢固树立终身学习理念,加强学习,拓宽视野,更新知识,不断提高业务能力和教育教学质量,努力成为业务精湛、学生喜爱的高素质教师;牢固树立改革创新意识,踊跃投身教育创新实践,为发展具有中国特色、世界水平的现代教育作出贡献。

⑤ 2014 年 9 月 9 日,习近平总书记在同北京师范大学师生代表座谈时强调:全国广大教师要做有理想信念、有道德情操、有扎实知识、有仁爱之心的好老师,为发展具有中国特色、世界水平的现代教育,培养社会主义事业建设者和接班人作出更大贡献。

⑥ 2016 年 12 月 7 日,习近平总书记在全国高校思想政治工作会议上强调:要加强师德师风建设,坚持教书和育人相统一,坚持言传和身教相统一,坚持潜心问道和关注社会相统一,坚持学术自由和学术规范相统一,引导广大教师以德立身、以德立学、以德施教。

系,厘清导师权力与研究生权利的适配性问题,规范导师和学生的权利义务关系,已经成为社会关注的热点问题,在高校推进依法治校的过程中,规范导师和学生的法律关系成为依法治校、完善大学内部治理、培养高素质创新人才的迫切需要。

二、研究意义

基于研究生教育师生关系异化现象时有发生的现实,为了进一步规范研究生教育中导师的各项权力,厘清导师与研究生法律关系即权利义务关系,明晰导师的权责边界,完善研究生权利诉求的制度化表达,已经成为社会关注的热点。审视导师与研究生在师生关系中各自所处的地位、承担的责任、应尽的义务以及合理的权力,积极推动导师权力与学生权利相适配,形成良好和谐的师生关系,成为高校和社会需要高度重视和着力研究解决的大问题。因此,本书对于重塑师道尊严、提升大学治理水平、提高研究生培养质量、构建和谐校园都具有十分重要的意义。

(一)没有适配的师生关系,崇尚师道尊严的优良传统就难以重塑

中华民族一直都有尊师重教、崇尚师道尊严的优良传统,我国古代就有"一日为师,终身为父"的重要理念。正所谓"学为人师,行为示范",师德就是教师的职业道德,是教师行为修养的基本规范,是教师履行教书育人职责的根本保证。在教育部颁布的《高等学校教师职业道德修养》中,将高校教师的师德归纳为教师职业理想、教师职业责任、教师职业态度、教师职业纪律、教师职业技能、教师职业良心、教师职业作风、教师职业荣誉八个方面。在研究生教育中,研究生导师不仅是研究生学术上的先行者和学业上的引路人,同时也是学生情感上的长者、亲人和朋友。导师只有为人师表、言传身教、举止文明、作风正派,才能以高尚的道德情操、独特的人格魅力和学识风范教育、感染研究生,这些都是营造尊师重教氛围、维护师道尊严规范的基本要求。理想的师生关系中,导师既要做学生的学业导师,又要做学生的人生导师。在学业问题上,导师与研究生之间因学术而相互关联,但师生关系却远远不只是学术上的交流与切磋,还有不可缺少的人性塑造和人格素养的从游。导师是研究生培养的第一责任人,需要坚持"四个相统一",这就意味着导师需要为人师表、率先垂范,才能真正做好研究生成长成才的指导者和引路人。现实中,大家所不愿意看到的研究生教育师生关系异化、恶性

事件时有发生的现象,对中华民族尊师重教、师道尊严的优秀传统文化带来了严峻的挑战。因此,急需构建和谐适配的研究生教育师生关系,维护健康友善的研究生教育师生文化,以重塑中华民族尊师重教、师道尊严的优秀传统。

(二)没有适配的师生关系,大学治理体系现代化就无从谈起

随着全面依法治国的实施,依法治教也成为大学内部治理体系现代化的基本要求和根本原则。经过数十年发展,我国的教育法制建设已经逐渐形成体系,教育法治也伴随着国家法制建设的不断完善而不断推进,在推进依法治教的过程中,规范高等教育学校和教师权力、保障学生合法权利是大学内部治理和依法治教的根本要求之一。同时,随着教育法律制度发展与变迁,高等学校与学生之间的法律关系也发生了较大变化。承认学生作为受教育者具有选择的有效性,就是承认在学生与高校之间形成一种新型的关系,即"契约关系"。在这种新型关系中,大学是高等教育产品的"供应商",而学生则是高等教育产品的"消费者"。随着高校与学生传统的特别权力关系逐渐式微,双方的关系也日益多元化,不再是以往单纯的教育与被教育、管理与被管理或者指导与被指导的关系,双方在某些领域的行政法律关系也逐渐被司法界所认可①。在新形势下,《普通高等学校学生管理规定》《国家中长期教育改革和发展纲要(2010—2020年)》《高等学校章程制定暂行办法》《全面推进依法治校实施纲要》《关于全面落实研究生导师立德树人职责的意见》《新时代高校教师职业行为十项准则》等多份制度文件相继出台,进一步明确了导师的责任,使大学生权利保障更加"有章可循",更深层次体现了高校管理中"依法治校"和"以人为本"的价值理念。然而,这些规章制度对导师权力的规范、学生权利的保障、受教育权利的救济等均没有详细规定,导致研究生权利的保障和自身权利救济与维护过程中出现了诸多问题,研究生师生关系失衡性、冲突性等异化现象时有发生。因此,对新时代研究生教育中导师权力和学生权利的适配性研究,成为高校、社会和教育主管部门都应当重视和关心的,它是事关大学治理体系和治理能力现代化的重大问题。

(三)没有适配的师生关系,研究生培养质量就无法保障

研究生培养质量的高低,与国家科技竞争力的强弱息息相关。研究生

---

① 王洪才.中国大学模式探索:中国特色的现代大学制度建构[M].北京:教育科学出版社,2013:67.

教育属于高学历层次的高等教育,承载着为国家和社会培养高层次创新人才的重大任务,研究生也肩负着成为科教兴国和人才强国战略骨干力量的重要使命。提高研究生教育的人才培养质量,是高等教育永恒的主题,是学生、家长和社会的共同期待,也是国家持续高质量发展的动力源泉。导师不仅是学生科研上的指导者,更是学生思想上的引路人,师生关系是研究生培养过程中最基本、最重要的社会关系,其状况好坏直接关系到教学科研活动成效、教育目标实现、人才培养质量保证,是建立现代大学制度和提升人才培养质量的基本要求,抓住了研究生教育中的师生关系,就抓住了研究生教育质量提升的关键。新时代,人民群众对依法治校、依法治教、提高高校治理水平、完善大学内部治理结构的诉求逐步增强,对理顺研究生师生法律关系、规范导师权力行使、维护研究生合法权利问题已经成为人们关注的热点问题,也是每所高校形成更高水平的人才培养体系,不断提升人才培养质量,落实立德树人根本任务所必须面对的重大问题。

(四)没有适配的师生关系,和谐的大学校园就难以建立

建设和谐的校园环境是构建和谐社会的重要组成部分,而师生关系是学校所有关系中最基本、最直接、最重要的人际关系,其是否温馨融洽直接影响着和谐校园的建立,也是提高研究生培养质量、培养高素质创新人才的关键。现阶段,我国高校研究生教育中的师生关系总体情况是好的,但在研究生教育的实践过程中,师生之间却存在着紧张化、淡漠化和利益化等不和谐现象,这些师生关系病象和异化情况的出现,严重影响和谐大学校园的构建。因此,要高度重视研究生教育中导师与研究生关系异化的问题,客观分析当前研究生教育、导师和学生关系不和谐不适配的现状和背景;基于导师和研究生权利义务关系即法律关系的视角,分析思考和谐师生关系的构建,探究在师生关系中导师权力和研究生权利的适配性问题,进而分析高等教育中影响师生关系和谐的主要因素及其构建对策,以重构导师和研究生和谐适配的关系,对积极营造和谐、健康的师生关系,构建温馨和谐的大学校园具有十分重要的意义。

三、研究价值

对研究生教育中师生关系的研究既是观测高校两大主要群体的交往互动情况,也是从师生权利义务关系的视角探究我国高等教育的本质与内涵的重要手段。在理论层面上看,本书有助于进一步深入对研究生教育中师生关系内涵、师生适配性关系建立、高校依法治教等领域的理论研究;在实践层面上看,本书能更好地界定导师和学生在研究生教育不同阶段的权利和义务,指导和规范双方在各方面的交往行为,从而推动形成健康有序、和谐适配的师生关系,对提高我国研究生培养质量和水平具有重要的研究价值。

(一)理论价值

一方面,进一步丰富师生关系相关理论。作为教育教学活动中最基本的主体关系,对师生关系的研究一直是教育学界关注的热点。但是,现阶段我国师生关系的研究主要集中在基础教育阶段,对于高等教育中的研究生导师和学生的关系研究较为缺乏,研究方法也多集中在实证调查、专家访谈等,尤其是从法律的视角,就导师权力与学生权利适配性的研究少之又少。同时,高校是相对独立的组织机构,且是由众多的利益相关者组成的教育组织,研究生作为高校中利益相关者的重要一员,其基本的受教育权在高校事务管理中经常被忽视。然而,研究生权利的保障和救济又是依法治校和大学治理的核心要素之一,也是完善大学内部治理、提升人才培养质量的重要内容,因此,本书对深度拓展师生关系研究具有十分重要的价值。

另一方面,进一步丰富依法治校相关理论。厘清研究生教育导师和学生关系的本质是构建和谐适配导学关系的前提和基础。研究生教育导学关系法治化要求我们不仅要树立师生平等的法律理念和意识,更要明确规范导师和学生的权利与义务关系。社会发展的变动性、立法者认知的有限性与法律语言的模糊性等因素纠结在一起,导致研究生教育导师权力和学生权利边界模糊,容易引发导学关系异化和冲突。因此,开展高校研究生教育导师与研究生关系研究,有助于深化高等教育领域的师生权益保障,尤其能够进一步启发、深化导师权力与学生权利适配性的理论研究。对研究生权利保障和救济研究,有利于丰富依法治校、依法治教、依法行政、学术自由的理论内涵。本书不仅能够丰富我国关于大学内部治理和学生权利研究的相关资料,而且能够作为法治社会建设的重要组成部分,进一步丰富新时代法治高校建设理论,从而推动社会法学科发展。因此,本书对深化新时代依法治国、依法治校和大学治理相关理论分析与实证探讨,亦有重要的指导和借鉴价值。

(二)实践价值

一方面,是缓解导师与学生矛盾的迫切需要。导师作为研究生教育的第一责任人,对保证研究生培养质量至为关键,一定程度上决定着研究生教育的招生、培养、毕业等主要阶段的质量和水平。但是,近年来研究生教育过程中师生矛盾冲突频发,甚至因为师生矛盾冲突造成的恶性悲剧事件也时有发生。逐渐恶化的导学关系必然影响双方正常的学习交流和学术指导,进而严重影响我国研究生教育的人才培养质量。因此,对于研究生师生关系适配性研究既是理论的呼唤,又是缓解导学矛盾、重塑师道教道的高等教育发展现实的迫切需要。

另一方面,是提高研究生培养质量的重要抓手。导师既是研究生的学术导师,也是其人生导师,研究生不仅是受教育者,也是高等教育的主体。只有进一步规范导师权力的行使,保障研究生基本权利的实现,建立和谐适配的研究生教育导学关系,才能使导师与学生的关系重回正轨。因此,高校研究生教育中导师权力与学生权利适配性研究,能够基于系统化分析、实证性探讨,提出有利于保障研究生权利的对策措施,由此积极向政府部门、教育机构、高等学校、专家学者建言献策,为高校内部相关管理工作的落实提供切实可行的方案。同时,在顺应时代要求的具体实践环节中发现问题、分析问题、解决问题,由此推进《中华人民共和国教育法》(以下简称《教育法》)、《中华人民共和国高等教育法》(以下简称《高等教育法》)、《中华人民共和国学位条例》等制度文件的修订和完善,为深化研究生教育系统改革提供实践参考经验,从而推动中国特色的现代大学制度建设和依法治教的深入推进,进而不断完善大学内部治理体系、有效提高高等教育的人才培养质量。

第二节 文献综述

在本书开展研究之前,有必要对国内外学者对高校研究生教育导师和学生关系的研究状况做个系统的梳理,这样才能更加科学系统地确定本书在师生关系研究领域中所处的位置。在汲取前人宝贵研究成果经验的同时,致力于以创新的视角开展研究生教育中师生关系的研究,通过对国内外现有研究的整理,现阶段学界对于研究生师生关系的研究主要分为五个方面:导师与研究生关系的本质内涵、导师与研究生关系的特征、导师与研究生关系的矛盾问题、导师与研究生关系的影响因素、导师与研究生关系的调适对策,因此,本书从国内研究和国外研究两个角度,以及以上五个维度分别对研究现状进行梳理和分析。

一、国内研究综述

(一)导师与研究生关系的本质内涵

从权力视角而言,导师权力与培养政策、权力结构、社会规则、传统文化等息息相关,这都为改变师生关系中导师权力与研究生权利分配不均的现状提供了新的思考方向。导师与研究生在研究生教育中基于双方身份、背景的差异产生不同的影响范畴,但是双方又是相互影响、相互作用,通过沟通交流扩散自身的影响范围。这种影响力的扩散就成为权力的特性。总体而言,培养政策本身反映了一定的权力关系和生态。导师与研究生之间客观存在着一种领导关系,权力是这种领导关系形成的根本条件,导师领导权力的来源主要有科层管理制度、教育教学要求、科学研究需要以及导师个人威信等四个方面[①]。随着社会的变革发展,人们对于研究生教育中导师与学生所扮演的社会角色逐渐形成一定的认知,对于双方在研究生教育中的行为也产生了一套既定的社会规定,社会、家庭及研究生本人对培养结果有一定的期待[②]。除此之外,我国师生关系受到传统价值体系和儒家伦理规范的影响,还存在着一定等级性。因此,作为社会成员,导师和学生无法避免受到传统文化和社会主流价值影响,其行为需要满足社会的期待和要求,以此证明自身的社会地位和社会价值[③]。

从互动视角而言,师生关系与岗位职责、培养目标、角色定位、导学任务等息息相关,这都为构建师生和谐互动模型提供了重要的维度。研究生在

---

① 高岩,陈晓端.改革开放 40 年我国课程政策研究的回顾与走向[J].课程·教材·教法,2018(8):34-42.

② 谢俊文,覃梦蒙.领导关系:导师与研究生关系的个案研究[J].高等理科教育,2020(2):49-54.

③ 刘建华.师生交往论:交往视野中的现代师生关系研究[M].北京:北京师范大学出版社,2011:23.

受到导师深刻影响的同时,也在反哺导师对自身的教育和指导。导师是研究生培养的第一责任人,若导师和学生的关系发生重大危机,将会严重影响高层次研究人才培养目标的达成①。一方面,导师和研究生的关系是一种传统意义上的师徒关系,具有"师傅带徒弟"和"一日为师,终身为父"的特点②。另一方面,导师和研究生之间还是指导与被指导关系,导师扮演指导者角色,研究生在导师指导下开展研究并逐步掌握独立研究的技能③。除此之外,更有部分学者关注到导师和研究生关系中的身份属性,将师生关系形容为老板和员工的雇佣关系,即导师是老板,研究生更多的是扮演"打工者"的角色,完成导师的一系列要求④。因此,在师生的互动合作中,不仅仅要尊重导师的权威,发挥导师的示范引领作用,同时也要充分发挥研究生群体的主体性和能动性,才能形成多样化的师生关系⑤。除此之外,在研究生培养单位的授权下,导师要履行对研究生的培养任务,并根据培养单位的各项要求和研究生个人特点,开展研究生教育培养活动。研究生进入培养单位在实质上签订了一份委托服务合同,研究生在培养期间享有获得学术指导的权利。为了更好地提供指导服务,导师与学生需要签订培养计划,正式确定师生关系。因此,导师与研究生关系本质上是一种契约关系,即平等的权利义务关系⑥。

(二)导师与研究生关系的类型特征

国内学者根据不同的理论基础,把研究生师生关系分成不同类型,这为分领域、有侧重、多维度、全方位构建和谐师生关系提供了基本导向。王青认为,导师与研究生之间应该是身份上的师生关系、科研上的合作关系、教学上的相长关系以及人格上的平等关系。身份上的师生关系是导师与研究

---

① 蔡琼,吕改玲.后喻文化背景下导师与研究生之间的和谐关系探讨[J].中国高教研究,2008(3):39-42.

② 刘康平,刘立华.学校社会工作介入导师与研究生危机关系干预的策略研究[J].教育探索,2020(4):68-71.

③ 周洪宇.学位与研究生教育史[M].北京:高等教育出版社,2004:15.

④ 陈桂生.导师与研究生关系的事态述评[J].江苏大学学报(高教研究版),2004(3):43-45.

⑤ 乐江,周光礼."导师制"与"老板制":中外医学院校研究生培养制度比较分析[J].高等工程教育研究,2008(2):117-123.

⑥ 孙文桢.法律视角下导师与研究生关系初探[J].学位与研究生教育,2017(11):8-13.

生关系的前提,科研上的合作关系是导师与研究生关系的基础,教学上的相长关系是导师与研究生关系的重点,人格上的平等关系是导师与研究生关系的本质①。徐岚认为,"老板"的称呼演变成"上级领导",那么对于大学师生关系来说,这种不对等的权力将会是比金钱更危险的腐蚀力量②。史静寰等依据师生互动行为对象,将师生关系类型分为学习性互动和社会性互动两大类,揭示出生师互动与学生成长、学习收获和就学满意度直接相关③。

除此之外,对于矛盾问题的处理方式,使得师生之间存在着双合作、单方面合作与不合作等不同类型④。许克毅等根据师生双方的心理距离将研究生和导师的关系总结为权威型、和谐型、松散型、功利型四种。和谐型师生关系是现代研究生教育导师与学生关系的主流。在和谐型的师生关系中,导师和研究生的心理距离较小,能够真诚的沟通交流和诚心诚意的合作,既是师生,又是朋友⑤。刘燕、刘博涵基于 Robert Carhart Merton 的结构性紧张理论,将研究生与导师的关系分为认知、情感、行为三个主要成分,并将研究生师生关系界定为剥削紧张型、疏离松散型、雇佣关系型、传统师徒型、良师益友型等五种类型。其中,根据对研究生调研数据的分析,确定良师益友型是最优的师生关系类型⑥。田建军将师生关系亲疏程度作为划分依据,将双方关系分为师徒式、合作式、冷漠式和对立式四种类型。其中,导师和研究生在师徒式、合作式两种关系类型中交往频繁,双方关系密切。但在冷漠式和对立式中,师生关系较为紧张,导师在学术指导和心理健康方面对学生缺乏关注,师生双方容易产生严重的矛盾冲突⑦。

① 王青.导师与研究生之师生关系的伦理学分析[D].苏州:苏州大学,2008:21.

② 徐岚.师父、师傅还是老板:从教师角色看研究型大学师生关系[J].高校教育管理,2013(5):33-40.

③ 史静寰,李一飞,许甜.高校教师学术职业分化中的生师互动模式研究[J].教育研究,2012(8):47-55.

④ 刘姗,胡仁东.博弈论视角下的导师与研究生关系探析[J].学位与研究生教育,2015(5):45-50.

⑤ 许克毅,叶城,唐玲.导师与研究生关系透视[J].学位与研究生教育,2010(2):59-62.

⑥ 刘燕,刘博涵.研究生导学关系优化研究[J].高教探索,2018(8):30-34.

⑦ 田建军.导师与研究生关系的基本类型及科学构建探析[J].研究生教育研究,2018(3):55-58.

(三)导师与研究生关系的矛盾问题

现阶段,在研究生教育中,导师与研究生的关系存在着师生地位悬殊、导师制度陈旧、职业道德缺失等普遍性的矛盾问题。究其原因,导师个人的教学哲学和风格是其在长期的学习与实践中形成的,难以发生改变。如果学生在选择导师时没有关注导师的个人风格和自身性格是否适配,在后续的培养中很可能对导师的指导方式感到不适应,导致双方冲突产生①。目前,学者普遍认为,研究生和导师双方本质上不存在不平等,只是双方在知识占有的工具上处于不均衡的状态②。此外,现阶段"单一导师责任制"赋予了导师在研究生教育中更大的话语权,容易造成师生双方在互动交往中的地位是不平等的③。更有部分导师利用自身职权的优势,在研究生培养事务上存在违规、违法操作,师生双方在伦理性和经济性上本末倒置,影响了师生关系的正常发展④。在研究生教育过程中,因为迫于学校培养体系与导师责任制的要求,师生双方的交往行为是为了完成教学要求而进行的,这种交流行为缺乏内在的动力,效果欠佳⑤。近年来,随着研究生招生规模的逐年扩大和研究生教育的改革发展,暴露出的导师职业道德缺失、责任心淡化、损害学生正当权益等问题受到社会各界的广泛关注。同时,在学生缺乏学习研究自主性和能动性的情况下,传统的师生关系受到了严重的质疑,师生关系失衡的现象一再出现⑥。

除此之外,全日制硕士专业型和学位型研究生的师生关系,主要存在缺乏个性指导、创新研究不够、导师指导不足等矛盾问题:部分高校导师对于专业学位研究生和学术学位研究生不进行区分指导,二者共用一套培养方案;导师"放养"研究生的现象仍旧广泛存在,导师在培养过程中未进行充分指导,研究生的专业实践大多由实践企业、单位加以把控;部分高校试行的

① 高岩.教师个体教学哲学及其建构研究[D].西安:陕西师范大学,2012:25-31.
② 李长伟.师生关系的古今之变[J].教育研究,2012(8):113-119.
③ 于峰,张勇.研究生师生关系的非均衡现状及其影响和调整[J].学位与研究生教育,2012(12):69-72.
④ 陈恒敏.导师、研究生关系的内在属性冲突及其超越:兼论一元主义雇佣关系的建构[J].江苏高教,2018(1):69-72.
⑤ 张欣兰,刘鸿,肖云龙.论导师与研究生交往关系的转变[J].学位与研究生教育,2007(9):17-20.
⑥ 孙利君.构建当代研究生和谐师生关系[J].中国成人教育,2011(6):7-10.

校外导师制形同虚设,校外的导师实际上几乎不参与研究生指导工作[1];在学位论文指导上,研究生的研究方向、逻辑、思维如果囿于导师的意见,不利于学生创新思维的培养,并且研究生的研究过于局限在导师的研究领域,陷入重复研究的死循环[2]。随着研究生逐渐到了高年级,研究生对于毕业论文的撰写方向和思考可能与导师的想法差异较大,顾及导师的权威或者因自身性格等原因,研究生大多不敢向导师表达真实的想法和观点,难以开展自主性的创新研究,造成心理上的压抑。甚至存在部分导师过于限制研究生的论文选题,忽视学生的研究意愿,对不按照自身想法进行科研的研究生采取放任不管的态度,师生关系呈现紧张态势[3]。

除了制度体系、生态环境、权责结构之外,在导师的个人因素上,大部分研究生认可导师的敬业精神、师德师风和思想道德品质,但是普遍认为导师在学术素质和指导方式还存在进一步完善的地方。而对于导师来说,导师们普遍对所指导研究生的基本素质评价不高,认为其专业素养、创新精神和科研能力都较为欠缺,难以达到自身要求;在师生关系上,学生对于导师学业指导的满意度和师生关系的总体适配度间具有显著的正相关关系[4]。调查表明,为了开展科研训练,研究生会参与到导师的研究项目中,对学生来说是一个宝贵的实践机会[5]。然而导师在实际上掌握着研究项目的整体走向,研究生难以深入参与到导师的科学研究活动中,大多从事资料打印、文字校对、记录数据等低层次的工作,成为导师的廉价劳动力,无法在科研思维、研究能力等方面得到提高[6]。部分导师甚至强制、经常性地安排研究生完成自己私人事务,做和专业学习、个人研究并无关联的事情,过度占用学

---

[1] 李俊峰.全日制硕士专业学位研究生导学关系研究[D].广州:华南理工大学,2017:34.

[2] 甘永涛.研究生培养模式与师生关系[J].教书育人,2005(20):6-8.

[3] 李春根,陈文美.导师与研究生命运共同体:理念与路径构建[J].学位与研究生教育,2016(4):55-59.

[4] 周文辉,张爱秀,刘俊起,等.我国高校研究生与导师关系现状调查[J].学位与研究生教育,2010(9):7-14.

[5] 李瑛.浅谈高校导师制中的师生合作关系[J].交通高教研究,2004(4):45-46.

[6] 徐水晶,龙耀.中国研究生教育中导师与研究生关系问题研究[J].现代大学教育,2016(5):80-87.

生的个人时间①。甚至有部分导师将研究生视为个人资产或者是公司的"打工者",以学术研究为主要出发点的研究生教育发生了严重的异化②。

(四)导师与研究生关系的影响因素

导师和研究生的师生关系是一种多层次、多维度的复杂关系③。实证研究发现,导师是师生关系中最重要的影响因素,导师的学术素质和非学术素质对于师生关系的塑造都起着主要作用④。同时,高校的研究生教育管理制度也是影响研究生师生关系的主要因素。因此,可以从高校教学管理制度的角度出发,深入研究影响师生关系的因素,包括评价机制、经费投入制度、导师激励机制、研究生管理制度、导师遴选与考核制度等⑤。通过问卷调研,发现导师与研究生的沟通差异、动机差别、育人理念相悖是影响师生关系的主要因素。导师和研究生之间沟通交流严重不足,没有共同话题,双方沟通意愿逐渐降低,进而导致师生关系恶化;导师的精力主要在学术科研,而学生读研是为了获得更好的就业机会,双方在研究生教育的动机与理念南辕北辙,导致双方难以达到彼此的期望,无法形成和谐的师生关系⑥。

同时,研究生导师作为研究生培养的第一责任人,其学术能力对于师生关系的塑造有着重要的影响⑦。面对学生的指导需求,导师如果缺乏责任意识,师生双方缺乏畅通的沟通交流机制,势必阻碍良好师生关系的建立⑧。因此,打造和谐的师生关系需要师生双方不断磨合,以达到一个稳定

---

① 方跃平,谢刚.构建高校新型师生关系的基本途径[J].煤炭高等教育,2010(1):43-45.

② 齐晓颖,刘海峰."双一流"高校建设中研究生导师队伍优化路径探究[J].高教学刊,2018(23):150-153.

③ 方跃平.高校师生关系畸变的主要原因解析[J].中国矿业大学学报(社会科学版),2007(3):78-82.

④ 郑婷婷,蒋义.普通高校研究生师生关系的调查分析:以 Y 大学为例[J].扬州大学学报(高教研究版),2016(4):46-50.

⑤ 寸翠鹤.云南大学导师与硕士研究生师生关系的现状及影响因素研究[D].昆明:云南大学,2016:22.

⑥ 蔡茂华.大众化教育下研究生与导师关系的调查与分析[J].教育与职业,2013(14):182-183.

⑦ 王轶玮.英国顶尖研究型大学研究生导师制度及其启示:以牛津大学为例[J].学位与研究生教育,2018(10):71-77.

⑧ 苣庆辉,闫广芬.扩招后影响研究生教育质量的主体因素:对生源、生师比、师生关系的考察[J].现代大学教育,2010(5):49-52.

的交往状态。在关系磨合中,师生双方会出现积极配合、消极配合、不配合等行为类型①。在研究生培养过程中,导师作用力、群体观念控制力和学生内在成长驱动力三股力量共同改变学生的形态。在国家制度层面,尽管国家在1986年就提出研究生培养要推行"双导师制",但是受有限的高等教育人才、学术、经费等办学资源所限,我国高校现阶段仍然以单一导师负责制为主。除此之外,我国在导师教学水平、职称评定、科研要求等方面未形成统一标准,导致不同高校研究生导师在申请、选拔及评价环节标准不统一,加之社会、行政等层面的干预,研究生导师的重心被迫偏移,工作压力增大②。这种工作重心偏移、工作压力剧增的现状进一步降低了导师接收研究生的积极性和培养研究生的主动性③。

　　研究生作为受教育主体,也同样对自身与导师之间的关系有至关重要的影响。首先,学生的能力与质量是影响师生关系的重要因素。研究生的能力培养应该始终居于研究生培养的首位④。而当前导师和研究生的"互选"大多趋于单项选择,导师对学生缺乏足够的了解,大多处于被动选择的局面,只能等着学生来选⑤。其次,由于社会对于复合型人才的需求急剧增加,近年来跨学科专业报考的研究生数量逐年增加,虽然为相关学科领域带来了大量的"新鲜血液",但是学生在全新领域学习时也会产生一定的不适和矛盾。在实际的课程学习和科研探索过程中,跨专业学生经常会遇到难以预料的问题,大多是由于其缺乏足够相关专业知识的积累,难以完成导师布置的科研任务,产生挫败的心理;导师也会觉得跨专业学生综合素质不符预期,由此产生失落感⑥。最后,在现代社会中,经济因素影响明显,难免造成部分研究生对于自身经济利益的考量成为其考研求学的主要动机,这种

---

① 唐润,尹星.研究生教育中的师生博弈关系及管理策略分析[J].研究生教育研究,2018(6):70-75.

② 李继兵,李芳红.中美硕士研究生导师制比较分析[J].黑龙江高教研究,2014(2):43-46.

③ 孙群,侯其锋.交往理论视角下导师与研究生和谐关系的构建[J].教育评论,2015(2):67-69.

④ 廖文武,习承湘.探寻研究生教育的岁月:恢复研究生教育30年[M].上海:复旦大学出版社,2009:46.

⑤ 王星,马志强.高校研究生师生互选存在的问题及模式创新[J].东北师大学报(哲学社会科学版),2014(3):267-268.

⑥ 汤晓茜.研究生"导师制"改良的内外途径[J].江苏高教,2017(2):64-66.

功利化的求学目的容易激化师生双方矛盾,进一步影响师生关系①。导致学生在与导师交往过程中因经济利益为主要驱动,难以树立端正的学习态度,因此,师生关系逐渐紧张,也容易产生各种纠纷②。

(五)导师与研究生关系的调适对策

从强化内在调控来看,在处理导师与学生的矛盾冲突时,导师居于解决矛盾的主要方面。因此,导师要积极和研究生构建权威性的学术关系、育人性的管理关系、建设性的合作关系和健康性的交往关系③。作为研究生培养的第一责任人,导师要主动增加对学生的指导频次和交流时间,加强对学生心理层面的关注。同时,对自身的指导方式要进行改革、强化、再指导,积极帮助学生将指导过程转化为学术研究成果④。从文化反哺的视角看,要重新审视导师角色和研究生身份的特殊性,推动双方角色转换,倡导导师和研究生共享合作,构建新型师生关系⑤。导师要加强和研究生的沟通交流,主动为研究生创造科研条件,鼓励其参与课题项目研究,并给予相应的资金支持,关注学生的身心健康,实现研究生德智体美劳全面发展。作为研究生,要转变教育客体的定式思维,主动与导师交流,定期向导师汇报科研成果和思想动态⑥。同时,高校要正视导师角色淡化、导师缺乏对学生的深入指导、师生交往活动频次较低,师生地位不平等师生关系异化等现实情况,从优化育人环境、规范导师指导行为、构建师生交流平台、加强师生道德修养四个方面出发,重构研究生教育过程中的师生关系⑦。

从健全外在机制来看,国家为了优化导师与研究生的关系,首先可以从

---

① 王晓升.哈贝马斯的现代性社会理论[M].北京:社会科学文献出版社,2006:72.

② 王燕华.从工具理性走向交往理性:研究生"导学关系"探析[J].研究生教育研究,2018(1):60-66.

③ 廖济忠,王敏.对新型导学关系的探讨[J].国家教育行政学院学报,2005(8):56-59.

④ 张婷,赵超.导师与研究生指导关系的和谐度分析[J].西北工业大学学报(社会科学版),2009(4):91-94.

⑤ 陈俊珂.文化反哺视野中研究生师生关系构建之思考[J].学位与研究生教育,2010(9):56-59.

⑥ 楚永全,陈文婷,陈珊珊.研究生与导师关系的比较分析与改进对策[J].教育与教学研究,2011(12):65-68.

⑦ 张珊骥.高校研究生教育中师生关系研究[D].咸阳:西北农林科技大学,2015:48.

经济学的视角出发,适当利用经济杠杆,加大对研究生的补助力度,努力拓宽补助的渠道,提高研究生的生活待遇,让其把主要精力放在课程学习和科研探索上,不再为经济问题而担忧,同时减轻导师培养研究生的经济"负担"。其次,进一步改革完善导师责任制,培养研究生的维权意识;加强师生双方的沟通交流等①。同时,要进一步完善研究生教育中的各项制度建设,包括导师选拔机制、研究生管理制度、师生对话机制等;通过导师评价考核制度,努力推行导师问责制②。在此基础上,建立研究生维权机制,当研究生在培养过程中合法权益受到导师侵害时,能通过有效渠道向学校主管部门反映,避免事态恶化③。再次,高校还应以教学、科研为纽带和主要载体,加强教学与科研的协同整合;以学术、学品和职业的共同发展为内在动力,推动师生双方在学术、品德和职业发展等各个层面上实现目标有机统一,以此来构建和谐良好的师生关系④。另外,针对师生关系紧张不和谐、导师指导效果欠佳等问题,则要从完善导师指导模式,提升学术指导的有效性,培养单位要进一步规范导师选拔制度、落实导师评价机制,才能构建和谐的师生关系,提高研究生的学术水平和科研能力⑤。

二、国外研究综述

(一)导师与研究生关系的本质内涵

20世纪,西方学界对于师生关系的研究形成了"教师中心论"和"学生中心论"两大对立的流派。"教师中心论"以德国教育家赫尔巴特和苏联教育家凯洛夫为代表,"学生中心论"以美国教育家杜威和法国思想家卢梭为代表。"教师中心论"学派认为,学生是船,教师是舵手,强调了教师的权威

---

① 楼成礼,孟现志.研究生导师非权力性影响力刍议[J].中国高教研究,2004(10):52-53.
② 张静.导师与研究生之间的和谐关系研究[J].中国高教研究,2007(9):19-22.
③ 楼成礼,郑庆岚,林玲.以人为本,重构研究生教育的"导学关系"[J].教育发展研究,2004(6):28-29.
④ 施鹏,张宇.论研究生教育中和谐师生关系及其构建路径[J].学位与研究生教育,2015(5):37-41.
⑤ 梁锦涵.导师与研究生科研能力的关系研究[D].青岛:青岛大学,2016:46.

地位,学校的各种教育教学活动必须以教师为中心①。与此相反,"学生中心论"学派认为,学生的发展是一种自然的过程,教师不应过多干涉。教师作为"自然仆人"的角色,要给予学生更多自主发展的空间,帮助其在体验中实现成长。20世纪后半叶,在后现代社会思潮的影响下,"后现代教学理论"学派开始崭露头角。以课程学者多尔为代表的后现代教育家认为,教学是一项平等、开放、对话的活动,在教学活动中,学生可以充分发表自己的观点,挑战老师的权威②。他们鼓励老师在与学生的交流中同时向学生学习,师生共同合作完成教学活动要求。后现代教学模式不仅可以促进学生的成长,也有利于提升教师的教学水平。

除此之外,"导师制"在西方高校的师生关系中也产生了深远影响,是研究导师与研究生法律关系的重要内容。"导师制"最早起源于英国牛津大学和剑桥大学两所高校,在这种教学模式中,导师每周要与学生进行一次会面交流。牛津大学著名的《劳德规约》中规定,所有学生必须配备导师,学生导师由院长认定的,由品质、学问和信仰上符合要求的毕业生担任,这是牛津大学早期、粗放形态的导师制③。到了19世纪中叶,时任牛津大学副校长的Benjamin Jowett教授受到苏格拉底思潮的影响,创新性地建立了一种师生平等对话的教学模式,这被认为是"导师制"的正式开端④。随着研究生教育的进一步发展,传统的导师制伴随着时代的发展进步而被不断地赋予新的内涵。现代意义的研究生教育产生于1810年德国柏林大学,"学徒制"是德国研究生教育的特色,学生在科学研究中扮演导师帮手的角色,辅助导师完成科研任务,同时通过科研任务锻炼自身的科研能力、提高科研水平⑤。因此,导师的学术水平会显著影响研究生的科研能力和培养质量。

对于师生互动本质的研究,后现代教育理论学者William E.Doll在其研究中提出,所谓师生互动,较少表现为教师对学生进行知识的教导,而较

---

① 黄代翠.心理健康教育辩证法研究[D].武汉:武汉大学,2012:22.

② 刘世衡.多尔后现代课程观对思想政治理论课的启示[J].教育与教学研究,2011(7):54-57.

③ 杜智萍.牛津大学导师制的历史演进[M].北京:科学教育出版社,2015:55.

④ The History of the Tutorial [EB/OL].(2018-05-20)[2020-09-12].https://www.greenes.org.uk/greenes-education/our-history/the-history-of-the-tutorial/.

⑤ 解茂昭.从传统走向未来:德国研究生教育的特点、动向及其启示[J].学位与研究生教育,1996(6):58-62.

多表现为师生作为统一群体,在共同探究过程中相互产生影响①。
Elizabeth M.Yan 认为,师生互动的最终目的是实现老师与学生双方在情感
层面的交流,在师生间进行情感交流的互动行为也被称作真正意义上的讨
论②。Tina Kindeberg 认为,教师一般通过传递专业知识与学生建立起信
任,而师生的互动交流同样是师生建立信任感的重要方式,教师要运用不同
的方法与学生建立起良好的互动关系。教师应意识到学生在课堂上对自己
的依赖,师生互动的本质就是学生在充分信任教师的前提下实现有效的学
习③。Martin Buber 认为,教学过程是教师与学生这两个主体之间的互动,
师生双方在教学互动中互相包容与对话,并实现成果共享④。

(二)导师与研究生关系的类型特征

师生关系一直是教育学界学者探讨的热点,因为师生关系的好坏会直
接影响教育质量和学生的学习效果。针对研究生教育,师生关系是否和谐
同样直接影响研究生的学业水平、科研成果的数量和质量、科研教学能力的
提升等。Terry Gatfield 从"结构"和"支持"两个维度出发,把师生互动关系
划分为放任型、田园型、契约型和管理型四种类型。其中,在放任型关系中,
导师与研究生之间缺乏互动,导师对学生的支持更多体现在学术方面;与之
相反,在管理型师生关系中,师生双方的互动较多,但导师对于学生的学术
支持较少⑤。Clifton F.Conrad 把导师指导方式分为说教式、协助式和对话
式三种,并指出导师和学生的等级观念会影响学生学习的效果⑥。

除此之外,K. Lewin 依据师生间情感态度与教师行为作风,将师生关

---

① 小威廉姆·E.多尔.后现代课程观[M].王红宇,译.北京:教育科学出版社,
2000:5.

② ELIZABETH M Y, IAN M E,SHANE T H. Observing emotional interactions
between teachers and students in elementary school classrooms [J]. Massey University,
2011(10):22-30.

③ KINDEBERG T. The significance of emulation in the oral interaction between
teacher and students [J].Journal of philosophy of education,2013(1):1-9.

④ 马丁·布贝尔.人与人之间[M].张健,等译.北京:作家出版社,2015:102-103.

⑤ GATFIELD T. An investigationin to Ph D supervisory management styles:de-
velopment of a dynamic conceptual model and its managerial implications[J].Journal of
higher education policy and management,2005,27(3):19-25.

⑥ 克利夫顿·康拉德,珍妮弗·格兰特·霍沃恩,苏珊·博雅德·米勒.美国如何
培养硕士研究生[M].袁本涛,刘帆,等译.北京:北京大学出版社,2016:56.

系分为专制型、民主型、放任型等三大类,且分别对应课堂教学相关的内容完全由教师做主、学生自主分配任务且教师给予客观评价、仅提供教学材料而不提供帮助等特征①。Peled-Elhanan 围绕师生对话,将师生关系分为苏格拉底式对话、虚拟对话、对话形式中的独白等三大类,且分别对应围绕一个主题师生共同讨论分享、被评价时察觉自己参与某个学习讨论、教师提问并通过学生回答找文本答案等特征②。Hargreaves 和 Petra Scherer 基于不同视角,将师生关系分为显性互动和隐性互动,以及"驯狮型"互动、"娱乐型"互动、"浪漫型"互动等不同类型③。Bradley E Cox 从类型学的视角出发,根据师生交往的内容深度和学生在交往过程中扮演的个体角色,将师生交往行为分成无交往型、偶然交往型、有效交往型、人际交往型、良师益友型这五种类型,良师益友型是最理想的师生关系。同时,师生交往的类型并非固定不变,师生可以通过共同努力实现五种类型的相互转换④。

(三)导师与研究生关系的矛盾问题

从博弈视角而言,导师与研究生作为研究生培养过程中的利益相关体,双方不仅需要追求自我的利益,同时也需要对他人承担相应责任。当双方的利益存在矛盾和冲突时,双方的关系会形成对立。如果要形成相互平等、合作共赢的师生关系,其本质是实现师生双方的共同价值期望。美国学者Donald Kennedy 认为,导师和研究生在互动交流中可以共享对方的兴趣和能力,这既是导师对学生开展指导活动的动力源泉,也可能引发各种师生关系问题。他认为,研究生对于独立性的诉求和导师的自身需求常常存在诸多紧张的关系,往往会产生师生关系中的矛盾冲突。而双方利益诉求的异化主要体现在师生对于知识产权的争夺、角色身份的冲突、合作中的争吵、学生感到被导师剥削、导师发展私人亲密关系与学生独立性之间的矛盾、师

① 佐斌.师生互动论:课堂师生互动的心理学研究[M].武汉:华中师范大学出版社,2002:26-29.

② NURIT P E, SHOSHANA B K. Dialogue in the Israeli classroom:types of teacher-student talk[J].Language and education,2006(2):51-60.

③ PETRA S,HEINZ S. Noticing children's learning processes-teacher jointly reflect on their own classroom interaction for improving mathematics teaching[J].Journal of mathematics teacher education,2007(2):157-185.

④ COX B E. Adevelopmental typology of faculty-student interaction outside the classroom[J].New directions for institutional research,2011(S1):49-66.

生恋爱关系等[①]。

Benson 等学者认为,导师和学生的"亲近性""可及性"会影响师生之间的良好交往[②]。导师在指导与支持方面的缺失会造成一定的负面影响,这自然影响师生间的正常交流,影响师生关系[③]。虽然导师与学生双方对于指导角色基本形成了统一的认知,但是多样的师生关系类型进一步增加了导师指导学生过程中的复杂性[④]。Nasir 在 2015 年开展的导师与博士生关系问题调研中发现,导师的指导风格和学生的学习习惯错位是师生指导关系存在的主要问题。为了建立和谐的师生关系,导师和博士生双方要形成正确的期望,才能产生有效的指导行为。此外,为了高质量完成博士生的指导工作,导师也要根据学生的情况选择适合学生的管理风格[⑤]。在师生适配度层面,国外学者还关注了性别因素对于师生适配的影响。有研究表明,学生普遍对女性导师更为满意,主要因为女性导师对学生在心理上的指导和关心显著地多于男性导师,但导师的性别和学生的学业成绩并未形成显著的关系[⑥]。

(四)导师与研究生关系的影响因素

在学生方面,现行的单一导师制下,导师对研究生培养具有较大的话语权,使得学生容易对其产生畏惧的心理,影响其在双方交往过程中的表现。Bakr 的研究表明,学生对导师指导水平的认知来自导师的学术能力、地位、

---

① 唐纳德·肯尼迪.学术责任[M].阎凤桥,译.北京:新华出版社,2002(2):122.

② BENSON T A,COHEN A L,BUSKIST W,et al. It is relation to student attitudes and behaviors towards teachers and classes [J]. Teaching of psychology,2009(4):237-270.

③ SMITH A,VICKI J. It is the relationship that matters:a qualitative analysis of the role of the student-tutor relationship in counselling training [J]. Counselling psychology quarterly,2011(3):233-246.

④ SHOSH L. The many faces of mentor-mentee relationships in a pre-service teacher education programme [J]. Scientific research,2012(4):413.

⑤ NASIR S,MASEK A. A Model of supervision in communicating expectation using supervisory styles and students learning styles [J]. Procedia social and behavioral sciences,2015(4):265-271.

⑥ BLAKE B S,BAYNE M L,CROSBY F J,et al. Matching by race and gender in mentoring relationships:keeping our eyes on the prize [J]. J Soc Issues,2011(3):622-643.

资历等因素①。导师不仅需要较高的学术素质,非学术素质在师生关系中同样具有非常重要的作用②。尤其对于新手导师,由于其还在探索、形成自身的指导方式和个人风格,在指导技巧上也缺乏一定经验③。在师生双方沟通过程中,可能会因为一些摩擦和矛盾而影响师生关系④。Jim Duffy 等人观察师生在课堂上的互动交流,构建师生互动行为指标体系,分析了师生性别、课堂类别等因素对于师生互动行为数量与质量的影响。从分析结果看,在实际课堂教学过程中,老师更倾向于与男生互动⑤。在贝尔斯(Bales)开展的群体互动行为类目系统研究中,将参与者的行为分为社会情绪领域和情绪中立的任务领域两大类,之后又将每一类细分形成了四大类别。贝尔斯认为,积极的情绪能培养良好社会群体互动氛围,有利于课堂中的互动教学⑥。

除此之外,导师对于研究生在培养过程中的责任意识同样也是影响师生关系的一个重要因素。低年级的研究生通常对导师有较高的依赖性,期望在专业学习和科研训练上得到导师更多的关心和指导⑦。Sidhu 在构建导师制体系时发现,学生的分析研究能力是影响师生关系的主要因素⑧。

① BAKR A, ERSZLU A. Postgraduate students' perceptions of their supervisors' mentoring skills:gaziosmanpa a university example [J/OL].[2018-10-16]. Social and behavioral sciences, http://www.sciencedirect.com.

② TAL R, ARGAMAN S. Characteristics and difficulties of teachers who mentor environmental inquiry projects [J]. Research in science education,2005(4):363-394.

③ BRADBURY L U, KOBALLA T R. Mentor advice giving in an alternative certification program for secondary science teaching:opportunities and roadblocks in developing a knowledge base for teaching [J]. Journal of science teacher education,2007(6):817-840.

④ WILKES Z. The student-mentor relationship:a review of the literature[J]. Nursing standard,2006(37):42-47.

⑤ JIM D, KELLY W, MARGARET W. Classroom interactions:gender of teacher, gender of student, and classroom subject [J]. Sex roles,2001(10):597-593.

⑥ BALES R F. Interaction process analysis: A method for the study of small groups[M]. Chicago:University of Chicago Press,1950.

⑦ CRYER P. The research student's guide to success [M]. Maidenhead, Berkshire:Open University Press,2006.

⑧ SIDHU G K, KAUR S, CHAN Y F, et al. Establishing a holistic approach for postgraduate supervision [M]//Taylor's 7th Teaching and Learning Conference 2014 Proceedings, Springer:Singapore,2015.

Pianta 则认为,导师对师生关系的认知程度决定着师生关系的质量,而导师的认知则受到其自身及学生性格特点的影响,即导师在师生关系中起到主导作用①。还有学者从人的情感方面角度出发,如乔利和麦克洛斯基提出,导师的情感态度会影响师生教学科研活动,积极的情感对学生的学习和生活也会产生积极的影响②。Rawlins 则认为,友情教学可以有效促进师生关系。他主张导师在教学科研中要与学生建立起友谊关系,以促进师生关系良性发展③。除此之外,导师对研究生的培养一般体现在科研项目中,导师与学生的互动关系是学生参与科研项目的重要动力。因此,团队科研环境、学术氛围、导师的个人风格、导师在物质和精神上的支持等因素都会显著影响师生关系④。

(五)导师与研究生关系的调适对策

随着时间的推移变化,导师扮演的角色也不断发生改变,现阶段导师更多扮演着反馈者和合作者的角色⑤。在培养学生过程中,导师要以身作则,通过分享知识、资源和思想帮助学生提高自身技能⑥。Thompson 等特别指出,需要摒弃传统的"填鸭式"教学模式,这不应该出现在导师指导研究生的过程中⑦。导师的角色应该被定位为引导和建议,主动向学生提供情感、

① PIANTA R C. Enhancing relationships between children and teachers[M]. A-merican psychological association,1999:58-67.

② CHORY R M, CROSKEY J C. The relationship between teacher management communication style and affective learning[J]. Communication quarterly, 1999(1):1-11.

③ RAWLINS W K. Teaching as a mode of friendship[J]. Communication theory, 2000(1):5-26.

④ MOSKVICHEVA N, BORDOVSKAIA N, DARINSKAYA L. Role of students and supervisors' interactionin research projects:expectations and evaluations [J]. Procedia social and behavioral sciences, 2015(1):576-583.

⑤ KWAN T, LOPEZ F R. Mentors' perceptions of their roles in mentoring student teachers [J]. Asia-Pacific journal of teacher education,2005(3):275-287.

⑥ MANEPATT U R. Mentoring an essential leadership skill [J]. Review of research,2012(3):1.

⑦ THOMPSON D R, KIRKMAN S, WATSON R,et al. Improving research supervision in nursing [J]. Nurse education today,2005(25):283-290.

技术、资源等各方面支持①。在培养过程中,导师也要发挥个人的独特风格,将自身深厚的知识储备和先进经验有效传递给研究生②。除此之外,导师也要引导研究生培养所需要的信念和价值③。Hughes研究表明,解决学生对于与导师讨论问题的优先性、如何消除学生向导师寻求帮助会被认为学术能力欠佳的认知误区等问题,对于提高师生交流效果起着重要作用④。国外学者在分析师生指导关系时,通常认为导师扮演着多样角色。首先,导师作为研究生的咨询者与社会化的代理人,主要负责解答研究生在学术和生活等方面的咨询,给学生传授专业的学科知识,为学生营造良好的学术氛围,同时导师也有责任为学生提供社会发展机会。其次,导师作为学生的指导者,要指导学生更好地开展学术研究,发展专业技能。导师指导对研究生的影响主要表现在论文的撰写、文章的发表以及课堂报告的机会。最后,导师也是学生的雇主,师生关系在某种程度上也是"老板"与"员工"的关系⑤。Friedrich在2019年开展的博士生与导师关系调研中发现,教学指导是博士生教育的基本组成部分,博士生导师在培养学生的专业素质和个人能力,为学生应对就业竞争,开展有效管理的指导过程中,要应对诸多方面的挑战⑥。

在Rowley进行的学生与管理者关系研究中发现,学生如果能与管理者建立良好的人际关系,那么他们更有可能取得良好的成绩,并对管理者的指导行为感到满意。当管理者具有丰富的经验或者深厚的知识储备,学生

① LESSING A C,SCHULZE S. Postgraduate supervision and academic support:students'perceptions [J]. South African journal of higher education,2002(2):139-149.

② ORTRUN Z S, VAL R A. constructivist model for evaluating postgraduate supervision:a case study [J]. Quality assurance in education,2004(2):82-93.

③ MARTIN A J, DOWSON M. Interpersonal relationships, motivation, engagement, and achievement [J]. Review of educational research,2009(1):327-365.

④ HUGHES N, WAINWRIGHT S, CRESSWELL C. Enhancing and supporting the role of academic tutors in developing undergraduate writing skills:reflections on the experiences of a social work education programme [J]. Learning and teaching:the international journal of higher education in the social sciences,2012(2):27-48.

⑤ LECHUGA V M. Faculty-graduate student mentoring relationships:mentors' perceived roles and responsibilities [J].Higher education,2011(6):757-771.

⑥ FRIEDRICH H, MAC K J. The quality culture in doctoral education:establishing the critical role of the doctoral supervisor [J].Innovations in education and teaching international,2019(2):140-149.

对管理者的满意度会进一步上升①。作为研究生的实际管理者,导师和学生之间的良好合作关系有助于研究生的专业学习和科学研究,提高学习过程的有效性②。由此可见,对于研究生而言,导师不仅是学术上的引路人,还是道德上的楷模与生活中的良师益友。在此过程中,导师需要同研究生共同制定学习目标,充分观察不同学生具备的能力,注重挖掘学生的特长,并给予其机会加以充分展示,使研究生在不断深入的学习中进行自我评价,最终发现自身独特的技能和价值,成长为一位具备独立学习能力的终身学习者③。

三、国内外研究评析

分析来看,目前国内外研究存在以下特点:

一是主要基于传统与现代的视角,集中在导师与研究生学习、交往等领域,开展导师与研究生关系的本质内涵研究。主要遵循传统与现代比较、社会理论融合等两条路径,对导师与研究生关系的内涵、实质、类型、特征进行不同的解释与界定,基本认为师生关系可以分为学习和交往两个层面,师生关系的本质是师生双方通过交流合作建立起来的一种多层次关系,且基于传统文化的影响,进一步突显了导师的权威。

二是多数针对导师与研究生关系的类型特征研究,视角较为集中且局限,剖析不够全面、不够系统。目前学者们大多源于个人经验或兴趣爱好开展师生关系类型研究,从研究领域来看,基于教育学、心理学、伦理学的研究视角居多,而通过社会学,尤其是从法学的视角开展研究生师生关系研究的相关理论和研究成果欠缺,特别是有关导师权力与学生权利关系的研究基本上还是空白的,与加强依法治教、提升大学内部治理水平的要求不够契合。

---

① IVES G, ROWLEY G. Supervisor selection or allocation and continuity of supervision: Ph.D. students' progress and outcomes [J]. Studies in higher education, 2005 (5):535-555.

② ANDERSON J E. Student-faculty interaction's influence on student motivation: a comparison of perceptions between students and faculty in technology [J]. Dissertations & theses-gradworks, 2011(4):35-44.

③ ANTHONY S B. Contextual influences on inquiries into effective teaching and their implications for improving student learning[J]. Harvard educational review, 2012 (1):83-106.

　　三是主要关注导师与研究生关系的矛盾问题,从主观与客观、群体与个体等方面多维度关注矛盾问题来源。目前关于双方关系的矛盾来源,主要包括本质变异、情感淡化、交流缺失、制度弊端,其中,本质变异表现为导师责任缺失、师生追逐利益,双方关系夹带着雇佣性功利化倾向;情感淡化表现为双方的预期与实际存在差距,导师情感上失望不满,学生心理上沉默服从,缺乏情感共鸣,容易产生矛盾冲突;师生交流的缺失主要表现在研究生导师疲于应付各类考评和课题项目,学生学习科研的积极性和主动性不高,导师缺乏责任感而学生缺乏学习主观能动性,使得双方难以保证高效和优质的交流;制度弊端表现为学生评价、导师晋升等制度滞后,与现实需求情况相脱节,加之申诉平台、救济渠道的缺失,使得双方关系较为冷淡乃至僵持。

　　四是主要集中导师与研究生关系的影响因素研究,聚焦内因与外因相结合,有针对性地提炼影响导师与研究生关系的关键要素。多数学者认为研究生培养的影响因素多元多样,主要包括学习、科研、实践、为人、处事等等。具体而言,认为影响导师与研究生关系的关键因素,主要体现于师生关系内部和外部两个方面:内部因素包含导师学科背景、学术能力、指导水平、教学能力、责任意识、道德品质等,学生的创新能力、求学动机、科研水平等,其影响比较直接、立竿见影;外部因素指与研究生教育过程相关的制度、政策、环境等,其影响较为间接、潜移默化。

　　五是主要针对导师与研究生关系的调适对策研究,根据现存问题与影响因素,提出内外部结合、分领域推进等建议。现有研究对策建议较为宏观,主要集中于内在师德建设与外部环境建设两个方面,其中,内在师德建设强调导师与研究生的角色定位调整优化,主张导师坚持“以生为本”理念,遵循师德建设根本原则,从教学、科研、管理、服务乃至心理疏导、生活帮扶等各个方面,引导和帮助研究生克服学习困难、尽快成长成才;外部环境建设注重建章立制,以规章制度、原则规定来进一步明晰导师的育人职责,并提倡采取市场经济杠杆建立激励体系,以重构良好的师生关系。

　　综合而言,国内外现有研究存在以下几点不足:第一,从研究内容上看,国内外关于研究生教育中师生关系的研究主要集中在师生关系的内涵、类型,大多基于描述事实、总结问题,借此提出对应的建议与对策。对于师生关系的探究内容相对宏观,不够深入,研究的指导性、应用性、推广性相对不足。第二,从研究方法上看,现有师生关系研究主要基于经验总结和事实归纳,虽然有部分学者开始运用访谈、调查等实证研究方法,但尚未形成系统性的研究体系,可以扩展研究方法对师生关系展开更深入研究。第三,从研究视角上看,目前主要从管理学、教育学视角对导师与研究生关系进行研究,从法学、经济学等视角进行的研究极少,使得现有研究的观测视角、应用范围都较为局限。第四,从研究成果上看,学界关于师生关系的研究成果虽然较多,但是大多局限于基础教育中的师生关系,对于导师与研究生这种高等教育中特殊的师生关系的研究相对不足,尤其是在教育部不断深化师德师风建设的情况下,加之研究生教育问题层出不穷,更加需要加强新时代研究生教育导师与学生关系的系统化、实证性的研究。总体来看,国内外对研究生教育中师生关系问题的理论探讨相对比较薄弱,导师和研究生法律关系研究基本上还是空白。国外学者的研究多是从理论假设出发,通过现状广泛调查,验证假设,并且试图揭示研究生教育中师生关系的影响因素。但是,国内大多数文献停留于宏观政策解释、制度分析以及叙事性报道,较少进行高校研究生教育中导师权力与学生权利适配性的实证研究,较少真正揭示高校研究生教育中师生权利义务关系的内在影响因素及协调机制。

基于此,本书力求弥补以上不足,从以下几个方面实现突破:

首先,将研究视角落到实处细处,摒弃过于宏观的研究视角,从法律关系这一微观视角对研究生教育中的师生关系进行深入分析,借此提出针对性、实用性较强的对策建议,力求在研究内容上弥补不足。

其次,坚持理论研究与实证研究、定性分析与定量分析、问卷调查与专家访谈等多种方法结合运用,尽可能推动相关研究的深入化、系统化,由此增强研究结论的可靠性、适用性,力求在研究方法上弥补不足。

再次,立足法学,从研究生教育师生法律关系,即导师权力与学生权利,导师权力与责任及义务等多个视角,紧密结合新时代研究生教育师生关系的特点、研究生诉求变化、教育法律完善、教育体制改革等内外因素,对导师与研究生关系进行阐释分析,使得研究视野多元多样、可行可靠,力求在研究视角上弥补不足。

最后,舍弃抽象空泛叙事,强化实践应用导向,根据实际情况,将研究生教育划分为招生、培养、毕业三个主要阶段,分析在不同阶段导师权力与学生权利的配置,分析师生关系的影响因素,进行针对性、操作性较强的实证研究,并注重研究成果的应用性和推广性,力求在研究成果上弥补现实现状的不足。

第三节　研究问题

　　在研究生教育中,研究生导师与学生之间因身份建立起的互动关系,有其特殊的对应性和单一性,是研究生培养过程中影响重大且不可忽视的重要关系。近年来研究生师生关系异化现象何以产生？究其根源就在于导师的权力和研究生的权利在很大程度上处于"不适配"的状态。让研究生参与科研项目是导师培养研究生科研能力的一种方式,但是导师并不能将参与科研项目完全等同于研究生培养,研究生参与导师的课题项目研究是为了提升科研创新能力,导师不能将研究生作为廉价劳动力随意使用,研究生的受教育权利应得到切实的维护和保障。因此,本书以研究生教育师生关系异化为研究对象,通过重新认识导师与研究生在师生关系中各自的地位、承担的责任和应尽的义务,使导师权力与研究生权利实现合理的主张,用法律和规章制度确保在师生地位不完全对等的情况下,研究生的基本权利不受侵害,积极推动导师权力与学生权利相适配,以形成健康和谐的研究生教育师生关系,这是维护良好的大学校园秩序、提升人才培养质量的重要前提和保证,也是当前教育界需要高度重视和着力研究解决的大问题。

一、问题聚焦

(一)理论层面,聚焦导师与研究生法律关系、权责处理机制以及权利保障制度等维度

　　运用文献研究、专家访谈等研究方法,聚焦法律关系的视角,梳理和凝练研究生教育的招生、培养、毕业等重要环节中导师与学生的权利义务关系,提出高校导师和研究生关系的理论基础、本质内涵、影响因素,针对存在的主要问题、突出矛盾,构建行之有效的处理机制和保障制度,包括研究生权利纠纷处理、校内救济与保障、校外救济与保障等,通过实证揭示其作用机制,优化保障制度,做到理论研究指导具体实践。同时,进一步规范研究生导师权力的行使,帮助研究生明确其自身具有的合法权益,理顺研究生教育中师生的权利义务关系即法律关系,完善研究生权利诉求的制度化表达。

（二）实践层面，聚焦研究生教育招生、培养、毕业等重要环节导师权力与研究生权利关系

从导师权力与研究生权利的视角出发，运用实证分析、专家访谈等研究方法，分析研究生教育招生、培养、毕业等三个环节中导师与研究生的权责关系困境，分析对大学治理体系的挑战，针对性提出导师权力与研究生权利纠纷的处理机制和保障制度，由此构建和谐适配的研究生教育导师权力和研究生权利规范，进而指导、推动现代大学制度建设和依法治校体系完善，实现理论研究与实证分析的紧密融合。本书基于对研究生教育师生关系的本质、价值、特征等方面的研究，构建研究生教育中师生关系的理论基础与测评工具，探讨导师和学生法律关系问题，进一步厘清导师权力与学生权利的边界，规范导师和学生的权利与义务，分析探讨高校研究生教育中导师权力和学生权利的适配性问题，构建和谐适配的研究生教育师生关系，以推进依法治校、完善大学内部治理、提升高等教育人才培养质量。

二、研究内容

（一）高校导师和学生法律关系"三重困境"的现状调研

第一，由于高校研究生招生环节中导师的话语权和学生弱势地位，容易出现导师权力影响与学生权利声张不足的困境。第二，高校研究生培养方式的独特性，容易出现导师与学生行为和关系得不到公众监督等困境。第三，高校研究生毕业环节的论文导师负责制，容易出现导师滥用职权和学生人身权利受侵犯等困境。

（二）高校导师权力和学生权利"配置规范"的文献梳理

第一，从研究生招生导师权力的规范、学生权利的救济、大学自治与司法救济平衡等方面，研究招生环节中导师权力和学生权利配置的规范构建。第二，从导师更换机制完善、自治组织参与决策、学术自主权利与导师权力平衡等方面，分析培养环节中导师权力和学生权利配置的规范构建。第三，从论文送审机制优化、论文答辩机制改善、毕业权利外化与司法救济平衡等方面，探讨研究生毕业环节中导师权力和学生权利配置的规范构建。

（三）高校导师和学生关系对大学"治理体系"现代化的现实挑战

第一，学生权利意识增强、参与权意识上升、正当程序意识加强，对高校规范导师权力的行使、完善导师权力的制约机制提出新的要求。第二，传统

行政法理论体系受到挑战,"以权利制约权力"的参与型行政模式、以程序建构为中心的程序主义模式被广泛认可等行政法变迁促进权力与权利配置的调整,对高校导师权力与学生权利的适配性提出新的期待。第三,以分岗分责、同行评价、保障机制构建等诉求,以沟通、合作、共赢为主要特征的新型师生关系的构建,对深化高校导师评价制度改革、完善导师职务聘任管理办法等大学治理体系提出新的挑战。

(四)高校导师权力和学生权利纠纷"处理机制"的实践探索

第一,从实践层面,在完善研究生权利校内申诉制度、研究生权利校外复议制度等方面,进行现状调研和实证分析,优化校内外协同的导师权力和学生权利非诉讼纠纷等解决机制。第二,从实践层面,健全导师权力和学生权利纠纷化解机制,建立研究生权利救济监督机制,构建导师权力和学生权利纠纷诉讼前置审查制度,完善导师权力和学生权利诉讼纠纷等解决机制。

(五)高校导师和学生法律关系"保障制度"的政策建议

第一,从健全高校内部考评制度、高校信息公开制度、学生参与决策制度、学生代表大会制度、学生处分程序审查制度等方面,进一步健全研究生权利内部保障制度。第二,从完善学生权利申诉制度、学生权利正当程序制度,完善导师权力监督、制衡和约束机制等方面,进一步完善研究生权利的保障制度。第三,从完善教育行政申诉制度、教育行政复议制度、教育行政仲裁制度和教育行政诉讼制度等方面,进一步优化研究生权利外部救济保障制度。

三、研究目标

综合运用理论研究与实证研究、定性分析与定量分析等研究方法,对研究主题进行系统化、深入性探讨,力求实现理论与实践的紧密融合。一是进一步厘清研究生教育中师生法律关系,平衡导师权力和学生权利义务关系,完善学生权利保障与救济机制;二是构建适应新时代研究生教育导师权力和学生权利适配性保障体系和支撑准则,探究权力与权利的纠纷解决及内外保障机制;三是推动权利诉求能够通过制度化渠道正常表达,推进大学治理体系现代化建设进程的研究效果,进一步提升新时代高等教育人才培养的质量;四是依托科学可靠的研究成果,开展构建和谐师生关系的具体实践探索,在此基础上进行效果评估、推广应用,实现理论研究与实践探索的紧密融合。

第四节　研究设计

一、概念界定

本研究是基于研究生教育的师生关系开展的,相比较一般的"大学师生关系",有其特殊的身份对应和指导责任关系。因此,要在"大学研究生教育场域内"开展师生关系研究,应首先把研究生教育的概念进行专门的阐述与研究。同时,本研究基于研究生教育导师权力和学生权利适配性进行研究,还要把"权力""权利""适配性"这几个概念进行界定,避免因概念模糊而产生研究的缺陷。

(一)研究生教育

从词源学的角度看,由"研究生"的概念释义可以观照"研究生教育"的独特蕴含①。研究生英文对应"postgraduate""graduate student",特指在高等学校或科研机构里录取的通过研究工作进修的人。从中文语境而言,"研究生"释义为获得学士学位或同等学力毕业生,接受更高级别学位学习的群体。因此,从中英文词源可见,"研究生"一词包括两层旨意:一是研究生资质与相应学位授予紧密关联;二是涉及研究生教育的接受者和毕业者。从人类学的角度看,"研究生"是具有生物特征与社会特征的群体,前者表现为基于年龄周期的身心发展情况,后者表现为基于经济社会发展需要的差异性规格资质。"研究生"作为"成人"既具有生物性、阶段性特征,又满足教育实践、社会发展的能动性需求。从哲学的角度看,研究生教育的基本矛盾表现为社会客观需求与研究生主观水平之间的矛盾,尤其体现在科研需求与科研水平之间的冲突,实质是研究生教育中人力资源供给侧结构性矛盾,这也进一步突显了研究生教育存在的必要性与合理性。

联合国教科文组织公布的《国际教育标准分类法》中,"研究生教育"被归为教育大类的第三级中的第二阶段,可以进一步细分为硕士研究生教育和博士研究生教育两个等级。相比其他阶段,在此阶段更加强调专业化、系

---

①　王雪,乔刚.研究生教育的内涵解析[J].中国研究生,2019(3):55-61.

统化的专业学习。《学位与研究生教育大辞典》将"研究生教育"一词定义为:"高校在大学本科教育后开展的高阶学历教育,目的是培养高层次专门人才。研究生教育是高等教育的最高阶段,包括了硕士研究生和博士研究生两层次。"①研究生教育作为高校的一种教育活动,同样包括教育者、受教育者、教育中介等三个基本要素;同时,作为一种教育事业形态,可以通过组织化、制度化和目的化,进一步成为国家、社会生存和发展需要,可以加以控制和管理的一种社会事业②。

基于此,研究生教育作为高等教育的最高层次且重要组成部分,通常情况下为受教育者在本科教育的基础上进行继续学习深造,着重锻炼受教育者的科研能力、创新能力和实践能力,是为国家和社会的发展改革培养高层次专业化人才的教育活动,并可细分为硕士研究生教育、博士研究生教育、全日制研究生、非全日制研究生、学术型研究生、专业学位型研究生等类型。由此可见,研究生教育的基本特征主要包括:一是以相应学位授予为资质标准,属于高等教育阶段的最高层次;二是坚持以"研究生"群体为教育对象,开展专业化、系统化的教育实践活动;三是作为推动国家创新发展和社会改革进步的高层次教育活动,研究生教育存在着必要性与合理性;四是从发展阶段而言,研究生教育与专科生、本科生教育不同,它是以科学研究为主要培养形式,注重系统化的科研实践,且与专科生、本科生教育在基本要求、能力水平方面存在差异,研究性、创新性和专业性是其显著特征。为此,研究生教育是培养高层次专门人才的重要途径,是衡量一所大学、一个国家教育发展水平的重要指标,承担着培养高端拔尖创新人才的重要任务。办好研究生教育,是完善大学治理体系,实现我国高等教育高质量、内涵式发展的必然要求,也是为国家培养创新人才、提高社会创新能力、服务国家战略和经济发展、推进国家治理体系和治理能力现代化的必然要求。因此,研究生教育成为建设教育强国和科技强国的重要支撑和关键保证。

(二)权力

"权力"一词源于2000年前的拉丁文"Auctorritas",译为权威、意志、法令。数百年来,专家学者从不同角度对"权力"一词进行了较为全面的解读。

① 秦惠民.学位与研究生教育大辞典[M].北京:北京理工大学出版社,1994:79.
② 王传毅.差异与协调:我国研究生教育之区域结构[M].北京:社会科学文献出版社,2013:33.

Max Weber 认为,"权力"是个体或组织为了实现其意愿,即使受到外界抵制,仍然有机会能够实现其意愿①。我国学者对"权力"概念的研究,主要集中于能力、支配和力量三个层面。《辞海》认为,"权力"即有权势,也可称为势力;《中国大百科全书》提出,"权力"是一种特定影响力,通过影响他人的行为达到自己的目的②。学者王寿林则认为,"权力"是个体借助某种外部物质力量,实现对他人实行强制控制或支配的行为③。由此可见,"权力"一词蕴含着权势、力量、强制等特性,具有不以他人意志为转移等本质。还应看到,权力与岗位是相互依存的统一体,两者互为依赖、缺一不可。专门岗位为个体行使权力提供了合法性的依据与支持,权力的行使也为个体更好地履行岗位职责提供了基本保障,缺一则会造成失职、越位、滥用权力、非法权力等困境。就权力本身而言,它是个体的一种行动能力。它是个体在组织沟通互动过程中获得优势的一种协商能力,也是行动者整合资源、调动资源、使用资源的能力。权力的来源非常广泛,包括岗位职权、技能与职能的专业化与稀缺性、对组织与外部环境的控制、对知识的垄断、拥有信息的不对称等。而关于权力的本源,目前学界主要分为"社会契约论"和"统治阶级意志说"两个学派。"社会契约论"学派以卢梭为代表,他们认为政府是由公民通过社会契约产生,公民为了更好享有权利、保护权利和发展权利,所以公民通过社会契约将个人权利向政府让渡,赋予政府相应的权力;"统治阶级意志说"学派以马克思为代表,其主要观点是权力代表了社会主要统治阶级的意志,并为社会统治阶级服务。社会只有实现多数人民共同统治,权力才能真正体现人民的意志。因此,权力来自公民的个人权利,必须把保障公民权利作为权力存在的基础和前提。

对于高校,尤其是导师与研究生关系而言,岗位权力的依附性主要体现在行政权力和学术权力。岗位行政权力是由国家行政机关所赋予的,为了执行国家意志、依据宪法及法律法规、依靠强制行政手段,实现对全社会的

① MAX WEBER. The theory of social and economic organization[M]. Chicago: Free Press,1947:152.

② 中国大百科全书总编委会.中国大百科全书:政治卷[M].北京:中国大百科全书出版社,2009.

③ 王寿林.社会主义国家权力制约论[M].大连:东北财经大学出版社,1993.

行政管理的一种能力①。阎光才认为,对于高校而言,行政权力需要依托学校规章制度以实现其支配和影响力,且比学术权力更具强制性②。"学术权力"概念起源于美国耶鲁大学高等教育研究室出版的《学术权力:七国高等教育的权力模式》一书,其将学术权力划分为学科权力、院校权力、系统权力、感召力这四大权力③。此后,伯顿·R.克拉克提出了个人统治、集团统治、学术寡头权力等十种学术权力④。教师和科研工作者是高校学术权力的主体,而以校长为代表的管理者、以学术委员会评议会为代表的组织机构亦可以参与学术活动的管理过程。因此,学术权力的行使主体同样呈现多元化的趋势⑤。胡甲刚认为,学术权力行使的主体既可以是高校教师,也可以是高校的行政管理人员⑥。因此,学术权力不仅可以通过民主的方式实行,也可以通过行政命令的方式实行。因此,行政权力与学术权力并非截然无关,都是带有普遍适应性的一种管理方式,两者往往相互依存、互为一体,且可以相互融合、彼此呼应。

基于此,权力以个体职权为基础,解释、判断、指令、执行职权范围内的规章制度、行为决策,以此赋予个体可以依托岗位职权支配、激励、约束其他群体行为,从而达到某种预期结果或效果,其中包含岗位职责和任职资格两个部分。简而言之,权力具有岗位依附性,需要赋予相关岗位合法性和强制性,才能保证个体在履行岗位职责过程中拥有相应的支配力量。因此,权力具有强制性,其基础是岗位,亦即通过岗位实现权力的强制性。对于高校而言,权力主要体现于行政权力和学术权力。行政权力主要包括宏观管理权

---

① 高建,乔贵平.中国特色社会主义政治文化的内涵与特征[J].山西师大学报(社会科学版),2007(6):16-19.
② 阎光才.学术共同体内外的权力博弈与同行评议制度[J].北京大学教育评论,2009(1):124-138.
③ 段丽琴.学术权力模式形成的历史:兼评《学术权力:七国高等教育管理体制比较》[J].教育理论与实践,2006(8):10-12.
④ 约翰·范德格拉夫,等.学术权力:七国高等教育管理体例比较[M].王承绪,张维平,等译.杭州:浙江教育出版社,2001.
⑤ JEHNIE I R. Cultural internationalism at the cite universitaire:international education between the first and second world wars[J].History of education,2010(2):155-173.
⑥ 胡甲刚.学术自由的构成要件:法律权利的视角[J].清华大学教育研究,2010(3):15-21.

力和微观管理权力,前者是指政府对高等教育的管理、指导,后者是指高校对内部事务的管理、调控。学术权力行使主体为教研人员和学术组织,基于其专业知识、学科特性、教学水平和学术背景,采取自由讨论、民主决策、行政命令、规章制度等方式,对教研活动、学科建设、教学事宜、学术事务等进行比较自主性、系统化的评价、管理与控制。

(三)权利

英文的"权利"(right)具有"正当""权利"双重含义,因此权利总是与正当的利益、要求、行为联系在一起。"权利"是一个应用广泛的概念,因适用场合的差异,其内涵较为多元多样,尤以法学视角的界定最为普遍。权利是一个动态的概念,在不同语境和情境中有不同诠释,且权利的本质会随着国家政治、经济、文化、科技的发展而不断变化[①]。国内外专家学者立足各自历史条件,针对"权利"阐述不同观点,形成了资格说、主张说、法力说、规范说、自由说、选择说、可能说、利益说等学说,这些学说的关注点虽不同,但都强调保障权利主体的合法利益。在社会哲学中,权利分为道德权利和法定权利两种类型,它在构成上与义务和责任相对应,需要用规范化原则加以保护和实施。法定权利是由明确的法律和特殊的法规专门授予或规定,且受国家强制力保护和实施。综合而言,权利具有以下特征:一是具有自由的属性,权利与自由相伴相成、互为联系,权利意味着自由,权利的前提是自由,自由是人类的最高需求;二是体现一定的利益,利益是权利的内在动因,权利行使或放弃以利益作为判断标准;三是体现主体意志,权利主体基于自身意志,自由决定和选择行使权利情况;四是具有救济性,当权利受到侵害和损害时,可以通过申请权利救济,以恢复原状或得到补偿。

在高校中,就学生个体而言,其受教育权是宪法和教育法律法规赋予的,应当遵循"法不禁止即自由"的司法规则,学生权利的范畴以法律的不禁止为限。法律法规虽然列举了学生的权利,对重要的学生权利更加以重视和保护。但是,法律对学生权利的界定尚未穷尽。《人权宣言》指出,"凡是未被法律禁止的行为均不得受到妨碍,任何人不得被迫从事法律所未规定的行为"。与此相反,个人权力的行使规则却迥然不同,需要遵循"法无授权即无权"的规则。权力来源于"权利",服务于"权利",并保证与促进"权利"得以实现。韦德在其撰写的《行政法》一书中指出,"每个政府必须要证明自

---

① 胡萌.大学生权利现状调查研究:以 G 校为例[D].南京:南京师范大学,2014:11.

己的政策有法律授权,并且明确几乎在所有场合,这些授权都是有限的。否则,政府的行为就是明确的侵权行为""权利不是法律强制外加的东西,它是个体构成的要素,构成了人格的尊严"①。"人类生来自由、平等和独立,在未经过本人同意的情况下,不能把任何人置于这种状态之外,使其受制于他人的政治权力"②。对于高校,尤其是研究生与导师关系而言,权利更多体现在学生权利方面。可以说,学生权利是人权、权利在学生主体上的具体化,与学生的角色身份、法律地位息息相关,且以国家法律法规、高校大学章程为依据。学生权利是在有关法律中规定的,学生在受教育过程中,应该做什么或者不应该做什么的要求。③ 我国现有的教育法律法规中,有《教育法》《高等教育法》《高等学校学生行为规范》《普通高等学校学生管理规定》对大学生的合法权利做出了明确规定,给予了法律法规和规章制度的保障。可以说,学生权利是学生作为社会人和学校人,应该享有的各种法定利益的总和。从学生的法律地位来看,学生权利至少包括公民基本权利、民事权利、受教育权等。当然,与受教育权伴随而生的还有参与活动权、设施使用权、学习自由权、公正评价权、毕业授予权、申诉诉讼权、获得救济权等。

基于此,权利是法律与权威、力量与利益、自由与约束的结合,通过运用法律规章赋予合理利益诉求与体现主体意志,且属于法律赋予行为主体能够做出某种行为的许可和保障。通常而言,权利主要包括自主做出某种行为、对他人行为提出要求、权利受到威胁或损害时能够得到及时的救济和保障等内容。与之对应,学生权利是学生依法依规享有的权利,同时兼具公民身份的公民权利和学生身份的学生权利,即宪法规定的公民权利、受教育者应有的权利。在此基础上,高校要进一步完善章程、建章立制,建立健全现代大学制度体系,为落实教师权利和学生权利提供坚实的规章制度保障。

(四)适配性

《辞海》中关于"适"的含义主要包括适合、恰好,关于"配"的含义主要包括符合、相当,"适配"同义词有"匹配""配伍"等。"适配"最常用于教育心理

---

① JEHNIE I R. Cultural internationalism at the cit universitaire:international education between the first and second world wars[J].History of education,2010(2):155-173.

② 胡甲刚.学术自由的构成要件:法律权利的视角[J].清华大学教育研究,2010(3):15-21.

③ 余雅风.学生权利概论[M].北京:北京师范大学出版社,2009:9.

辅导,涵盖师生互动适配、人格特征与环境适配、团队适配等。国外适配性(Compatibility)的概念,最早来源于互动心理学科,以 Kristof、O'Reilly、Chatman 为代表的学者从价值观、能力、需求等不同维度思考双方的匹配度,最终形成了适配性研究。我国最早关于适配性的研究起源于计算机领域,将"适配性"概念定义为不同的硬件组合后的性能好坏,又称兼容性。后来"适配性"概念被引入并广泛应用于管理学领域,强调企业员工对于工作岗位的适应程度,作为评价员工的业绩表现。近年来,"适配性"还被广泛运用在财务会计领域,2007 年 1 月 1 日起施行的《企业财务通则》,提出"重点监测经营性净现金流量与到期债务、企业资产与负债的适配性",包括现金流量适配性、资产适配性[①]。如今"适配性"也被广泛应用于干部能力、城市承载力、金融体系等各类评价之中,比如通过评价干部与岗位的适配,力求形成人岗相适的能者上、平者让、庸者下的良好局面。简而言之,"适配性"主要是指一种双方的契合程度和配合关系,形成良好且和谐的契合与互动,通过彼此适配促进管理效能的提升,从而达到双方和谐共赢的目标。

　　近年来有关"适配性"的研究,为深入探讨研究生教育中导师与学生的关系提供了有益的思路。适配作为心理学、组织行为学研究范畴,并逐渐形成了较为系统实用的适配理论,其在揭示人与组织、人与文化之间的关系方面发挥着重要作用。在管理学中适配常被定义为个体具有的特性及不同主体之间的和谐程度,实现主体之间达到融洽的互动和能融为一体的氛围,同时到达不同主体之间更高的满意度。研究生教育过程的适配性,主要强调研究生与导师之间的"适切""匹配"的和谐互动关系,这既影响师生个体,同时也对学校发展有重要的影响,只有高校导师和学生关系的适配性最佳,才能营造师生相互成就、和谐共赢的良好局面,以确保学校整体效能的发挥,从而实现研究生教育的目标。对于本书而言,可以从适配的角度探索导师与研究生的关系,借此得出研究生教育中的适配模型,暨二者关系的最佳状态。基于此,研究生教育过程的适配性,主要强调导师与研究生之间的友好和谐、密切配合、良性互动、相互成就的关系,这既对导师和研究生个体,也对学校整体发展有着重要的影响,只有导师与研究生关系的适配性最佳,真正做到亲其师、信其道、乐其学,导师做到"闻道在先""术业有专攻",学生做到"服膺真理""勤奋刻苦",才能真正建立起和谐融洽、健康有序的研究生

---

　　① 周雷.机械制造企业资产适配性分析[J].会计师,2015(2):66-67.

教育师生关系,进而依托良好的师生关系,推动我国研究生教育水平提升,实现高质量研究生的培养目标。因此,判断研究生教育中导师与研究生适配性的标准主要包括三条:一是能够适应导学双方学术利益和价值追求,有利于形成核心竞争能力;二是能够发挥双方各自要素的积极作用,充分调动个体的积极性、主动性和创造性;三是能够发挥学术共同体整体效能,推动师生教学相长、相互成就、共同发展,实现教育应有的价值和目标。

二、研究思路

如图1-1所示,本书的研究思路总体上可以分为以下四个步骤:

(一)选定主题:立足社会现实

基于国内外有关高校研究生教育中导师和学生关系研究及其实践成果,紧扣我国高校研究生教育中出现的导师师德失范、师生权责失衡等异化现象,结合专家访谈、政策梳理等现实与背景,借此确立具有较强针对性、可行性和现实性的研究选题。

(二)分析问题:探究困境挑战

从招生环节、培养环节、毕业环节这三个主要环节入手,分析高校导师权力与学生权利适配的现实困境,并针对性地提出高校导师权力和学生权利的配置规范;在此基础上,进一步聚焦问题困境和研究视角,探讨高校导师和学生关系对大学内部治理体系和治理能力现代化的挑战,为后续解决问题、研究对策奠定良好基础。

(三)解决问题:提出处理机制

从大学内部治理的研究视角和顶层设计出发,针对高校导师权力和学生权利适配的三重现实困境及其配置规范要求,聚焦高校导师和学生关系对大学治理体系的挑战,从校内申诉与校外救济、从非诉讼纠纷解决机制与诉讼纠纷解决机制等方面,提出高校导师权力和学生权利纠纷的处理机制,实现理论与实践、问题与对策的紧密结合。

(四)巩固发展:配套保障制度

在选定主题、分析问题、解决问题的基础上,继续围绕研究主题进行深入性、系统化探讨,从权利内部保障制度、导师权力监管制度、权利外部救济制度等方面,探究更具普遍性、适用性的高校研究生教育导师权力和学生权

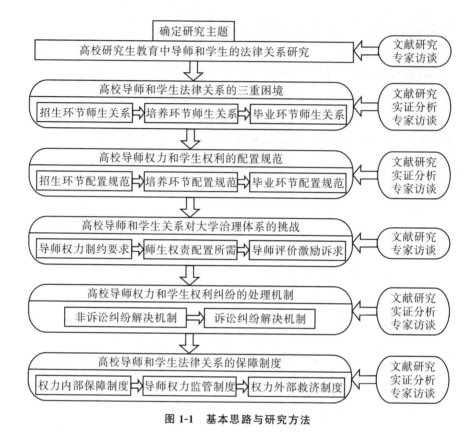

图 1-1　基本思路与研究方法

利适配性的保障制度,体现从解决问题到长效发展、从具体性到普适性的研究路径及重要价值。

三、研究方法

(一)文献研究法

梳理国内外有关研究生教育、师生关系、导师权力、学生权利、权责失衡、师德失范及大学治理等国内外研究成果,总结分析国内外教育部门、高等院校的实践经验,为实证研究奠定重要的理论基础。

(二)实地调研法

在文献研究之后形成初步研究框架的基础上,走访调研相关高校,分析研究生教育中导师权力与学生权利适配性的基本现状、迫切诉求、机遇挑战、发展趋势,以此为据进一步完善研究框架,提供成熟的研究思路。

(三)专家访谈法

围绕时代挑战、现实困境、优化举措、长效机制等方面重要内容,撰写开放式的专家访谈提纲,着重访谈政府部门、教育机构、高等院校、法律实务的专家学者,以期获取文献研究、实地调研后尚缺的内容,为实证研究提供重要的补充和佐证。

(四)问卷调查法

设计研究问题的调查问卷,选取相关高校及其师生群体进行问卷调查,以便获得较为科学、客观、实用的数据资料,进而与文献研究、实地调研、专家访谈等成果紧密结合,为相关研究提供量化的科学论证。

(五)统计分析法

运用 SPSS、AMOS、MATLAB 等统计分析软件,对问卷调查数据进行量化处理、统计分析,通过信度检测、效度检测、相关性检测等多种方式,开展研究生教育师生关系适配度的计算和分析,尤其是通过各指标之间的相关性分析,探究导师权力和学生权利适配性的影响因素及作用机制,从而进一步辐射拓展、推广应用研究成果,为具体实践提供可靠的意见参考。

小　结

本章为绪论部分,研究针对近年来研究生教育师生关系异化的现实,提出构建和谐适配的研究生教育师生关系对完善大学内部治理体系、提升人才培养质量的重大意义,阐述了本研究的选题背景、研究问题和现实意义。通过对国内外研究的分析和评述,提出可以从法律的研究视角、实证分析等研究方法、研究生教育三个阶段以及导师权力和学生权利的具体内容等方面,弥补原有研究的不足。通过对研究生教育、权力、权利和适配性等概念的界定,提出通过对研究生导师和学生法律关系的三重困境入手,阐释导师权力和学生权利的配置规范,论述研究生教育师生关系异化对大学治理体系现代化的挑战,提出研究生教育关键环节学生权利救济与程序正义举措,构建研究生权利纠纷处理机制及内外保障制度建设的路径。

第二章

研究生权利保障诉求对大学治理 体系现代化的挑战

现代大学制度的核心是在政府的宏观调控下,大学依法自主办学,实行民主管理,承担"为党育人、为国育才"的职责和使命。大学作为非营利性组织,是典型的利益相关者公益组织。大学治理体系现代化要求大学内部权力在各个主体利益相关者之间的分配以及权力行使要得到有效的控制和监督,以维护国家和社会的公共利益。治理的范畴远远超过传统意义的管理,治理是社会结构扁平化的象征,代表了社会倾向于采用更为柔性的手段维持公共秩序,社会成员以主人的身份参与社会各项事务的决策,而不是简单被划分成管理者与被管理者的两种对立身份,实现社会治理成为未来社会发展的总体目标[①]。在大学内部,谁在行使权力,权力如何被有效运用,如何防止权力被滥用,显然关系到大学治理体系和治理能力现代化的问题。从学理上来讲,高校利益相关主体权力和内在关联,应该把关注点引向师生利益表达和实现机制的探索上,大学内部不同主体的利益总是通过一定的机制来实现和保障。就高校研究生教育而言,导师如何规范、合理地行使学校所委托的权力,研究生如何使自身的权利诉求得到有效的保障和维护,是对大学治理体系和治理能力现代化的重大挑战。

---

① 王洪才.教育治理体系与治理能力现代化论略[J].复旦教育论坛,2020(1):12-18.

第一节　研究生权利意识特征

学生权利意识增强、参与权意识上升、正当程序意识加强，对高校规范导师权力的行使、完善导师权力的制约机制提出了新的要求。研究生权利保障的诉求是大学治理体系现代化的应有之义，大学治理体系现代化就是要构建包括研究生在内的学生有序、充分参与大学治理，从而使其自身权利得到有效保障和维护的良性机制。

一、知情权意识高涨

知情权是公民的基本权利，大学生作为大学教育管理的行政相对人，我国的教育法律体系赋予了高校对学生开展教育管理的权利。同时，高校的教育管理权利在很多时候是单方面强制的，学生完全处于被教育管理者的地位，高校与学生在教育管理过程中形成的行政法上的权利义务关系，学生只有了解学校的各项规章制度，才能保证自己的受教育权得到很好的实现①。学生知情权是学生享有生存权、发展权的题中应有之义，是其他权利实现的前提条件，是防止学校、教育机关腐败的有效手段，也是实现学校科学决策的促进器②。高校大学生是高等教育的主体，也是高等教育的利益相关者和教育消费者，享有受教育过程的知情权。大学生知情权是指大学生对学校的各种规章制度、自己所学专业及发展前景、导师基本概况、课程设置和研究课题等基本情况，有获取准确信息的权利。对大学生知情权的保护，已经成为社会共识，随着大学生民主意识的增强，大学生的知情权意识日益高涨。现实中，保护大学生知情权工作尚未引起高校管理者和研究生导师的足够重视，高校学生知情权的行使和保护常常受到高校管理权和导师主动权的限制。

研究生处于高校学生群体的顶端，整体年龄阶段已经步入成年和就业

---

① 李丹，武兰兰.学生知情权保障研究[J].现代商业，2010(5)：28-29.
② 梁剑，陈恩伦.学生知情权保障研究[J].教学与管理，2007(9)：49-51.

的年龄,相较于本科生,其知情权意识更为高涨。主要表现在:一是研究生对于学校教育教学信息的知情权意识高涨,研究生的学籍管理、学术培养、论文答辩、毕业就业等信息资源的重要性日益显著。很多高校在研究生日常的培养中往往侧重于学籍管理,尚未充分调动研究生的积极性和参与性。当研究生在招生录取、课程学习、学术指导和毕业论文等方面信息获取遇到困难时,就会萌生获取知情权的言论和行为。二是研究生对于导师培养过程的知情权意识也不断高涨。由于近年来研究生扩招速度增长较快,不少导师所带的研究生越来越多,获得导师高质量的指导是研究生的普遍诉求。研究生导师拥有充分的学术权力,掌握了研究生学业指导、送审答辩、毕业学位等关键信息,但是由于学生数量多,导师指导工作量大,导师和学生素质良莠不齐等原因,一些研究生无法从导师身上获取足够的学业指导、送审答辩、毕业学位等有益信息,对论文进展和学位毕业造成了不良影响。导师与研究生之间关系异化冲突事件时有发生,就是由于高校研究生与导师之间信息不对称,导师不恰当行使学术权力,造成的矛盾和冲突。

教育部文件和高校研究生管理手册等,对研究生依法享有获取学校教学资源和信息的权利,对研究生教育管理相关事务享有知情权都做了明确的规定。而对大学生知情权的保护,有利于增强大学生民主意识,有利于高校教育管理和服务水平的提升。因此,建立科学的民主管理维权体系,有利于高校依法治校和依法办学进程的推进。目前高校中,从法定的知情权到现实的知情权尚存在一些障碍,为了维护大学生的知情权,要努力拓广信息传播途径,更新教育管理观念,完善信息公开制度,加强信息有效监督,增强大学生的维权意识。对于研究生知情权意识高涨的现状,还需要深入到权利的本质层面,系统探析研究生知情权的保护和权利实现的路径,才能实现研究生知情权的权能突破。同时,在确保大学生知情权的前提下,还要保障大学生参与权、监督权和申诉权的实现,以保证大学生的受教育权得到切实的维护。

二、参与权意识上升

学生参与权是指学生参与管理高校相关事务的资格和能力。20 世纪中叶以来,国外高校学生参与大学事务治理的程度越来越高。以加拿大大学为例,加拿大高校的董事会早在 1970 年就实现了 78% 的学生参与。这个比例在 1995 年一度上升到 92％。学生参与权和行政法意义上的参与权不同，其发源于学生的受教育权。高校的学生参与权，指学生作为高校的成员，可以通过一定方式对学校发展的各项事务发表意见、参与决策的合法权利①。学生参与权在具体实践中包含学生参与制定高校规章制度、参与管理高校具体事项、参与处分高校相关事务这三项内容。从个体和群体的视角，高校学生的参与权首先是一项个体性权利，学生有权了解入学、升学、进修、培训等教育信息，有权选择接受什么层次的教育，在其合法权利受到侵犯时同样有获得救济的权利。除此之外，学生参与权也是一项群体性权利，学生可以通过学生会、社团等合法的学生组织行使民主参与的权利，参与到高校各项教育事务的管理决策中。从群体性权利的视角，学生参与权指代的是学生参与学校管理的资格和能力，包含学生参与学校管理的程度与资格两个方面的内容②。

相较本科生，研究生参与学校管理、决策、教育惩戒和权利救济的意识和权能要求都更为迫切。例如，"于艳茹案"是我国首例因博士论文涉嫌抄袭导致学位被撤销的行政诉讼案件。北京市第一中级人民法院二审审理认为，北京大学撤销于艳茹博士学位的决定有违正当程序原则，适用的法律条例也存在不当之处。最终判决，撤销北京大学作出的撤销于艳茹博士学位的决定③。此案例充分反映了不少高校未充分赋予学生参与教育惩戒和学校民主管理的权利，造成了学校在诉讼中的被动局面。现实中，高校现有的研究生组织，例如研究生会和各种社团组织，更多是被高校赋予研究生自治的权能，高校除了个别重大会议研究生会主席形式列席之外，学生并未有参与高校自治和管理的有效渠道。如果这种渠道缺乏和参与的权利意识高涨的矛盾得不到合理的制度保障和维护，很容易导致研究生因为无法参与高校正常管理，而通过网络、上访、举报等途径，对高校管理进行批评，往往容易造成较大的舆论事件。让学生参与大学治理，对于维护学生的自身合法权益，培养学生的问题意识、提升学生的综合素质和能力，对于高校落实依

---

① 韩兵.完善我国高校学生参与权的思考[J].高等工程教育研究,2006(6):63-66.

② 郭春发,孙霄兵.大学章程制定中要认真对待学生参与权[J].中国高教研究,2012(11):21-23.

③ 中国裁判文书网.北京市第一中级人民法院行政判决书[EB/OL].(2017-06-06)[2018-12-10].http://wenshu. couro. gov. cn/website/wenshu/181217BMTKHNTZWindex.html? pageId:8e94rfdb365ae517eb:ab7f7&.s8:04.

法治教要求、完善内部治理结构、推进大学治理体系和治理能力现代化都具有重要的现实意义。当前,我国高校正从传统管理走向现代治理,厘清研究生导师与学生的法律关系,协调双方利益诉求,扩大学生参与权,对高校提高学术管理和科学决策能力,完善民主管理效能都具有重大意义。为此,高校通过积极引导学生正确行使参与权,充分地参与高校内部治理,可以更好地推进高校治理体系和治理能力现代化的进程。

三、正当程序意识增强

正当程序原则是行政法中的一项重要基本原则。"正当程序"(Due Process)也称"正当法律程序"(Due Process of Law),其理念源于英国法上的"自然正义法则"(Rules of natural justice)[①]。正当程序原则(Principle of Due Process)是英美法系的一条基本法律原则,具有悠久的历史。翻阅现代各国的行政法体系,基本都吸收了正当程序的精神,在行政程序中确立了行政相对人享有的知情权和陈述申辩权。在我国现行的行政处罚的法律法规体系中,例如《行政处罚法》和《治安管理处罚法》,也明确规定了行政机关要保障行政相对人的知情权、陈述申辩权等程序性权利,这也是正当程序原则的具体体现[②]。没有程序的正义,就没有实体权利的保障。从大学治理体系现代化的格局来看,正当程序是大学治理的重要过程。在大学管理政策法规的制定过程中,各种有关学生的教育惩戒、学生学籍和毕业管理等流程,都应当充分体现正当程序原则。

在现代法治理念中,程序的合理是优于实体规则的完善,因为再完善的实体规则若不能透过合理的程序来解决现实问题,最终也只能沦为美丽的修饰。美国人本主义心理学家罗杰斯以"学生为中心"的教学理论[③],从一个侧面也表明了在高校研究生管理中,履行正当程序的必要性和重要性。从实践案例梳理,包括研究生在内的学生群体的正当程序意识正不断高涨。正当法律程序意识,指的是在适用和遵守法律规范的过程中,个体对其行为

---

① 戴国立.高校教育惩戒中的学生参与权探析[J].复旦教育论坛:2020(1):40-42.

② 罗晓雯,李伟.高校学籍管理应当遵从正当程序原则:以一起"高考移民生"被取消学籍案为例[J].课程教育研究:2020(8):7-10.

③ 王瑞馨,彭小凡.罗杰斯人本主义教育思想的理论溯源与概述:从"以人为中心"的治疗到"以学生为中心"的教育[J].知识经济,2021(7):98-99.

及行为后果所遵守的符合法律程序,并自觉接受其制约的法律意识。例如,2015 年武汉理工大学女生徐某某在毕业前夕被检举为"高考移民"。武汉理工大学在经过调查取证后,认定徐某某高考报名前的户籍不符合新疆普通高考的报名资格,决定在毕业前取消徐某某的学籍,不予发放毕业证和学位证。徐某某不服,将学校告上法庭①。法庭一审认为武汉理工大学在作出取消徐某某学籍的决定前,并未阐明校方做此决定的理由、证据等,也没有告知徐某某享有的陈述权和申辩权,违反了程序正义原则,属于行政行为程序不当,故判决武汉理工大学败诉,应该立即撤销该项决定,恢复徐某某学籍,正常授予其毕业证和学位证。武汉理工大学上诉遭到驳回,维持一审原判,法院的主要考量,还是尊重正当程序的原则。因此,高校应当充分保障学生的知情权和发表意见的权利,确保高校管理行为的合法性、合理性,不断推动高校的法治化水平②。研究生正处于知识探索的黄金期,他们渴望通过正当的程序获得知识和信息。在涉及研究生的受教育权,包括招生录取、考核评价、处分惩戒、颁授学历学位等,特别是对学生的违法、违规、违纪行为的惩戒,给予学生批评教育或者纪律处分,包括警告、严重警告、记过、留校察看、勒令退学、开除学籍等,都应当遵守程序正义原则,以确保学生的受教育权不因程序上的瑕疵而受到侵害,确保实体权利都能在正当程序的支持下,得到必要的维护和保护。

第二节　当代行政法变迁对权力与权利配置调整

高校肩负着为社会输送高素质毕业生、为国家培养高素质人才的历史重任,肩负着高层次人才培养、科学创新研究、社会公共服务、优秀文化传承等重要职责,在贯彻落实科教兴国、人才强国战略中具有十分重要的地位。随着时代的变迁和人们的法治意识不断增强,"特别权力关系"等传统行政

---

① 女生被指"高考移民"状告母校拿到毕业证[EB/OL].(2015-03-21)[2020-11-23].http://news.sciencenet.cn/htmlnews/2015/3/315434.shtm.

② 罗晓雯,李伟.高校学籍管理应当遵从正当程序原则:以一起"高考移民生"被取消学籍案为例[J].课程教育研究,2020(8):7-12.

法理论体系受到挑战,"以权利制约权力"的参与型行政模式和以程序建构为中心的程序主义模式被广泛认可,这些行政法理念和模式的变迁,促进了权力与权利配置的调整,对高校导师权力与学生权利的适配性提出了新的思路和新的期待。

一、传统行政法理论体系受到现实挑战

从法律意义来说,我国高校是国家法律法规授权的从事公共教育服务的事业单位法人,虽然不是国家行政机关,但因得到法律法规的授权,学校代表政府来满足公民受教育权利的要求,受政府委托行使对学生的教育、管理和服务,在履行政府委托教育职能时,成为特殊的行政主体。传统行政法体系中,我国高等学校和学生的法律关系被认为是一种"特别权力关系"①,在这种观念的影响下,学校往往拥有绝对的权威,权力具有高度的强制性。首先,学生通过招生入学取得高校的学籍,就必须遵守学校单方面制定的管理规章制度;其次,学生入学后,有义务遵守和服从学校的教学安排、学籍管理和日常教育管理等相关制度规定;再次,学校制定为保证学校正常的教学和生活秩序,在学生学籍管理、学生奖励处分、学生升学留级及学位学历申请等方面,高等学校与学生之间特别权力关系色彩浓重。由于我国高等教育在理论观念和制度设计上,受特别权力关系理论的影响比较大,特别权力关系使高等学校学生处于弱势和被动地位,学生个体的主体性往往容易被忽视。但随着时代的发展和特别权力关系理论影响力的式微,在与特别权力关系理论同源的高校内部行政行为的理论架构上,学校与学生之间这种传统的特别权力关系,在学生权利意识高涨、全面依法治教的背景下,受到高等教育领域现实变化的挑战,学生在高校中的主体地位应得到充分尊重和保护的呼声渐强。

高校教师受聘于学校,履行教书育人职责,受学校委托对学生进行教育、管理和服务,在履行上述职责时,代为学校行使权力。在研究生教育过

---

① 特别权力关系理论,最初由德国法学家拉邦(Paul Laband)提出,此后,奥托·迈耶对其加以完善。主要内容为特别权力关系中的相对人,比一般权力关系的相对人更附属,具有特别的服从义务,相对人无主张个人自由的余地。在特别权力关系中的行政机关作出的有效指令,相对方具有绝对服从的义务,而且特别权力关系内部的权力行为不得争讼。

程中,研究生身份的特征已由固化单一转变为灵活而复杂①。研究生与导师的关系是多种权利和权力的碰撞融合,研究生具有寻求正当合法权益的权能,而导师也有维护自身合法权利的追求,有合理教导研究生,促使并指导研究生参与本人课题研究的学术权力。从行政法的角度来看,导师所拥有学生培养权和的学术指导权,具有的是学术权力属性,难以列为行政权力,因为导师没有法定的行政执法权,仅仅是因为职责和身份的关系,受学校的委托,在教育培养研究生的过程中行使学术和学业上的指导权。以权利制约权力的观点是基于人民主权论,将公民的权利作为制约和平衡国家权力的社会力量②。在依法治校和学生权利意识上升的背景下,可以借鉴"以权利制约权力"的传统行政法理论,分析导师权力和研究生权利关系问题,以进一步厘清导师与研究生之间的法律关系。

二、以权利制约权力的参与型行政模式

高等教育从精英化到大众化的发展实际上就是一个使高等教育机会分配更加公平的过程,如马丁·特罗所言,是从特权转变为一种权利的过程③。以权利制约权力的模式体现了权利优于权力,政府权力是以保护和发展公民权利为前提和目的而存在的。从现实情况来看,我国目前处于社会转型发展期,社会秩序的要素和机制不断更新迭代,导师和研究生的关系发生了新的变化,也对原有的师生关系结构产生了巨大的挑战。按照传统行政法理论体系的话语结构,研究生与导师和高校是一种"权利制约权力"的关系,随着社会的发展和公民意识的觉醒,学生的权利意识不断增强,高等学校与学生之间的法律关系问题越来越引起社会的关注。一直以来,高等学校在对学生的教育管理过程中,具有高度的强制性和命令性,往往对教育管理过程中程序性问题不重视或不履行甚至是违反程序。在实际教育管理过程中,仍有不少高校把学生视为被教育、被管理的对象,而不是教育教学活动的主体和学校管理的重要参与者。不少高校侧重于对学生的教育管

---

① 马焕灵.导学关系转型:传统、裂变与重塑[J].国家教育行政学院学报,2019(9):17-22.

② 林喆.权力腐败与权力制约(修订本)[M].济南:山东人民出版社,2009:254.

③ 王洪才.大众高等教育论:高等教育大众化的文化—个性向度研究[M].广州:广东教育出版社,2004:84.

理,而忽视了学生作为权利主体的一面,学生权利的实现和保障存在一定困难。近年来,学生状告母校侵犯其权利的案件占比较大,说明学生的受教育权利和高等学校管理权力存在矛盾冲突,迫切需要从法理层面进行研究和回应。随着学生权利意识的增强,学生不再被视为被动的受教育者和被管理者,而学生自身也越来越重视行使和维护自身的权利,希望能够成为高校真正的权利主体。高等学校管理理念、管理方式的落后与学生权利意识增长之间的冲突使得我们需要一种新的理念来解释高等学校与学生之间的法律关系,希望高校在履行法律所赋予的教育管理行政权力和学术权力时,更多地关注学生的权利和正当程序诉求,"以权利制约权力"的参与型行政模式日益受到关注和认可。

参与型行政是一种公众通过一定的渠道和方式来参与公共事务管理,影响公共决策的民主化公共管理方式。高校作为事业单位法人,不断完善高校法人权力运行的制衡机制是健全和完善高校内部治理的重要内容,高校法人治理结构的关键是"以权利制约权力"模式的彰显,在学生教育、管理和服务过程中,彰显了权利优于权力的理念,保障师生的合法权利并限制了政府和高校的公共权力行使。在高校教育管理过程中,完善相关教育法律法规,保障学生的参与权利,发挥学生代表大会等利益相关团体对学校和教师权力行使的监督力度,是落实"权利制约权力"参与型行政模式的有效举措。

高校要重视维护学生的受教育权利,赋予学生充分且必要的选择权和话语权。高校学生会是在党组织领导下和共青团组织指导下,帮助和指导学生依法行使民主权利,是学生开展自我管理、自我教育和自我服务的社团组织机构。在高校的治理结构改革过程中,建立健全高校学生代表大会制度,形成"以权利制约权力"参与式行政制衡机制,对提升高校治理体系和治理能力现代化具有重要的现实价值。为了维护学生的受教育权利,学生会组织除了享有设施使用、物质保障、公正评价、申请法律救济等权利外,还被赋予了必要且有限的自由权、校务参与权和自治权。首先,有限学习自由权来自学生受教育权中的教育选择权,包括学生选择院校、专业、导师、学习场所,参与讨论,表达意见的自由。其次,学生有限参与校务管理已经在大多数国家形成共识,只是学生参与的程度和方式在不同的国家、地区有所差异。再次,学生享有有限自治权主要体现在学生组织、学生团体在建立之后可以依靠学生自发进行管理[①]。学生作为高校的权利主体,必须在法律法规和学校规章制度规定的范围内行使自身的合法权利。学生所享有的有限学习自由权、有限校务参与权、有限自治权,不仅保障了学生在涉及自身利益发展的核心问题上具有了话语权和参与权,还能有效增强学生的民主意识,培养学生的自我管理、自我服务和自我提升能力,更为高校的法人治理结构科学化、民主化提供了法律基础。

三、以程序建构为中心的程序主义模式

正当法律程序作为一种规范概念,来自"自然正义"法治思想,成为抵御专断行为的一项重要法律保障,一项重要的法治观念与宪法原则,它通过程序中立、公开、参与等方式来保障权力的正当运行。正当法律程序思想不仅是对司法程序的基本要求,同时,也要求在行使行政权力的过程中,民众的意见和主张都能够得到充分的反映和表达。正当法律程序原则要求的是最低限度的程序保障,在一项权力的行使过程中,某些正当的程序是最基本的和不可或缺的,否则,人们都可能感受到程序的不公正、不恰当,民众的基本权利就无法得到体现和保障。随着社会不断变化发展,行政机关要面临接踵而来的新问题,容易造成行政权力与程序控制之间的冲突常态化和持续化。因此,运用正当法律程序解决相关问题频繁被提及。按照行政法的原则,正当法律程序的对象是政府的公权力,但不断变化的社会背景下,不可能将正当法律程序的轮廓固定在一个模具内而永久保持不变,因此,正当法律程序思想和原则,自然就衍生到公权力行使的全过程、各领域,包括受国家法律法规授权,代为政府行使行政权力的高等教育领域。

随着行政法的变迁与发展,行政法的关注点也转向从行政机关外部寻求对行政权力行使的规范和控制。所有的利益相关者都能参与或受益于行政决策的规范和行政权力的行使,使行政决策规范和行政权力行使对民众权力的维护更有回应性,包括被授权行使行政权力的被授权人,如教育领域,都应充分考虑到所有利益相关者的权益,使其作出的决定符合利益相关者自身的意愿。程序正义优于实体正义历来都是法律传统。在高等教育领

---

① 祁占勇.高等学校学术权力本位治理结构的现实困境与逻辑路向[J].高等教育研究,2001(2):27-33.

域,因法律授权行使行政权力的某些活动,传统认为正当法律程序无适用余地,但随着人权保障意识的发展和大学治理体系现代化的时代要求,将正当法律程序原则运用到高等教育领域显得十分迫切和有必要。因此,正当法律程序原则是高校权力运行的基本准则,在学术性事务和行政性事务决策过程中都要遵循正当程序①。以程序建构为中心的程序主义具有高度的合理性和科学性,在高等教育领域应得到广泛的尊重和遵守。以程序主义建构为中心,将其辐射到大学治理的全过程,特别是对于导师权力和研究生权利之间的规范互动机制,不仅能够体现实体正义,更应该体现以程序建构为中心的程序主义模式,将法律程序转换为管理程序、救济程序,赋予高等教育领域权力行使更多的规范性和法律性。

第三节　大学治理体系现代化过程中的正当程序设置

一、以规范权力为重点

程序正当要求制定行政事务时要遵循法治精神,以科学、民主的方式规范行使岗位权力。高校在制定规章制度和行政决策之前,要广泛听取政策的行政相对人,也就是教师和学生的意见和建议,将其吸收到学校决策程序中,慎重地作出决定。在高校内部,存在着诸多掌握主要学术资源的学术寡头,他们在相关学科领域内具有广泛的学术影响力,每年通过评审课题项目、划拨科研经费、审核课题结题、评选科研院士、审批硕博学位点、评估大学建设等活动行使其作为学术寡头的权力,行业内称其为"学霸"。并且,大学的不少管理程序也存在着权势主义和单向主义倾向。为保障学生的正当受教育权利,规范高校行政管理行为,抵制学术寡头对研究生的权利侵蚀和影响,迫切需要制定相应的程序来维护和保护学生的基本权利。新修订的《普通高等学校学生管理规定》反映了我国在高等教育法治事业上的进步,

---

①　潘懋元,左崇良.高等教育治理的衡平法则与路径探索:基于我国高教权责失衡的思考[J].清华大学教育研究,2016(4):10-16.

特别是其中对程序的规范和强调,回应了多年来在司法实践中,不断完善理论和教育司法实践经验的诉求,而程序正义诉求的背后则是学生权利的尊重和保护,以法律变迁的视角来考察《普通高等学校学生管理规定》,把它作为推动变迁的重要环节,不仅为评价本次修法提供标准,也为其未来的完善确立方向①。权利与权力的冲突是现代社会的一个"普遍现象"。在高校管理过程中,研究生权利的保障和维护,与高校学术自由权和办学自主权不可避免地会出现一些碰撞乃至冲突。因此,我们要建立严格的程序保护机制和正当法律原则,保障和维护学生的基本权利。高校自主管理权、学术评定权、学业指导权能公正、合理地行使,必须要有与之相适应的既定程序建构来保障和维护。因此,在高校教育管理过程中的每一个环节上,都应该有符合法治精神的正当程序机制,通过科学、合理、严格、固定的程序机制控制教育管理过程、规范权力的运行秩序,使学校的教育管理行为公平、公正、公开,避免教育管理运行的无序性、偶然性、随意性,保证管理行为的合法性和高效性②。

二、以信息公开为手段

信息公开制度是民主制度建设的前提,公民知情权和参与权的行使都以信息公开为基础。大学治理涉及决策相关的一系列问题,以及各方面利益相关者权益的保障和维护。信息公开制度能有效保障师生对大学治理的知情权,能有效激发师生参与大学治理民主的热情。高校信息公开将大学治理相关的各类信息向社会公布,方便民众获取高校信息,有效消除了"信息保密"③。在高校研究生教育和培养环节,信息公开为研究生与导师的关系有效协调和平衡提供必要条件。准确、公开的信息平台可以为研究生与导师良性互动提供一个有效载体和沟通渠道,也可以提高大学的研究生培养机制的透明度和权威性,让研究生导师的信息和教育教学资源最大限度

---

① 潘懋元,左崇良.高等教育治理的衡平法则与路径探索:基于我国高教权责失衡的思考[J].清华大学教育研究,2016(4):9-16.

② 李可.高校行政权关系中研究生权利充分实现的研究[D].长沙:中南大学,2003:52.

③ 吴玥,徐爱萍,余淼,等.高校知情权与学生隐私权的冲突与平衡[J].内蒙古师范大学学报(教育科学版),2020(2):20-24.

惠及所有的研究生。具体来说,首先,信息公开的手段应当具有全面性、真实性和准确性,为研究生学习和科研提供准确的信息来源。其次,信息公开应当面向所有研究生,不能局限于部分学生干部和特殊学生群体。大学应该构建扁平化的电子信息平台,为研究生提供便捷、全面的课程和学术指导的信息服务。例如,在研究生学籍管理系统中,应当尽可能公布与研究生有关的导师信息、资助信息、培养信息、毕业信息等,以有效避免各种教育资源的重叠或遗漏,而且这个信息平台应当实现上级主管部门、学校和院系三级联网信息共享。最后,完善大学信息公开政策法规。以信息公开条例等法规为依据,建立健全高校信息公开的校内治理法规,尤其应以学校和包括研究生在内的学生和导师等主体作为立法的主要对象,确立学校信息公开义务,确保研究生和导师等群体的知情权。同时,应强调并明确导师关于研究生培养和教育的信息公开义务,特别是涉及研究生招生、研究生培养、学术指导和毕业答辩等信息,应确保研究生能及时和有效地获取。高校应不断建立和完善信息公开制度,设定有利于研究生权利救济的路径和渠道,例如,高校明确规定校办、信息办和学院建立起相关信息公开的渠道和机构,对因信息公开滞后或缺失的,应及时进行弥补和构建,让研究生权利获得制度性的保障和救济。

三、以师生利益为根本

师生的利益较为广泛,有学者就尝试建构学生的档案知情权、接受教育服务权、教育选择权、参与管理权、损害求偿权、公平消费权、维护尊严权、知识获取权、维权结社权等权利体系。而研究生教育过程中,导师方面的权益则可以分为职称申报权、成果研发权、学生培养权等学术权利。在现阶段我国高校的治理结构和治理体系中,高校教师和学生相对于管理阶层和行政职能机构处于相对弱势的地位,其合法权利可能受到侵犯,权益可能受到损害,因此,高校应建立起校内申述、校内复议、校外复议和司法救济等权益救济和保护程序和机制,使学生在其合法权益受到损害时,能够得到及时有效的救济和保护。在高校中,为了保障学生等弱势主体不受到强势权力的影响,学校有关部门要依法公开权益救济保护的信息和渠道,学生可以有机会向院校有关部门陈述自己经历。当大学权力主体在实施影响学生合法权益行为时,必须给予学生充分的申辩和救济机会①。在大学治理现代化进程中,要以师生利益为根本,构建师生利益诉求的合理申诉和救济渠道,让师生合法权益有一个畅通的行使和救济路径。例如,可以在高校的党代会、团学代表大会中,给予学生更多的提案权,让包括研究生在内的学生参与到学校民主管理和教育决策的过程中,使高校的管理和决策更加科学和有效。在大学治理现代化过程中,应该充分重视学生权益保障机制的建立和完善,当师生合法权益受到侵犯或损害时,学院领导和学校纪委、监审、人事和学生处等部门能及时掌握和干预,通过建立和完善常态化的机制,让师生的合法权益能得到及时有效的救济和保护。

四、以沟通共赢为目标

当前,高校师生之间不同程度地存在渠道不畅、机制不顺、效果不好等沟通障碍。高校教师作为大学生的人生导师,肩负着培养社会主义建设者和接班人的神圣使命,教师在履行教书育人职责,审视学生的弱点和不足的同时,也应该用更多的仁爱之心,关注学生权益的表达、审视自身的教育指导方式。导师必须深谙与学生的沟通互动之道,更加主动与研究生展开指导和交流,才能克服现阶段师生缺乏有效沟通的现状,促进导师和研究生在指导和培养过程中形成教学相长、互惠互利、合作共赢的良好适配局面,以推进沟通、合作、共赢为主要特征的新型师生关系的构建。高校在制定规章制度时要充分征求学生意见,让学生尽可能参与到校园治理的过程中,鼓励学生主动表达群体诉求,及时纠正学校或教职工在学生管理中存在的侵权行为②。针对当前国内高校师生沟通路径不畅的现状,可以在探究和剖析问题产生的背景和原因的情况下,改进师生沟通技巧和方法;可以在转变角色换位思考、充分沟通获取信任、掌握技巧提高效果、营造氛围友好协商、言传身教为人师表等方面进行改进和完善。

在研究生教育过程中,要积极推进师生良好互动格局的构建。首先,导师和学生可以通过签订契约,将双方在教育和指导过程中的权利和义务具象化,以更好地规范双方的行为。契约的内容要尽可能地准确、具体、有标

---

① 许明成.大学生权利保护研究[D].扬州:扬州大学,2013:45.
② 李霞.大学治理中高校信息公开政策的定位[J].管理观察,2017(34):119-121.

准,既可以表明导师和学生双方对于契约的认可度,也可通过契约对双方共同产生心理影响,敦促对方更好履行义务①。其次,可以构建导师和研究生的合作与学术共同体,让导师和研究生在课题选定、毕业送审和经费分配等方面构建相应的协商机制,而不是单独由导师决定。这种共同体应该是在学术自治、学术共治基础之上形成的,导师与研究生应该在学术上有共同利益追求,避免形成片面以导师为主的利益分配格局。导师应该适当地让渡一些权力利益给研究生,研究生也应该尊重导师合理的利益要求,从而建立起双方的利益平衡协商机制。最后,构建研究生和导师纠纷的第三方协调化解机制。研究生与导师发生纠纷时,往往导师站在有利和强势的一方,缺乏第三方协调调解。高校可以建立由研究生委员会和教授委员会联合协调机构,让该机构从公正、公平、客观的角度,维护和平衡研究生教育导师和学生的利益互动关系,以维护良好的研究生教育导学关系。总之,培养高质量的创新人才要求重建导师与学生之间的良性相互关系,确立研究生教育导师和学生利益平衡互动新的行为规范,引导师生双方向更加和谐、更高质量互动关系发展,以回应社会对良性互动师生关系和大学治理体系现代化的迫切期待。

小　结

　　本章从研究生知情权意识高涨、参与权意识上升、正当程序意识加强三个方面,分析当前研究生教育中研究生权利意识的主要特征。从传统行政法理论体系受到挑战、以权利制约权力的参与型行政模式和以程序建构为中心的程序主义模式构建,阐释当代行政法变迁对研究生教育导师权力和学生权利配置的调整。同时以规范研究生导师权力为重点,以校内信息公开为手段,以导师和研究生利益为根本,以师生沟通共赢为目标,探讨大学治理体系现代化过程中的正当程序设置,从而分析论述研究生权利保障诉求对大学治理体系现代化带来的现实挑战。

---

　　① 　孙文桢.法律视角下导师与研究生关系初探[J].学位与研究生教育,2017(11):8-13.

第三章

研究生教育关键环节的导师权力
和学生权利配置困境

研究生教育导师与学生之间的关系，是研究生教育中最基本且最重要的关系。同时，导师与研究生关系的好坏，也直接影响着国家教育目标的实现和高校人才培养质量的提升。现阶段，我国已经形成了以导师责任制为基础的研究生教育模式。导师责任制的初衷是通过厘清导师的权力和职责，塑造友好和谐的良性师生关系，导师加强对研究生的教育与指导，从而帮助研究生培养独立分析的思维、创新创造的习惯和解决实际问题的能力，以提高研究生培养质量。近年来，由于研究生教育中导师权力和学生权利配置出现了失衡，形成了多种畸形的师生关系，严重影响了导师责任制的落实和人才培养的效果，在社会造成了诸多不良影响。因此，分析导师和学生在研究生教育关键环节的权责，科学合理配置导师权力与学生权利，构建和谐健康的研究生教育师生关系，是完善现代大学内部治理结构，提升高等教育人才培养质量的基本要求。

第一节　师生关系现状及困境分析

一、师生关系发展历程及现状

师生关系是教育过程中最基本、最重要的一种人际关系，是师生在教学互动中所形成的情感认知，是能够调动师生共同完成教育教学活动的内驱力，直接影响着教育教学的效果。我国对于师生关系的研究源远流长，历来都十分注重建立良好的师生关系。在中国传统文化和大众理念中，都强调

"一日为师,终身为父",导师的重要地位可见一斑。我国对师生关系的最早表述源于《学记》:"是故学然后知不足,教然后知困。知不足,然后能自反也,知困,然后能自强也。故曰:教学相长也。"春秋战国时期,孔子与其弟子的良好关系更是成为千古佳话。唐代韩愈在《师说》中高度概括了教师的职责:"师者,所以传道授业解惑也",更主张"弟子不必不如师,师不必贤于弟子",提倡建立亦师亦友、温馨和谐的师生关系。在 20 世纪,西方的教育哲学家对师生关系的论述也划分为实用主义、新传统教育、存在主义三个学派,为师生关系探讨提供了更为多元的视角①。新中国成立之后,我国初步探索建立了研究生教育与学位制度。虽然在"文化大革命"中,我国的研究生教育制度受到了较大阻碍而停滞不前。但是,改革开放后,随着科教兴国战略的提出,我国研究生教育得以迅速恢复并发展②。近年来,国内高校的研究生教育中逐步建立起了以导师责任制为基础的师生关系。这就要求导师不仅要关注研究生学业和学术上的情况,同时也有责任和义务了解、关心研究生的思想状态和生活状况,尽可能对在学习和生活上遇到困难的研究生给予必要的指导和支持。

在导师责任制模式下,研究生导师在对学生的培养过程中,在课程学习、专业学习、科研学习等各方面进行教育、指导、考核、监督,帮助学生提高分析问题、解决问题能力③。2018 年 1 月,教育部颁布的《关于全面落实研究生导师立德树人职责的意见》中明确指出,研究生导师具有"提升学生思想政治素质、培养学生学术创新能力、培养学生实践创新能力、培养学生社会责任感、指导学生恪守学术道德规范、优化学生培养条件、注重对学生人文关怀"七大职责,强化了导师在学生培养中的主体责任④。同时,学界对导师责任制赋予导师的权力与职责进行了进一步研究。阎为民等提出,导

① 齐放.20 世纪西方主要教育哲学流派关于师生关系的论述及其启示[J].外国教育研究,1999(6):14-18.

② 谢安邦,朱宇波.我国学位与研究生教育发展 30 年:回顾与展望[J].教育研究,2008(11):19-29.

③ 吴岩,徐茜,朱小平,等.导师在研究生培养过程中的职责分析[J].医学教育研究与实践,2010(1):65-67.

④ 中华人民共和国教育部.关于全面落实研究生导师立德树人职责的意见[EB/OL].(2018-01-18)[2020-11-28].http://www.moe.gov.cn/srcsite/A22/s7065/201802/t20180209_327164.html.

师的两大基本职责是教书和育人,导师在研究生教育中对研究生思想政治教育负有首要责任①;左崇良从教学、科研、服务三个层面分析了导师的权力和责任②;虽然导师不能为学生的所有行为承担无限的责任,不能研究生一出事,就怪罪到导师身上,但由于导师权力和学生权利的失衡导致恶性事件的发生,导师一定是有责任的,这是导师的职责使然。教育部《研究生导师指导行为准则》要求,导师要引导研究生树立正确的世界观、人生观和价值观,增强研究生的使命感和责任感,既要做好学业导师,也要做好人生导师。可见,导师责任制在界定导师职责的同时,也赋予了导师更多的权力,导师作为研究生培养第一责任人的角色,不仅对研究生培养具有深远影响,更进一步塑造着师生关系。

二、师生关系存在的困境

在导师责任制的框架下,现阶段师生关系总体是好的,但研究生教育中导师权力和学生权利的配置也明显存在失衡的现象,主要表现在:第一,导师处在绝对的权威地位。导师在研究生招生、科研能力培养和毕业论文答辩等关键环节都具有决定性影响,甚至决定着研究生的命运。而学生无论在导师选择、培养计划、论文选题等方面都缺乏足够的话语权,导师权力和研究生主体地位失衡容易激化双方矛盾。第二,导师评价体系不够完善。1995 年开始,各高校有权自行制定研究生导师考核指标③。从考核内容来看,国内各高校针对导师的考核还是侧重科研学术成果,对导师道德品行、育人效果和权力行使有效规范的考核还不够科学、不够系统;从参评主体来看,高校依旧是导师的主要考核人,而学生在高校治理中缺乏有效的发声渠道,难以对导师的考核结果产生有效影响,导致导师的权力行使无法受到有效约束和监管。第三,学生救济渠道缺失。良性的师生关系需要有明确的法律条文加以规范和约束。但是目前我国研究生和导师并未建立起直接明确的法律关系,对师生关系的约束更多来自道德层面,作为师生关系中的弱

---

① 阎为民,栾忠权,杨菁.研究生教育和谐的内外部质量保障机制的构建[J].研究生教育研究,2011(4):33-37.
② 左崇良.研究生导师责权机制的法理分析[J].学位与研究生教育,2018(8):19-25.
③ 张端鸿,陈庆,邢睿.以公约精神与评价体系完善推动导师和研究生关系建设[J].思想理论教育,2018(9):97-101.

势群体,研究生在其基本权益受到导师侵害时,难以在现有法律法规中寻求有效的救济渠道。

近年来,研究生教育导师与学生关系异化的现象时有发生。有关部门和高校在政策制度方面积极探索变革,为和谐适配的研究生教育导学关系创造良好的内外部环境。但不可否认,我国的导师制并不健全。导师承担的学术责任和人生导师责任不完全、不平衡现象还存在。随着近年来研究生主体意识和权力意识的全面觉醒,对现有师生关系中双方权利配置的失衡表现出明显不满,许多研究生将导师形容成"老板",导师和学生的关系愈发疏离,师生关系甚至沦为"雇佣关系"和"附属关系"。以上诸多极端事件,深刻反映了缺乏合理的导师权力和学生权利配置,会导致师生关系适配性的严重失衡。

三、重塑导师权力和学生权利配置的必要性

和谐适配的导学关系不仅关系到研究生的培养和高校学科、学术的发展,还直接关系到人才培养质量的提升和大学治理体系现代化的构建。"立德立言,无问西东",和谐适配的导学关系需要导师和研究生的共同努力,研究生和导师一脉相承,才能在学术的殿堂里自由翱翔。W. Brad Johnson和 Nancy Nelson 的研究表明,决定师生关系成功的两大至关重要的因素即师生之间的相互支持与师生实现全方位的相互交往[①]。针对当今研究生教育中师生关系异化、师生矛盾激化、师生关系逐渐沦为"雇佣关系"等现实问题,政府和高校亟须直面现阶段研究生教育过程中存在的导师权力和学生权利配置失衡的严重事实,进一步厘清在教育关键环节中导师和研究生双方的权力(权利)边界,以此规范导师和研究生在师生关系中的权利义务,构建在抑制导师权力不断扩大的同时,为维护学生正当权利提供科学合理的救济渠道和法律依据,努力实现导师权力和学生权利的动态平衡,发挥研究生培养过程中的主体性和积极性,并且有效塑造导师在研究生教育中"教书育人、立德树人"的责任。最终,通过重构导师权力和学生权利配置的理想状态,化解由于权责不对等所造成的师生矛盾,缩短导师和研究生双方的心

---

① JOHNSON W B, NELSON N. Mentor-protege relationships in graduate train-ing:some ethical concerns[J]. Ethics & behavior, 1999,9(3):189-210.

理距离,构建和谐、健康的研究生教育师生关系行为规范,完善大学内部治理结构,提升研究生的培养质量。

第二节 研究生教育关键环节划分

近年来,我国研究生的教育规模不断扩大。根据教育部统计数据,2020年受新冠病毒疫情影响,我国决定扩招硕士研究生,招生总人数突破110万人,达到110.66万人,比上年增加19万人,增长20.74%;全国在学研究生总规模超过300万人,达到313.96万人,比2019年增加27.59万人[①]。面对逐年提高的研究生入学率,大学如何在扩大研究生招生规模的同时同步提升研究生培养质量,实现研究生培养由"量变"到"质变"的良性转换,在学界引发了广泛讨论。本研究将视角转向师生关系,以研究生教育师生关系异化为研究对象,重点分析研究生教育中导师权力和研究生权利适配性对研究生培养质量的重要影响。奥尔特曼的人际交往理论认为,良好的人际关系的建立和发展需要经历四个阶段,分别为交往定向阶段、情感探索阶段、感情交流阶段和稳定交往阶段,该理论被学界广泛接纳[②]。本研究在这一理论的基础上,根据研究生教育阶段性特征,结合研究生与导师关系的特殊性,深入分析研究生与导师关系从形成确立、过程培养和毕业结束,将研究生教育中师生关系的关键环节分为招生阶段、培养阶段和毕业阶段。

一、招生阶段

研究生招生是研究生教育的源头,是科学选拔人才、提高研究生教育质量的前提和基础,是研究生导师和学生的师生关系正式确立的首要环节,也是保障教育质量的第一个门槛。因此,建立一套科学、公正的研究生招生选

---

① 中华人民共和国教育部.2020年全国教育事业发展统计公报[EB/OL].(2021-08-27)[2021-08-30].http://www.moe.gov.cn/jyb_sjzl/sjzl_fztjgb/202108/t20210827_555004.html.

② 石岩.高等教育心理学(第2版)[M].太原:山西人民出版社,2014:237-238.

拔机制有利于良好师生关系的形成。1951 年我国正式开始招收研究生至今,我国研究生的招生方式经过单位推荐、个人申请、高校推荐、招生单位自行组织等多次方式探索,考试的内容和形式也历经多次改革,最终确立起"初试＋复试"的两环节研究生招生制度,在考生规模大幅度增长的情况下同时兼顾了公平与效率[①]。

在各高校公布研究生招生简章之后,学生可根据自身意愿选择报考院校,考生报名结束后,于每年 12 月下旬参加全国统考初试。初试采用笔试形式,由国家教育主管部门直接组织研究生招生考试,负责考生报名、审查资格、试卷命题、阅卷评卷、划定分数线、公示录取全过程,招考各环节都进行了严格、清晰的规定,录取结果更是由教育部牵头、各省(市)教育厅(局)共同参与,逐条核查招生单位的录取结果[②]。考试科目的设置上,根据不同学科硕士学位所需,考试科目可分为基本能力测试(数学、外语、政治)以及专业能力测试两类,初试侧重考查考生的基本素质、一般能力和学科基本素养[③]。阅卷后由国家教育主管部门设置复试的最低标准,各高校自行确定不同专业分数线并公示进入复试学生名单。

研究生招生复试则由各招生单位自行组织。自 2003 年起,教育部允许各招生单位自主确定进入复试分数线、自主设置考试方式等一系列举措,扩大了高校在研究生招生的自主权。复试的考核方式也因此更加多样,包括笔试、英文面试、结构化面试等等,近年来,各大高校也将心理测试引入研究生复试过程[④]。与初试不同,复试为导师和学生提供了面对面交流的机会,可以多方位考察学生的专业素质、发展潜力、创新精神和创新能力,增加导师对学生的全面了解,并最终由高校和导师共同决定学生是否录取。同时,学生在复试过程中也能对导师的研究方向、学术水平有更深入的了解,从而影响其对导师的选择。最终,在学生被高校录取并确定自己的导师之后,研

---

① 秦国柱,孙志远.改革开放 40 年来研究生招生选拔模式变革趋势、问题及对策[J].黑龙江高教研究,2019 (5):100-106.

② 陈睿.硕士研究生招生初试内容与形式的再思考[J].学位与研究生教育,2016 (1):47-51.

③ 高升.关于全国硕士研究生入学统一考试初试科目设置的思考[J].中国高教研究,2014(6):31-35.

④ 刘洪彪,殷晓飞.结构化面试在研究生复试中的应用研究[J].黑龙江高教研究,2006(3):115-117.

究生教育师生关系正式确定。

二、培养阶段

研究生培养阶段是指研究生入学之后,正式提交研究生学位论文送审稿之前,按研究生培养目标和培养计划,需要完成的课程学习和科研论文的过程,是研究生导师和学生师生关系塑造的核心环节。具体一般包括课程学习、课题研究和论文写作三个环节。我国研究生教育实行的是导师责任制。导师责任制是导师对研究生在专业学习、科研指导、思想修养等各方面开展有针对性指导和全方位负责的一种研究生教学管理制度[①]。导师是帮助研究生树立健全思维、传递创造性知识、培养科研能力、指导就业创业等各项工作的第一责任人[②]。

在导师负责制的教育模式下,导师的责任和义务主要体现在以下三方面:一是全方位的学生管理。导师需要全面负责研究生的培养计划制定、培养经费使用、就业指导与就业推荐、评比奖项推荐以及研究生日常管理等各项事务;二是全过程的学术指导。在研究生培养阶段,导师应为研究生提供宽松的科研环境,鼓励其主动参加科研项目,通过科研实践,培养其独立选题的洞察力,分析、解决问题的能力,创造性的思维和组织领导的能力;三是高质量的教育教学。导师一方面应扮演好知识传递者的角色,导师作为教师,要对研究生的课程学习、专业学习、科研学习进行教育、引导和监督,提高教学水平,传授专业知识技能,履行好教育教学和学术指导的职责;另一方面,育人也是导师应肩负的主要职责。导师有责任和义务对研究生开展理想信念、爱党爱国和学术诚信教育,真正形成大家学者的品格,最终成为研究生求学生涯的引路人[③]。

同时,作为高校学生群体最高层次的研究生,同样有责任对在校学生的

[①]　秦惠民.学位与研究生教育大辞典[M].北京:北京理工大学出版社,1994:68-69.

[②]　陈祎鸿.论导师在研究生培养中的作用[J].学位与研究生教育,2009(12):24-27.

[③]　曾红权,贺浩华.建立责、权、利统一机制发挥导师在研究生培养中的主导作用[J].高等农业教育,2009(5):67-67.

人格塑造、理想信念养成、自信心塑造和团队精神培养起到引领和导航的作用①。优秀的研究生不仅体现在具备扎实的科研能力,更要在学习精神、做人品格等各方面为其他学生树立典型榜样。研究生在与导师的关系中应当扮演好四大角色:一是学生角色。研究生首先作为一名高校学生,需要在导师的指导下,深入学习专业知识技能,才能为后续开展科研奠定扎实的知识储备和理论基础。二是助手角色。在师生关系中,研究生需要担任好导师的助手角色,积极参与到导师的科研项目中,运用所学专业知识协助导师攻克科研难题,同时自己也在其中获得提升和精进。三是科研角色。研究生除了作为导师的助手参与科研活动外,也应充分发挥自身主观能动性,积极探索求知,产生创新性科研成果,提升创造性科研能力。四是示范角色。研究生进入高年级后,对同门的低年级研究生,有传帮带的责任和义务,在低年级同门师弟师妹中,发挥课程学习、实验实践、课题研究的表率示范作用。在研究生培养阶段,只有导师履行好自身责任与义务,同时研究生扮演好自身多元角色,才能塑造和谐的师生关系,让更多的研究生成长为优秀的高层次人才。

三、毕 业 阶 段

毕业阶段是研究生在导师的指导下,完成研究生学位论文写作之后到正式获得研究生学位之前的相关毕业环节的完成过程,是研究生教育的最后一个关键环节。随着毕业阶段的完成,研究生与导师的师生关系也暂告一段落,其中,我国研究生在毕业阶段主要任务是与导师共同完善学位论文、通过论文答辩和获得学位证书等。我国高校通用的研究生毕业流程一般为:导师指导毕业论文完善→毕业论文预答辩→毕业论文再完善→毕业论文查重→毕业论文送审→正式答辩→授予学位。

导师在研究生培养和毕业阶段发挥的主要作用:一是确定选题。导师可以根据学生的学术积累、研究方向、科研经历确定学生毕业论文的选题和方向,并决定是否予以开题。二是过程指导。指导学生运用所学专业知识、研究方法和基本技能解决专业问题,并在过程中提供针对性、有效性的指导,协助学生攻克学术难题,提高学生科研能力,最终掌握学术论文写作的

---

① 程斯辉,曹靖.当代研究生责任探析[J].学位与研究生教育,2014(11):24-29.

步骤、方法和技能。三是学术诚信。针对学生在论文撰写过程中可能出现的捏造篡改数据、剽窃学术观点、代写毕业论文等学术不端行为，作为导师应事先提醒，及时制止学生做出学术不端行为。四是决定送审。根据学生毕业论文的实际撰写情况，判断是否达到送审标准或满足送审条件，决定学生毕业论文何时可参与送审与答辩。五是参与答辩。导师还有权参与学生毕业论文答辩，投票决定学生答辩成绩是否合格，最终影响学生能否顺利毕业。

随着我国研究生招生规模的大幅度提升，研究生的毕业论文的总体水平存在下降的现实可能性，同时，研究生教育师生关系在毕业阶段也暴露出诸多问题。究其原因，一方面，各大高校研究生招生规模呈现逐年扩大的趋势，每位导师需要指导的研究生数量过多，因而导师在每位研究生的毕业阶段指导上投入的时间精力有限，和学生的指导交流时间严重不足，甚至对于学生的学术不端行为难以及时发现和指正；另一方面，导师是否给学生以及时和足够的指导，在学生毕业阶段发挥着至关重要的作用，不仅决定学生的选题方向、论文送审，甚至还能决定学生是否按期答辩和准时毕业。在此阶段，学生的救济渠道相对有限，导师权力与学生权利的失衡也是师生关系在毕业阶段极为脆弱的主要原因。

根据研究生教育培养的阶段性特点，从研究生招生、培养到毕业三个阶段，导师与研究生师生关系逐渐紧密、导师权力影响逐步加大、研究生权利救济渠道更为模糊，师生矛盾冲突的可能性增加，师生关系异化现象更为明显。表现在研究生教育不同阶段导师权力和学生权利配置失衡逐渐加剧，出现研究生招生阶段导师权力和学生权利配置的轻度失衡、研究生培养阶段导师权力和学生权利配置的中度失衡、研究生毕业阶段导师权力和学生权利配置的重度失衡的现象。

第三节　研究生招生阶段导师权力和学生权利配置的轻度失衡

作为研究生教育的开端，研究生的招生阶段是绝大多数研究生和导师开始接触、相互了解，进而正式确立师生关系。我国的研究生招生考试经过数十年的探索和发展,最终形成现有的"初试+复试"的招生模式。但是,随着研究生招生规模的不断扩大,现有的研究生招生模式逐渐暴露出自主命题科目泄题、不同院校招考难度不一致、复试方法不够科学、复试过程形式化、复试过程监管不严等问题。究其原因,很大程度源于在招生阶段导师权力和学生权利配置的失衡,导师往往对研究生录取起着关键作用,特别是博士研究生招生,导师甚至有话语权决定最终能否录取。因此,分析招生阶段中导师权力和学生权利的配置情况,对塑造和谐适配的师生关系显得十分重要。

一、研究生招生阶段导师权力

1980年以来,我国高校逐步构建了"学校负责、招办监督"的研究生招生录取制度,高校开始拥有一定的招生自主权,并在《教育法》《高等教育法》等法律上得到明确。随着导师负责制的进一步贯彻落实,导师权力也随着研究生招生改革得以逐步扩大。招生自主权是导师在选拔研究生中最重要、最基础的一项权力,这是由导师负责制的研究生培养机制所决定的,能有效保障研究生的生源质量,也能提高导师的工作积极性。目前,导师权力已经影响到研究生招生,特别是博士生招生的全过程。本研究将研究生招生阶段中导师的权力分为参与政策制定权、初试命题权、复试考核权、录取决定权等四个阶段的权力。

(一)参与政策制定权

在美国高校,招生委员会对研究生招生承担主体责任,研究生院负责协调并执行招生委员会所制定的招生政策。研究生录取都应由各学科领域的教授所决定。在我国高校,以导师为主的学术委员会或教授委员会参与招生政策的制定和实施过程,同样能产生很大的影响。大学作为独立的学术性研究机构,导师不仅是研究生成长成才的指导者和教育者,更是其科研道路的引路人和示范者,导师理应在研究生招生政策制定过程中享有发言权和建议权。一方面,导师参与招生计划的制定。高校研究生招生计划的制定不仅仅参照国家最新招生政策、办学软硬件条件,师资力量也是考量的核心指标。高校在制订研究生招生计划时,会充分征求不同专业导师的意见,对招生标准、招生门槛、招生名额等项目进行认真研究。另一方面,导师参与制定初复试分数占比。教育部2006年颁布的《关于加强硕士研究生招生复试工作的指导意见》中,要求扩大研究生复试的比例权重至总成绩的30%到50%①。各培养单位会积极询问专业导师对于研究生的具体要求,例如专业知识能力、沟通表达能力、学术科研经历等考察要素。根据导师对于研究生的期望进而动态调整研究生招生考试中初复试的比例,挑选出符合导师培养要求的应试者。因此,导师不仅是研究生各项招生政策的制定者,更有相当的招生自主权,通过招生规则的制定,影响和筛选出满意的学生,为研究生后续的培养奠定基础。

(二)初试选拔命题权

全国硕士研究生统一招生考试(Unified National Graduate Entrance Examination)是教育主管部门和招生单位为选拔研究生所组织的相关考试的总称。具体由国家考试主管部门和招生培养单位组织的初试和复试组成。初试环节主要考查学生综合基础知识和专业知识能力,考察科目一般分为思想政治理论、外国语、大学数学和专业课等。其中思想政治理论、外国语、大学数学三门公共科目由中华人民共和国教育部统一组织命题,专业课等非统考科目,则主要由各招生培养单位自行命题。

由于专业课没有统一的考试大纲和评分标准,因此导师在初试的命题中就发挥着举足轻重的作用。由各招生单位的导师们构成的专家命题组需要根据院校的招生计划,明确不同专业的考试科目、考试目的、复习教材、试题框架等,进而根据考察内容出卷并确定分值,突出重点和难点。专业课考试应充分考查考生本门学科应掌握的基础理论、基本知识、基本技能以及运用所学理论知识分析问题和解决问题的能力。因此,导师出卷质量的高低将直接影响研究生初试的选拔效果。研究生初试专业课命题工作涉及人员广、周期长、环节多,如果监管不严,可能会出现个别导师滥用命题权,直接或间接向考生进行答疑或辅导,有甚者还通过培训机构泄露考题的现象,严重挑战着研究生初试的公平性。除此之外,导师在初试环节还承担着专业课考试的批阅工作。导师作为阅卷人员,需严格按照评分标准仔细评阅考生试卷并客观评分。所谓评卷"压分"还是"放水"的现象,都会影响初试和研究生选拔的公平性。在初试环节,导师对于试题的命题批阅权对研究生

---

① 中华人民共和国教育部.教育部关于加强硕士研究生招生复试工作的指导意见[EB/OL].(2006-03-03)[2020-12-10].http://www.moe.gov.cn /jyb_xxgk/gk_gbgg/moe_0/moe_1133/moe_1284/tnull_17925.html.

招生考试的公平性与选拔效果均会产生深远的影响,因此,对参与初试命题导师的个人道德品质和规则纪律遵守都提出了非常高的要求。

(三)复试考核权

通过初试的考生可以参加由所报考院校组织的复试。与初试不同,复试的考核方式和考核内容由招生单位决定,旨在全方位评估考生的知识面、专业思维、实践水平、创新能力、科研潜力等多维度的素质,进而遴选出优秀的研究型人才[①]。复试的考核方式灵活、考核内容复杂、涉及面广泛,在招生中的分数占比最高能达到50%,其公平性与科学性更是受到考生的高度关注[②]。导师作为相关学科领域里的专业型人才,其深厚的学术知识能对考生的学术指向、学术潜力与科研能力进行成熟的分析判断[③],因此,招生单位在复试环节授予了导师群体更多的自主权和选择权,让其深度参与到考生的复试考核过程。导师的复试考核权主要体现在设计考核方式、确定考核内容、了解考生情况三个方面。

1.设计考核方式

研究生招生复试的形式一般包括笔试、面试、实验操作等环节。其中面试为招生单位的普遍选择,面试又可分为结构化面试与小组面试两种。导师们根据院校的专业学科特点和办学培养特色,选择一种或者多种考核方法,设计出科学高效的考核方式用于研究生复试过程。2020年、2021年因为新冠肺炎疫情的影响,我国很多院校的考研复试工作转为在线上进行,导师们可以通过互联网远程直接面试考生,这也为今后研究生复试提供了新的模式选择。

2.确定考核内容

不同于初试环节,研究生复试环节给了导师们更多的自主权,通过设定多样的考核内容对考生进行全方位的考核。例如,专业课笔试的命题权依旧在导师,侧重考查考生的专业理论知识和技能掌握程度;面试则一般是在20分钟的短时间内,导师通过设置不同维度的问题对考生进行提问,根据

---

① 乔思辉.新时期我国硕士研究生招生制度演变分析:兼论高校招生自主权的变化[J].研究生教育研究,2012(3):25-30.

② 任海峰,肖鹏.硕士研究生招生综合面试指标体系研究[J].技术与创新管理,2010(4):484-486.

③ 余桂红,张应强.研究生招考方式改革百年:流变与特征[J].学位与研究生教育,2012(11):43-47.

考生的回答对考生的专业知识水平、外语掌握程度、学术思维能力、科研创新潜力等方面做出科学判断。除此之外,部分研究生在读研期间频繁暴露出严重的心理健康问题和思想道德问题,多数导师都赞成将心理健康状况与思想道德品质的考察列为研究生入学复试考察的重要内容,这也是今后研究生复试面试一个重要的新增内容和改进方向。

　　3.了解考生情况

　　现阶段的考研复试存在时间有限、受主观影响较大等局限,有时会出现部分考生因语言表达能力较弱而无法通过复试的情况,造成人才浪费的现象[①]。针对上述情况,多数高校都推行推荐免试录取研究生的政策,允许导师可以在考生参加复试之前就获得考生的基本信息,包括学生的毕业院校、学习成绩、科研经历、外语水平等,让导师能对学生形成较为系统的判断,再根据学生的复试表现决定是否录取,这有利于选拔合适人才从事学术研究和学习深造,但如果把关不严,也容易滋长"近亲繁殖"的不良风气。随着当今社会考研热度的不断高涨,研究生考核竞争加剧,复试环节的选拔淘汰功能日益突出。但是也有高校复试过程中,在一定程度存在不够公开、不够透明、不够规范的情况,如果对这些现象缺乏相应的防范措施,就容易出现诸如暗箱操作、人情招生、权钱交易等腐败行为,严重损害复试环节的公平性和公正性。同时,导师在复试环节被授予较大的自主权,如果权力行使过程缺乏有效监管,学生作为被考核对象在复试过程中缺乏知情权和话语权,也进一步加剧了双方权力配置失衡的可能性,进而影响良性研究生教育师生关系的构建。

　　(四)录取决定权

　　虽然按照现有招生流程,考生的初试、复试成绩经过加权获得总成绩,按总成绩的排序决定考生是否录取。但是在现实层面,导师能通过提高复试得分、设置加试等方式对学生的录取结果施加影响,甚至直接决定学生是否能入学[②]。导师对于研究生录取结果的决定权体现在制定录取标准与选择接纳学生两方面。一方面,在现有导师责任制之下,研究生导师是招生的

---

　　①　朱小平,邬丽莎,尹思源,等.地方医学院校提升研究生教育质量的实践探索[J].中国高等医学教育,2012(7):132-139.

　　②　张懿,魏海峰.香港高校研究生导师制的特点及启示[J].中国教育技术装备,2013(24):54-56.

主体,也是研究生培养的直接责任人,所以导师有责任提高研究生招生质量和培养质量[①]。招生单位也授予了导师足够自主权去制定录取标准。例如,在李英、李佳等的调查中,36.19%的导师会优先考虑第一志愿考生,充分说明部分导师对报考本人的"一志愿考生"具有特殊的认同感。除此之外,部分导师对于考生的本科毕业院校、是否有专家学者推荐都会有不同的偏好[②]。对于有意向接纳的考生,导师会在面试前就形成较好的第一印象,影响到导师复试评分;另一方面,导师通过初试复试对拟录取的学生进行了较为全面的了解,包括学生的本科毕业院校、专业知识技能、学术科研经历、学习优势特长等,这些都可能成为导师选择学生的主要因素,同时,特别是博士生导师,还会结合自身研究方向与学生个人的研究基础和研究意向,最终选择是否接纳学生,正式确定师生关系。给予导师高度的录取决定权,初衷是为了让导师选拔出优质生源,提高我国研究生培养质量。但实际在人情社会的中国,导师的决策会受到上级领导、科研伙伴、亲朋好友等诸多人为因素的干扰和影响。因此,导师的录取决定权若不加以监管,将会影响我国研究生招生阶段的公平性和权威性。

二、研究生招生阶段学生权利

近年来,社会就业压力加大,考研也成为越来越多大学生的选择。根据中国教育在线发布的《2021 全国研究生招生调查报告》,2021 年全国共有377 万考生参加本年度研究生招生考试,较 2020 年增长 10.6%。考生考研的动机也各不相同,超过六成考生考研的动机是提高自身就业核心竞争力,只有不到三成的考生考研的动机是基于对学术研究的兴趣,可见目前大学生读研的动机功利化趋势明显,对于院校与导师的选择上显得格外明显[③]。近年来,我国研究生考试制度逐渐规范,考生在招生阶段同样享有一定自主权,主要体现在学生院校的自主报考权与导师选择权。同时,学生在研究生

---

① 郭振永.浅谈提高研究生复试的科学性和有效性[J].中国科教创新导刊,2008(2):22-23.

② 陈菲,陈晓,李英,等.研究生复试组织管理模式与优质生源选拔[J].上海中医药大学学报,2014(3):94-96.

③ 2021 全国研究生招生调查报告[EB/OL].(2021-06-03)[2021-06-10].https://www.eol.cn/e_ky/zt/report/2021/index.html.

招生阶段的合法权益受到损害时,也有相应的申诉和复议等救济渠道。

(一)自主报考权

对考生来说,考研是继高考之后的又一次独木桥。考生在报考时对报考的院校以及专业享有绝对的自主权。在腾讯教育与麦可思调研机构联合进行的《本科生考研意向调查》中显示,报考院校名气(34%)与所学专业声誉(30%)是大学生在考研时填报志愿的两大首要考虑因素[①]。一方面,双一流等名校的报考热度空前火爆。不少考生希望通过考研圆自己的"名校梦"。以北京为例,共有42.5万考生在2020年报考北京高校及科研院所,较上年增长11%。北大、清华等17所顶尖院校的报考人数甚至破万,名校在考研招生的虹吸效应越发明显。另一方面,在就业前景、毕业难度等因素的影响下,考生往往比较盲目追求热门专业,导致管理类、经济类等人文社科专业的报考热度远超理工科专业。人文社科类报考人数的增加也一度拉高了录取分数,体现了考生在专业选择上的趋同性。无论是倾慕知名院校还是追求热门专业,居高不下的报考热度都将导致考生在自主报考后面临巨大的竞争压力,更使其在面对导师时的话语权进一步被压缩。

(二)导师选择权

随着近年来研究生招生制度逐渐完善,导师的选择机制也得到不断改进,由原来导师筛选制逐渐演变成生生互选制,即师生双方均可在目标选择范围内,结合自身标准和意愿选择心仪的目标对象,考生可以优先选择所报考专业的导师,导师再根据考生的考核情况选择最终录取的考生。只有在双方都选择了对方之后才能完成选择的过程[②]。各大院校也都制定了严格的师生互选原则和流程,在双方互选前,通过院校网站及时公布导师的基本情况,包括研究方向、学术背景、科研成果等等,让考生在报考前就能够多渠道、多层次地了解导师,并选择自己的意向导师。在学生通过初、复试之后,考生可以与意向导师进行深入接触,在最终确定导师并且导师也决定接纳学生之后,严格按照院校的互选规则和流程,双方的研究生教育师生关系得以正式确立。

---

① 腾讯教育、麦可思调研机构.本科生考研意向调查[EB/OL].(2020-10-19)[2020-12-23].https://new.qq.com/rain/a/20201019A01G2Z00.

② 王志栋.硕士研究生与导师双向选择影响因素分析[J].基础医学教育,2006(8):322-324.

陈海波、胡智愚、陈丽珍的研究结果表明,导师的学术论文发表数量、科研项目及经费情况是评价导师的前提和基础[①]。但是部分研究生因为个人定位模糊、学习态度不端等原因,在选择导师的时候过于功利化,手握行政和学术资源的导师往往成为考生争先报考的对象,而部分"白丁"教授在选择学生过程中不占优势。此外,有些高校对研究生招生导师培养学生的出资方式进行了规定,这也加重了师生关系的异化,造成师生关系雇佣化[②]。

(三)申诉复议权

虽然当前的研究生招生制度保证了考生在报考中的绝对自主权,以及与导师的双向选择权。但是纵观实际的招生阶段,考生仍然处于相对弱势的一方,其权益遭受侵害时,学生的发声渠道极为有限。近年来,教育部门与各大招生单位也逐渐开始重视考生在招考过程的话语权,从国家法律法规和院校规章制度两个层面对考生的发声渠道予以制度性的保障,使考生在合法权益受到侵害时,能够通过合法的申诉和复议渠道展开自我救济。

首先,在教育管理部门立法层面,应给予考生发声的制度保障。教育部印发的《2020年全国硕士研究生招生工作管理规定》中明确规定,研究生招生过程中的信息公开工作由教育部统一负责推进,教育部将监督各省级教育行政部门、招考负责机构、各招生单位的招生信息公开工作开展情况;高等学校招生委员会根据考生申请,对招生单位信访答复情况进行复查;各招生单位根据考生复议申请,对本单位相关招生行为展开调查、积极处理并及时给予答复[③]。教育部2014年印发的《普通高等学校招生违规行为处理暂行办法》规定,招生工作人员如果存在影响招生公平公正的行为情形,其所在招生单位应立即责令暂停招生工作,由教育行政部门视其情节依法给予处分;涉嫌违法犯罪的,依法移送司法机关予以处理[④]。其次,在招生单位

---

① 陈海波,胡智愚,陈丽珍.研究生导师选择偏好关键因素的实证研究[J].黑龙江高教研究,2017(6):140-143.

② 左崇良,杨欣蕾,钱晓东,等.研究生与导师互选工作中的师生心态分析和矛盾协调[J].学位与研究生教育,2011(3):21-25.

③ 中华人民共和国教育部.2020年全国硕士研究生招生工作管理规定[EB/OL].(2019-08-14)[2020-12-26]. http://old. moe. gov. cn/srcsite/A15/moe778/s3113/201908/t20190819395052.html.

④ 中华人民共和国教育部.普通高等学校招生违规行为处理暂行办法[EB/OL].(2014-07-08)[2020-12-26]. http://old.moe.gov.cn/publicfiles/business/htmlfiles/moe/moe621/201407/171344.html.

执行层面,要增强研究生招生过程的公平性与透明性,对招生计划、初试排名成绩、复试方案、复试排名成绩、拟录取名单均应及时在相应网站或宣传栏公示,以保证考生的知情权和监督权。考生如果对考试过程或录取结果存在异议的,可以依据院校相应规章制度提起申诉,对申诉处理结果不满的,可以按照规定程序,再次向相关部门和有关机构提出复议。

三、导师权力扩张与学生权利救济渠道不足的轻度失衡

研究生招生录取公平性直接关乎学生的基本受教育权。现阶段,探索出既保证招生过程的高效、公平,又能在导师权力和学生权利之间寻求平衡的研究生招生模式是研究生招生改革的重要内容。在研究生招生阶段,学生权利相比导师权力处于相对弱势的地位。对导师权力的限制只强调导师自身的道德自律是远远不够的,在赋予导师更多的招生自主权同时,也要夯实研究生招生相关的法律法规和规章制度建设,加强招生信息的公开并广泛接受社会各界监督,为学生提供申诉和诉求的渠道势在必行[①]。

2018 年 12 月 22 日,在群名为"西南大学地理考研"的 QQ 群中,有网友上传一份名为"自然地理 2"的复习材料,详细预测在西南大学第二天研究生招生考试中会出现关于"长江分段"的论述题与名词解释。有考生表示,该复习材料的预测与试题一模一样,连名词解释的顺序都完全一致。针对考研试题疑似泄露的问题,12 月 24 日西南大学回应称已成立调查组,并在 12 月 29 日公布了事件的调查结果,证实存在命题教师违反学校的保密规定,故意泄露部分考试内容的情况,涉事的相关人员已被公安机关采取强制措施并立案调查。西南大学、电子科技大学对涉案的命题教师、学院负责招生人员均做出了严肃处分,并在公共媒体进行了公告。地方教育主管部门也对涉事高校启动了调查和问责程序[②]。2019 年 1 月 11 日,教育部发布《教育部关于对西南大学、电子科技大学 2019 年研考自命题事件有关校级领导干部问责的通报》指出,依据干部管理权限,决定对西南大学和电子科

---

① 覃红霞.招生领域高校与学生的法律关系研究[J].北京大学教育评论,2010(8):82-90.

② 西南大学疑考研试题泄露文件上传者称文档为其老师所给[EB/OL].(2018-12-24)[2020-12-30]. https://baijiahao.baidu.com/s? id=16207023678170749098&wfr=spider&for=pc.

技大学有关校级领导干部分别给予不同程度行政处分①。

从上述案例可以看出,现阶段我国的研究生招生考试在赋予导师一定招生自主权的情况下,也给予了学生相应的申诉与救济渠道。针对导师在初试环节存在任何泄题漏题行为,教育主管部门以及招生单位都能及时介入,对导师的违法行为加以严惩,以保证初试环节的公平性和权威性。针对复试环节,导师能够通过行使复试考核权和录取决定权在一定范围内筛选意向学生,但是筛选的范围也必须是通过初试的学生。导师在复试环节的自主权逐渐上升,学生在初试环节能有明确的救济渠道,在考核较为抽象模糊的复试环节,学生的合法权益容易受到侵害,并且学生因举证困难、信息不对称等情况,需要通过合适的救济手段对复试结果提出申诉或者复议。在研究生招生环节,学生对导师也有选择权,师生双方必须双向选择后,才能正式确立研究生教育师生关系。

总的来说,根据调研访谈和实际工作来看,在招生阶段,教育部和高校在确保招生工作公平、公正的制度保障是基本到位的,学生权利的救济渠道总体上也是畅通和有效的,导师在招生阶段的自主选择和自由裁量权相对有限。因此,导师权力和学生权利配置在招生阶段处于轻度失衡的状态。

第四节　研究生培养阶段导师权力
和学生权利配置的中度失衡

进入研究生的培养阶段,导师与学生的师生关系正式形成并在双方的交流互动中得以不断塑造。导师作为研究生培养的第一责任人,不仅承担着为国家培养高素质人才的重要使命,同时也肩负着立德树人的根本任务,对研究生的发展与培养起到至关重要的作用②。但是,由于导师权力和学生权利配置的失衡,师生之间常常缺乏平等的沟通交流,双方更多的是命令

---

① 中华人民共和国教育部.教育部关于对西南大学、电子科技大学 2019 年研考自命题事件有关校级领导干部问责的通报[EB/OL].(2019-01-11)[2020-12-30].http://www.moe.gov.cn/jyb_wfb/gzdt_gzdt/s5987/201901/t20190111_366672.html.

② 刘志,刘健康,许畅.研究生导师立德树人评价需要平衡三对矛盾冲突[J].学位与研究生教育,2019(4):8-12.

与服从的关系,导师对于研究生培养计划制订、培养经费使用、推荐评奖评优等各方面均具有决定性的影响。研究生导师依靠自身权力在事实上的强势地位,以及利用学生尊师重道的心理,近年来在高校中频发导师压榨学生劳动力、侵占学生学术成果的现象,师生关系一度被戏称为"雇佣关系"①。近年来,研究生因不堪导师压迫,研究生利用舆论揭露导师恶行,甚至选择自杀的事件都接连发生,例如,武汉某大学研究生陶某园,疑似因导师的精神压迫选择跳楼轻生,反映了当前我国研究生教育中的师生关系对立的现象日益严重②。因此,梳理研究生教育导师与学生在培养阶段的权力与责任,对于重构良性的师生关系,有效化解导师权力和学生权利的冲突显得尤为重要。

一、研究生培养阶段导师权力

在研究生培养阶段,导师对学生除了具有传统意义上传道、授业、解惑的责任外,在研究生的学术研究、职业发展、学风建设等各方面也起着指导和引领作用,导师的思想道德水平也直接影响着学生的名利观、人生观和价值观。教育部在 2018 年颁布的《关于全面落实研究生导师立德树人职责的意见》明确界定了研究生导师立德树人的七大职责,即提升思想道德素质、培养学术创新能力、培养实践创新能力、优化学生培养条件、恪守学术道德规范、注重人文关怀、增强社会责任感③。导师在研究生培养阶段也被赋予了更多的权力:一方面,研究生导师作为广大教师群体的一部分,依法享有《中华人民共和国教师法》(下简称《教育法》)所赋予的教师合法权利;另一方面,导师作为研究生培养的第一责任人,深度参与研究生培养的全过程。为此,可以将培养阶段研究生导师的权力具体划分为学生管理权、学术指导权和教育教学权三个部分。

---

① 陈恒敏.我国高校自主招生中的社会公平问题研究[J].重庆高教研究,2016(4):53-58.

② 黄雷,吴雪.导师眼中的师生关系:君子之交[J].新民周刊,2018(15):50-51.

③ 中华人民共和国教育部.关于全面落实研究生导师立德树人职责的意见[EB/OL].(2018-02-09)[2021-01-23].http://www.moe.gov.cn/jyb_xwfb/gzdt_gzdt/s5987/201802/t20180209327165.html.

(一)学生管理权

学生事务管理工作贯穿于研究生培养阶段全过程,是研究生教学科研工作顺利开展的前提,也是研究生教育教学质量保障体系中的重要环节,做好研究生的管理工作将为其接受教育、开展科研营造良好的氛围。近年来研究生招生人数逐年增加,研究生的独立意识增强,给研究生的管理工作带来了新的难度和挑战。目前我国高校对研究生的管理模式分为两种:由研究生院(部)牵头的集中管理以及由学院各自负责的分散管理[①]。但是,无论高校选择哪种管理模式,导师在研究生管理中所扮演的角色都是十分重要的。与本科生不同,研一上学期之后,研究生在日常与导师接触最多,导师对其思想状况掌握得也最为全面,对学生的管理也应更为科学和精准。因此,在导师责任制的背景下,随着研究生入学时间的推进,院校管理部门及辅导员的角色被逐步弱化,导师的学生管理权日益增强。导师负责的学生管理事务可以归纳为制订培养计划、管理培养经费、推荐评奖评优、负责日常管理和变更师生管理等五个方面。

1.制订培养计划

当前,我国高等院校的研究生管理部门在制订研究生培养计划时,只对总学分数和学分构成提出了要求,具体到课程的选择,主动权主要在导师和研究生。导师可以根据自己的研究方向指导学生选课,帮助学生制订科学的培养计划,帮助其合理规划研究生生涯,较快找到合适的研究切入点[②]。同时,导师还可以根据学校的修读情况,灵活调整学生学制。当学生提前完成培养计划修读内容,导师有权帮助学生申请提前毕业;如果学生修读进度落后于培养计划,导师也可以在一定年限范围内延长学生的修读年限。除此之外,导师还可以结合学科特点与学生兴趣,对学生第二学位、辅修课程等方面进行个性化指导,进一步丰富研究生培养内容,帮助学生成长成才[③]。但是,目前各大高校研究生培养时导师通常以"上行下效"的方式制订研究生的培养计划,研究生更多作为培养计划的接受者而非参与者或共

---

① 薛花.多元文化视野下高校研究生事务管理的有效性探讨[J].学校党建与思想教育,2010(4):66-68.

② 王春华,涂宇翔,孙晶茹.导师组制在研究生培养中的实践探索[J].高教论坛,2012(3):17-19.

③ 汪勋清,王春霞,田松杰,等.优化研究生培养方案,构建培养质量管理体系[J].高等农业教育,2008(12):72-74.

同研究者。因此,对于培养计划中的课程设置和科研决策,广大研究生普遍处于较为弱势的地位。

2.管理培养经费

我国 2010 年颁布的《国家中长期教育改革和发展规划纲要(2010—2020 年)》明确要求,将继续改革高校研究生培养机制,进一步优化研究生导师责任制和研究生导师项目资助制[①]。在现有培养机制下,研究生导师也成为学生培养经费的直接管理者与提供者。为更好地提升研究生的科研能力,导师应该鼓励学生积极参加到各类科研项目中,并根据项目推进和科研完成的实际情况为学生提供相应的经费支持,并根据学生的参与情况,发放科研津贴、助学津贴等等。此外,导师还对高校给予学生的培养经费拥有支配权,主要用于学生学术论文送审、答辩环节的支出等等。随着导师与学生之间经济性日益增强,甚至有部分研究生导师摇身一变成为研究生的“老板”[②]。有的研究生成为导师转嫁、分包课题项目的廉价劳动力,研究生教育师生关系也进一步异化为“雇佣关系”。

3.推荐评奖评优

国内高校在涉及研究生评奖评优、入党评先等事务,普遍采取研究生导师把关推荐的制度,即导师享有对研究生各类奖助学金评比、研究生入党的推荐等权力。一方面,导师作为研究生的直接管理者,对学生的一言一行最为熟悉,对其综合素质也最了解,导师在评价学生方面也最有发言权。在研究生申请奖学金、助学金过程中,除了学习成绩、科研成果等可以明确量化的评价指标外,还有部分难以量化的指标需要通过导师的评价进行评估;在发展研究生党员过程中,导师对学生的思想政治素质往往也把握得最充分,学院党支部会郑重征求导师的意见,了解学生在科研工作和日常生活的客观表现,作为是否批准研究生入党的重要依据。部分高校甚至在研究生入党中,实行“导师一票否决制”。导师对学生评奖评优拥有重要的发言权和推荐权,这也对研究生导师自身的师德师风提出了更高的标准和要求。

---

① 中华人民共和国教育部.国家中长期教育改革和发展规划纲要(2010—2020年)[EB/OL].(2010-07-29)[2021-01-23].http://www.moe.gov.cn/jyb_xwfb/s6052/moe_838/201008/t2010080293704.html.

② 陈恒敏.我国高校自主招生中的社会公平问题研究[J].重庆高教研究,2016(4):53-58.

4.负责日常管理

虽然我国高校的学生日常管理工作大多由辅导员负责,但是对于研究生群体,其独立自主意识较强,也更多活跃于导师团队而非班集体。因此,在研究生培养阶段,一般由导师和辅导员协同负责研究生的日常管理事务。导师需要与辅导员建立长效的工作联系机制,辅导员更侧重规范性事务的处理,而导师对学生突发的情况能够第一时间介入,帮助学生解决日常生活中的各类问题,与辅导员协同做好研究生的管理和服务工作。除此之外,面对当前研究生招生规模迅速扩大的新形势,我国很多高校也开始探索以导师团队为纽带的研究生基层党组织管理模式,把党支部建在导师团队中,任命导师为支部书记,由导师考察发展党员并负责党支部的日常管理工作①。该模式能将党支部日常管理和团队科研工作有机结合,有效提高党支部的建设水平。例如,福州大学北斗团队研究生党支部,采取"研本共建""双培"运行的机制,努力建设学习型、服务型、创新型党支部团队,力争把理论学习和专业创新创业有机结合起来,形成"低年级重实训,高年级出成绩,研究生搞科研"的"以老带新,赛训结合,阶梯培养"工作格局②。

5.变更师生关系

导师和研究生在招生阶段双向确立了师生关系,在培养阶段随着双方的了解认识逐步深入,矛盾和分歧可能会不断浮现,当师生关系难以继续维持时,大部分高校都规定导师和研究生也享有变更师生关系的权力。部分高校实行研究生培养的全过程淘汰制度,对于难以满足院校学业要求的研究生,导师可以按照院校规章制度,淘汰不符合学业要求的学生并解除师生指导关系。例如,《福州大学学生管理规定》规定,硕士生学位课程第一次考核不及格累计 5 学分以上(含 5 学分),予以退学处理。北京大学、复旦大学、厦门大学三所高校的研究生管理条例则指出,研究生如果存在有学术不端、品行不端行为,研究方向和导师研究方向存在较大差异,或者研究生存

---

① 肖春.以导师团队为纽带的研究生基层组织管理模式探索[J].教育理论与实践,2011(21):9-10.

② 福州大学宣传部.物信学院北斗团队党支部:增强理想信念,建设学习型先进组织[EB/OL].(2019-09-17)[2021-01-23].http://xcb.fzu.edu.cn/html/2019ztjy/sbby/2019/09/17/e488e54a-0647-4171-b070-64d0a0e2f4bc.html.

在其他不适合继续培养的原因,导师有权解除与研究生的指导关系①。

(二)学术指导权

研究生作为我国各个学科领域高层次人才的后备军,也是未来各行各业发展与振兴的中流砥柱,提高研究生的培养质量至关重要②。2013年3月公布的《关于深化研究生教育改革的意见》中明确指出,导师是研究生培养第一责任人,肩负着对学生进行学科前沿引导、学术规范指导、科研方法教学等职责。研究生培养阶段的核心任务是注重培养研究生的学术创新能力,导师对学生的学术指导是其重要的权力,也是不可推卸的责任③。美国昆士兰大学的研究也表明,师生的交流频率对学生的毕业论文撰写、期刊文章发表、课堂交流汇报等各方面均呈现显著影响④。因此,导师需要从专业知识、综合素质、科研素养、创新能力等方面对学生进行全方位地学术指导,培养学生的学术创新能力。导师在培养阶段对研究生的学术指导权可以进一步细分为确定研究方向、营造学术氛围、分配科研任务、分享学术成果等四个方面。

1.确定研究方向

导师作为研究生的学术"引路人",在研究生入学之后,导师的首要任务是帮助研究生确定研究方向。一方面,兴趣是最好的老师。导师进行学术指导的关键在于让学生热爱自己的专业方向以及研究领域。导师在定期与研究生的交流中,关注学生提出的新观点、新思想,及时进行深入研讨,挖掘学生的学习兴趣与学术特长,并开展针对性的指导,将学生感兴趣的主题升华成其研究方向,鼓励学生进行自主研究。另一方面,对于研究方向和兴趣并不明确的学生,导师则有权根据自身研究方向或者结合自身的课题和项目研究,分配给学生辅助性的科研任务,安排学生收集资料、开展实验、汇报

---

① 姚琳琳.研究生导师的权利诉求及其规范的制定[J].高教发展与评估,2019(5):47-54.

② 贾黎明.导师是老师,还是老板?:试论研究生导师的职责[J].学位与研究生教育,2015(10):1-5.

③ 中华人民共和国教育部、国家发展改革委、财政部.关于深化研究生教育改革的意见[EB/OL].(2013-03-29)[2021-01-23].http://old.moe.gov.cn//publicfiles/business/htmlfiles/moe/A22zcwj/201307/154118.html.

④ 陈珊,王建梁.导师指导频率对博士生培养质量的影响:基于博士生视角的分析和探讨[J].清华大学教育研究,2006(3):61-64.

成果,进而帮助学生凝练和挖掘合适的科研切入点。理想的研究方向,需要兼顾学生的学术兴趣与导师的研究方向,这样有利于创造和谐的学术生态,构建和谐、融洽的良好师生关系。但是,也有由于师生双方前期缺乏沟通和信息不对称等,学生在入学之后要求变更研究方向,研究成果远低于导师预期,进一步加深了师生的隔阂。

2.营造学术氛围

《国家中长期教育改革和发展规划纲要(2010—2020年)》中指出,"激发学生的好奇心,培养学生的兴趣爱好,要在高校中营造独立思考、自由探索、勇于创新的良好学术环境"[①]。在研究生培养阶段,导师应当为学生营造优良的科研氛围,鼓励研究生大胆开展科研创新,重在培养研究生独立思考和开展科研的能力。但是独立研究不代表独自研究,导师需要从软硬件方面为研究生提供人力、资金、设备等各项支持,积极创造优良的科研条件。一方面是硬件支持。相较于学生,导师拥有更加丰富的学术资源和学术条件,当研究生开展科研和实验时,面对庞大的科研和实验开支,导师应有能力为其提供设备器材、项目资金、实验耗材等各类硬件的科研资源;另一方面是软件支持。在软件层面,导师在帮助研究生确定研究方向后,也要积极为其创设良好的学术交流平台,增加研究生参与社会实践和学术交流的渠道,例如提供参加学科学术会议、科研项目、专业技术训练的机会,等等。当学生遇到科研困难时,导师应及时提供学科知识、研究方法和交流平台等指导和支持,帮助研究生克服研究过程的困难和问题,及时找到自己的研究方向和研究重点。

3.杜绝学术不端

近年来,在社会不良风气的影响下,研究生学术不端的问题也频频发生,这会对我国研究生培养质量的提升产生恶劣的影响。2019年教育部颁布的《关于进一步规范和加强研究生培养管理的通知》中明确指出,导师是我国高校研究生培养质量的第一责任人,导师要把培养人才放到工作首位。一方面要做学生的学术训导人,不断激发研究生的科学探索精神和科研创新能力;另一方面要做学生的人生领路人,通过言传身教,教导学生树立正

① 中华人民共和国教育部.国家中长期教育改革和发展规划纲要(2010—2020年)[EB/OL].(2010-07-29)[2021-01-23].http://www.moe.gov.cn/jyb_xwfb/s6052/moe_838/201008/t2010080293704.html.

确的世界观、人生观和价值观,坚决恪守学术道德规范,杜绝学术不端行为[①]。导师首先应当以身作则,在学术科研中严格自律、严谨求实,坚决杜绝学术造假和学术不端的行为,给学生起到良好的表率和示范作用,塑造优良的科研习惯,有效预防学术不端行为的发生。其次,要加强过程引导。在《麻省理工学院教师手册》中明确写道:"研究生导师有义务为学生提供各项科研标准的明确指南,教授学生如何避免学术剽窃的写作风格和技巧[②]。导师在培养学生独立思考能力的同时,也要加强与学生沟通交流,教授学生正确的研究方法,在学生遇到科研瓶颈时,及时根据研究进展开展学术指导,避免学生因为求助无门而选择抄袭他人学术成果等。最后,对学术不端行为实行"零容忍"。导师应注意加强对学生学术成果的审查,加大对学术不端、学术造假行为的监督,及时指出错误并督促学生改正,对于拒不改正的学生,导师有权对其采取学术惩戒等措施。

4.分享学术成果

目前我国研究生培养阶段,依托导师学术团队产出学术成果的研究生科研模式已经被广泛运用。在导师团队内,不同研究生各有专攻,在跨学科领域研究中形成优势互补,共同产出高水平学术成果[③]。但是,我国现阶段的学术考核体系都偏向于量化考核,学校根据发表文章的级别、申请课题项目的数量作为学生获取学位或者导师个人考核的关键指标。这就导致学生与导师除了师生指导关系之外,在科研成果上也存在一定的竞争关系。作为团队领导者,导师有权分享团队的学术研究成果,在期刊论文发表时享有署名权,或者在基金课题研究中担任主持人。但是,如果导师利用权力优势强占学生的学术研究成果,必然会造成学生对于学术成果分配的不满,如果双方矛盾冲突加剧,师生关系必将进一步紧张和异化。

---

① 中华人民共和国教育部.关于进一步规范和加强研究生培养管理的通知[EB/OL].（2019-03-04）[2021-01-29]. http://www. moe. gov. cn/srcsite/A22/moe826/201904/t20190412377698.html.

② Massachusetts Institute of Technology. Earth, atmosphericand planetary sciences faculty handbook[EB/OL].（2018-08-16）[2021-01-29].https://eapsweb.mit.edu/sites/default/files/Faculty%20Handbook_v4-2%20_2016.pdf.

③ 樊炳辉,孙爱琴,王传江.工科研究生导师工作几点思考[J].科学与管理,2010(2):17-19.

（三）教育教学权

导师作为高校教师群体的一部分，除了被赋予作为导师的特殊权力外，也具有高校教师教书育人的基本职责。教育部办公厅《关于进一步规范和加强研究生培养管理的通知》第四条指出，要切实加强导师队伍建设，明确导师是我国高校研究生培养质量的第一责任人，导师要把培养人才放到工作首位，一方面要做学生的学术训导人，另一方面要做好学生人生成长的领路人，言传身教，引导学生树立正确的世界观、人生观、价值观，增强其社会责任感[①]。在研究生培养阶段，导师对于学生的教育教学权，体现在专业知识传授、思想政治教育、就业指导及推荐三个方面。

1.专业知识传授

研究生导师作为履行教育教学职责的专业人员，其教育权利具有身份的专属性。教育权是导师作为教育者所享有的专有权利[②]。一方面，研究生开展科研的前提是掌握研究领域的专业知识。导师作为某一专业领域的专家，对于其研究领域的专业知识和研究前沿具有极高的敏感性和洞察力[③]。因此，导师有能力带领学生主动挖掘、探索研究领域的专业知识，帮助学生成为主动学习者、自己科研道路的开辟者；另一方面，导师在研究生培养阶段都会承担一定的教学任务，担任专业课程的主讲教师。导师可以充分发挥课堂在研究生教育中的主渠道作用，依靠自身的教学经验、学术积累和人格魅力，形成独特的教学风格，并积极创新教学手段、引入最新教学技术，提升课堂对学生的吸引力，提高专业知识的传授效率，为学生后续开展学术科研奠定坚实的学术储备和研究基础。

2.思想政治教育

随着我国研究生招生人数的逐年增加和互联网技术的快速发展，开展研究生思想政治教育的难度和挑战性急速提升，这些都对导师队伍提出了新的要求。近年来，研究生思想政治意识存在薄弱环节，利用互联网平台发

---

① 中华人民共和国教育部.关于进一步规范和加强研究生培养管理的通知[EB/OL].（2019-03-04）[2021-01-29].http://www. moe. gov. cn/srcsite/A22/moe826/201904/t20190412377698.html.

② 左崇良,皮修平.研究生导师责权关系的法哲学思考[J].高等教育评论,2019(2):134-145..

③ 魏海峰,陈文杰,张懿.香港与内地硕士研究生导师制比较[J].世界教育信息,2013(20):64-67.

表不当言论的事件时有发生。例如,中国科学院大学 2019 级研究生季某某在境外社交平台发表涉及南京大屠杀等不当言论,引起国人的强烈不满和愤慨。因此,研究生的思想政治教育和道德修养培养是培养阶段导师指导的重点和难点。为了加强研究生思想道德建设,近年来我国各大高校逐步建立起以导师和辅导员为主体的研究生思想政治教育工作队伍[①]。依据导师责任制,导师对研究生的思想政治教育负首要责任。首先,导师需要实时掌握研究生的思想动态,对其不良思想动向和出格行为,要做到及时发现、及时干预和制止,全面关心学生的成长成才。其次,导师要将思想政治教育与专业知识教育紧密结合,加强课程思政建设,不断引导学生树立正确的价值观念,培养学生坚定的政治方向。最后,导师也要充分关注学生的心理健康状况,学生如果产生心理问题需要第一时间进行关心与疏导,积极培养研究生面对困难和挫折的良好心理素质,不断提高研究生的情绪智力和抗挫折能力。

3.就业指导及推荐

就业是最大的民生工程,研究生的就业率和就业情况是评价一所高校研究生培养质量的重要指标,也是所有研究生在毕业季最关心、关注的问题,导师在学生的就业指导及就业推荐方面同样发挥着重要作用。首先,在就业观念上,面对就业竞争加剧的客观现实,导师要关注到研究生的就业压力,在研究生培养阶段帮助其做好职业生涯规划和就业指导,教导研究生正确认识形势、客观评价自我,树立正确的就业观与择业观,将实现社会价值与人生价值有机结合起来。其次,在能力培养上,导师在研究生培养阶段,导师除了教授专业知识技能和学术科研能力,还应当鼓励学生积极参加社会实践活动,培养其沟通交流和社会实践能力,提升其综合素质,以适应就业市场对高素质人才的要求。最后,在就业推荐上,导师还可以通过个人资源或学源网络,为研究生匹配合适的就业岗位,提供其所需的职业发展支持,帮助其尽快找到适合的就业岗位,实现人生价值的最大化。

---

① 楚永全,周立志.试论研究生导师的德育职责及工作机制构建[J].学校党建与思想教育,2011(11):7-10.

二、研究生培养阶段学生权利

随着社会经济的高速发展与互联网浪潮的冲击,中国传统文化中"尊师重道"的教育观念在新时代被极大削弱,取而代之的是学生的主体意识、权利意识的全面觉醒①。张振芝、王彦锜关于硕士研究生权利现状的调查显示,超过90%的研究生对培养阶段享有的受教育权、参与权、表达权等核心权利有高度了解,并有一半左右研究生对利益相关权利满意度处于一般及以下②。不难看出,研究生在培养阶段对权利的诉求与其实际享有的合法权利是较为不对等的,这种不对等也会改变师生关系中双方的地位,激化师生之间的矛盾。基于《普通高等学校学生管理规定》中赋予学生的七项合法权利,并结合研究生教育特点和培养实际,可以将研究生在培养阶段的权利归纳为受教育权、学术自由权、获取资助权和监督申诉权四个方面。

(一)受教育权

研究生作为普通高校学生的重要组成部分,享有参加学校教育教学计划安排的各项活动,使用学校提供的教育教学资源的权利。受教育权不仅是研究生开展学术研究的必要前提,更是其受法律保护的、不得被剥夺的合法权利。不同于本科生教育偏向于通识教育的情况,研究生更偏向于专才教育,专业课程设置主要为研究生后续开展学术研究奠定基础并提供支撑。因此,研究生的受教育权除了体现在参与教学活动、使用教育教学资源之外,还应被赋予一定的课程自主权,参与到自己课程设计和调整修业年限的过程中。

1.选课自主权

由于研究生教育有着培养高级专门人才的特征,在课程选择方面,可以给予研究生适当的自主权。在美国一些高校研究生教育中,上每一门课的同学都不完全相同,而且大家入学的年份也各不相同,即使是同一年入学的研究生,由于各学期选课数量和科目不同,毕业时间也往往各不相同。例

---

① 吕欣,孟庆红.论高校研究生权利和义务的关系:以《普通高等学校学生管理规定》为视角[J].科教导刊,2015(3):141-142.

② 张振芝,王彦锜.硕士研究生权利现状调查,法理分析与保障研究[J].高等农业教育,2019(5):92-97.

如,普通美国的全日制研究生的学制是 2 至 3 年,每学期需修读 3 至 4 门课程,但是在职研究生学习年限会再长一些。美国沃顿商学院的培养目标是为政府等公共机构、各类工商企业、甚至私人机构,培养能从事经营、管理、服务工作的通识人才,其 MBA 人才培养注重以学生为中心,教师遵循为学生服务的原则,尊重学生的课程自主选择权。这些都对我国研究生教育的课程改革予以借鉴和启示,我们可以以研究生课程自主权改革为突破口,探索研究生教育"关注和促进每一名学生的发展"的教育理念,给予研究生教育适当的课程自主权,以实现人才分类和差异化的培养。

2.参与课程设计

当前我国研究生培养阶段,研究生参与课程设计的权利很大程度是被忽视的。尽管研究生修读的课程数量不断增加、课程的多样性和灵活性也得到一定改善,但是关于培养计划的制订、专业课程的安排基本都由研究生管理部门和导师决定,给予研究生发声的空间极为有限,他们无权参与到课程的设计过程,让课程设计满足其个人发展的需要[①]。因此,在研究生教育推行学分制的趋势之下,要给予学生自主学习的空间,允许其参与到课程设计过程,包括参与自身培养计划制订、课程内容安排、授课教师选择等,同时可以从优化研究生课程结构、改革课程教学方式、营造开放的专业学习环境等方面,鼓励研究生参与课程的设计,鼓励个性化培养和专才教育,以培养研究生的学习兴趣,提高研究生的自主创新能力。

3.申请调整修业年限

高校在人才培养过程中,与学分制密切相关的是弹性修业年限制。目前我国硕士研究生的修业年限为两年到三年不等,主要根据其课程的设置及毕业环节的安排。在实际操作过程中,大部分高校还是对同一专业的研究生实行统一的修业年限,一般情况下不允许研究生根据自身实际修读情况灵活调整修业年限。但是,作为接受教育的主体,学生个人对自身课程修读情况具有清晰的认知,可以探索结合自身个性、家庭情况、职业规划、知识储备等规划自己的修业时间。学校在一定的时间范围内,可以探索给予学生调整修业年限的权利,允许学生根据自身的学业修读情况和职业生涯发展规划,在一定时长范围内合理调整研究生修读年限,这也是保障研究生受教育权的重要内容。

---

①　郭德侠.研究生的课程权力亟待加强[J].学位与研究生教育,2007(1):33-38.

(二)学术自由权

作为我国高等教育的最高层次,研究生的学术科研能力是判断我国高校研究生培养质量的重要依据之一[①]。特别是近年来在高校研究生规模扩招的背景下,每位导师所需承担的研究生培养人数也急剧增加,导师分配给每位研究生的时间精力是相对受限的,这导致研究生的科研能力培养更多依赖自主科研。学术自由(Academic Freedom)是建设和完善大学制度、实现大学长远发展的内在要求[②]。根据我国《高等教育法》的相关要求,国家依法保障大学开展科学研究、文学艺术创作等文化活动的自由。因此,为了进一步激发学生的自主创新能力,高校和导师也要切实保障学生的学术自由,让学生在进行学术研究中给予一定的宽容度和试错空间。总结当代研究生对于学术自由的需求,主要体现在确定研究方向、承担科研任务和参与学术交流三个方面。

1.选定研究方向

研究生在导师的指导下,对所在学科领域研究现状和发展趋势展开深入的研究,以确定自己的研究重点和方向,是研究生开展研究生阶段学习的前提和基础,也直接关系到毕业论文的顺利开展和学位论文的完成。如果研究生的研究主题与研究方向不是自己的兴趣或专长,而是由导师直接硬性分配,往往就无法充分发挥学生的科研热情,面对不感兴趣的研究方向时,甚至会产生抵触或消极情绪。所以在确定研究方向时,导师和研究生之间应进行充分的沟通,给予学生充分的发言权,鼓励其基于自身的研究兴趣和前期积累,结合导师的科研领域或科研项目,协商确定研究方向,这样既能充分发挥学生的主观能动性,又可以得到导师及时有效的指导,确保研究的进度和质量。

2.承担科研任务

左崇良认为,研究生的学术研究活动包括独立科学研究、参与导师的研究项目、辅助研究和研究型学习三方面,概括起来就是,研究生要有承担科

---

① 高志超,张潇予,颜莉,等.提升在校研究生自主科研能力体系建设研究[J].科教文汇(下旬刊),2013(3):84-85.

② 刘海涛.学生学术自由:内涵、历史与未来[J].沈阳师范大学学报:社会科学版,2019(4):112-117.

研任务的自由权①。导师在学生学术研究中应当进行全过程的指导,而非单纯任务的分配,要给予学生自发探索的空间,以提高学生的探索精神和创新意识。在学生经过系统学习,修读完专业课程,掌握学科基础理论知识和基本的研究方法的情况下,导师可以让学生参与到课题项目研究,协助完成资料收集整理、问卷制作发放、数据回收处理等基础性、辅助性的任务②;当学生具有一定自主科研能力之后,可以让学生自主进行学术论文、研究报告的撰写等工作,同时导师给予及时的动态分析和过程指导,实现学术能力和科研水平的跨越式提升。

3.参与学术交流

为了了解专业前沿发展,研究专业知识,提高对所在领域的预测、调整、监控能力,导师需要持续地深入学习和研究③。同样,研究生也应有权参加各类学术交流活动,例如学术会议、学术研讨、海内外访学等,以进一步掌握学术发展前沿、开拓学术研究视野,在不断的思维碰撞中激发研究生的学术创新能力和学术创造灵感。高校和研究生导师要为研究生提供多样的学术交流平台和学术交流机会,并尽可能提供必要的资金和各类资源支持,不得对学生参加学术交流活动设置霸王条款或人为障碍,以保证研究生和导师享有同样参与学术交流的权利。

(三)获取奖助权

在过去,研究生的学费由国家承担,每个月还享有一定的助学金,但是随着研究生教育制度改革和市场经济的发展,从 2014 年秋季学期开始,内地所有高校研究生需自己负担学费,同时国家给予高额的奖励和资助。面对不菲的培养费,家庭经济困难的学生有较大的经济压力。为了缓解学生的经济负担,《普通高等学校学生管理规定》赋予了研究生"申请奖学金、助学金及助学贷款"的权利。随着我国教育投资的不断加强,现阶段我国基本形成了完善的多级联动研究生奖助体系,同时也在不断提高研究生的待遇水平。首先,在国家层面,我国政府采取开辟入学"绿色通道"、学费减免、发

① 左崇良.研究生导师责权机制的法理分析[J].学位与研究生教育,2018(8):19-24.

② 李文兵.论学术自由及其限度:《高等教育哲学》解读[J].高教探索,2006(6):20-22.

③ 凌云志.高校研究生导师培训常态化机制的建构[J].福州大学学报(哲学社会科学版),2016(4):104-107.

放特困补助、国家助学贷款等渠道,确保所有研究生不会因家庭经济困难而辍学;其次,高校也设置了各类奖助学金,用以奖励在学术研究、课程学习等方面表现优异的研究生,符合条件的研究生可按流程申请;最后,近年来我国高校也在积极探索研究生"三助"工作。教育部在 2014 年颁布的《关于做好研究生担任助教、助研、助管学生辅导员工作的意见》中指出,"三助"岗位对研究生同样具有培养功能,鼓励研究生担任助教、助研、助管不仅可以加强研究生的自我管理服务,同时对于推动研究生培养机制改革,提高研究生培养成效也具有深远影响[①]。研究生担任助教、助研、助管的"三助"工作是和导师负责制紧密结合的培养制度,在学生学有余力情况下,导师要支持学生申请助教、助管工作,同时,愿意拿出部分科研经费设置助研岗位,支持学生从事科研工作[②],通过"三助"岗位的锻炼,能有效提升学生的综合素质和科研能力,培养学生自立自强的精神,并在一定程度缓解家庭经济困难学生的经济压力。

(四)监督申诉权

作为研究生培养的第一责任人,导师的权力在研究生培养阶段进一步扩大,在学生的学术科研、日常管理、教育教学、奖助申请等各方面都具有绝对的控制权。双方地位的不平等造成研究生合法权益受到侵害的事件时有发生。为了保证研究生的合法权益,法律法规和学校的各项规章制度,也给予研究生对于导师的监督权和申诉权,在导师不恰当行使个人权力时,保证学生可以通过合法的程序和渠道,展开自我权益的保护和救济。

现阶段,我国高校正逐渐完善对研究生导师的考核评价机制,始终坚持立德树人的根本任务,重在考核导师是否正确履行了教书育人的职责。对研究生导师的考核也从以业务水平为主,逐渐转变为同时兼顾业务水平和德育工作[③]。许多高校在近年来也开始制订研究生导师考核办法,基于以往教师年度考核制度,综合学术委员会、教师管理部门、导师所在学院、研究生和导师自身五个方面的评价,其中研究生的评价意见作为了重要的参考

---

① 中华人民共和国教育部.教育部关于做好研究生担任助研、助教、助管和学生辅导员工作的意见[Z].教研[2014]6 号,2014-12-05.

② 徐来祥,燕艳.导师视角下高校理工科研究生"三助"工作现状研究[J].高教学刊,2018(15):20-22.

③ 楚永全,周立志.试论研究生导师的德育职责及工作机制构建[J].学校党建与思想教育,2011(32):9-12.

依据。值得注意的是,多数高校对导师有违反师德师风行为的,实行年度考核和奖励晋升考核"一票否决"制度。逐渐完善的导师评价体系,可以保证研究生在导师考核中能发挥重要的监督作用。

除此之外,针对研究生培养阶段,导师出现侵犯学生人身权、财产权等合法权益的行为,根据《普通高等学校学生管理规定》,研究生可直接向院(系)、学校管理部门和教育主管部门申诉,或者依法提起诉讼,要求导师停止侵权行为。此外,若出现导师严重不负责任、不正确履行导师职责、师生关系高度紧张,以及因工作调动或身体状况等情况,研究生也有权按照相应程序和规定,提出和进行导师的变更,出现上述情况,学校职能部门和高校主管部门,都应该给予学生足够的重视和及时的支持。

三、研究生变更导师权利的不确定性和救济渠道缺失

近年来,高校中导师与研究生关系异化事件频发,引起公众媒体和社会各界的广泛关注。比如"西安某高校博士生溺亡""武汉某高校研究生跳楼""北京某高校博导骚扰女研究生""上海某高校博导辱骂博士生"等等,这些师生关系的冲突和异化,大多发生于研究生培养阶段。导师在研究生培养过程中具有绝对权威,造成了双方地位的不平等,导师"老板化"、师生关系越界、师德师风败坏等现象,反映出我国研究生培养过程中导师权力和学生权利配置失衡在进一步扩大,面对导师权力扩张带来的侵害,研究生变更导师渠道的缺失是很重要的一个原因。

中国青年报在 2018 年 1 月 17 日刊发了《寒门博士之死》一文,当时引发公众的广泛关注。据报道,西安某大学药理学博士生杨某德同学于 2017年 12 月 25 日溺水身亡。经警方调查认定,无任何证据表明杨某德溺水事件系刑事案件。根据杨某德近亲同学的反映及其与导师周某的聊天记录显示,杨某德在读期间常被导师要求处理导师的私人事务。据同学描述,"出国无望、学术无果给杨某德产生了巨大的精神压力,直接导致其采取轻生行为"[①]。2018 年 1 月 18 日,西安某大学官方网站发文,经过学校调查,杨某

---

① 郭路瑶.寒门博士之死:曾称转博导后每天活在痛苦中[EB/OL].(2018-01-17)[2021-01-30].https://baijiahao.baidu.com/s? id=15898050569374458858&wfr=spider&for=pc.

德的博士生导师周某确实存在让学生到家里打扫卫生、陪同超市购物、帮助洗车等私人事务的行为。学校学位评定委员会召开主席会议,经过讨论,决定取消导师周某的研究生招生资格,并对周某进行严肃批评教育。

上述案例暴露出,当下部分高校往往只看重导师的科研成果,而忽视导师的师德师风建设,对导师侵害学生的行为避重就轻,多方遮掩,缺乏严格的监管和惩戒机制。而导师在培养阶段被赋予了过大的权力,出现导师利用师生关系的不平等对学生进行无理索取与强制交易,有的学生甚至沦为导师的"家仆"。随着学生权利意识的觉醒,面对导师的权利侵害,试图通过学校提供的维权渠道及时进行导师变更是很重要的一项举措。但是,在实际操作过程中,常会遇到举证困难、部门推诿、规则不清、担心导师报复等问题,研究生通过变更导师进行维权的成功案例少之又少。这种制度设计的不足,对于师德缺失的导师更是一种纵容,容易出现进一步加剧师生关系的冲突和异化的情况。

第五节　研究生毕业阶段导师权力和学生权利配置的重度失衡

研究生教育进入毕业阶段,导师与研究生关系更加紧密,导师的权威更为明显,研究生权利救济渠道相对模糊,师生关系异化的可能性加剧,导师权力和学生权利配置处于重度失衡的状态。进入研究生毕业阶段,在研究生毕业选题、开题、中期考核、论文答辩、毕业考核等涉及学生利益的核心环节,导师都发挥着不可替代的"导"学作用[①]。当导师和研究生在毕业的核心利益上存在分歧时,师生矛盾就可能极度激化。近年来,关于导师与研究生师生关系异化的事件,大多发生于研究生毕业阶段。导师以研究生论文质量不高为由不予送审学生毕业论文在高校时有发生,有些导师甚至为了让研究生"贡献"更多的研究成果,故意延长研究生的修业年限,人为地阻挡其按时毕业,一时之间,在互联网平台引发了诸多研究生对导师在毕业阶段

---

① 杨菁.研究生思政教育中导师"第一责任人"工作机制研究[J].北京教育(高教版),2017(7):141-142.

权力过大的讨论。为了预防研究生在与导师发生矛盾冲突时做出极端行为,需要进一步厘清研究生教育师生在毕业阶段的导师权力与学生权利配置情况,分析双方的冲突根源和失衡原因,促进导师和学生和谐平稳地完成毕业阶段的学位论文初审、送审、答辩和毕业等环节,着力构建和维系研究生教育适切且匹配的和谐师生关系。

一、研究生毕业阶段导师权力

在研究生毕业阶段,导师的知识储备和专业水准是对学生进行学业评价与学术评价的权威,导师在一定范围内享有专业上的自由裁量权,可以对研究生的学位论文及培养阶段的学术研究成果进行科学、全面的学术判断[1]。导师在研究生毕业阶段的权力可以细分论文选题确定权、论文写作指导权、论文送审决定权、答辩环节决定权、毕业环节决定权五个方面。

(一)论文选题确定权

随着我国高等教育的不断发展以及研究生学位点增加和招生规模的逐年扩大,高校研究生培养质量愈发受到教育主管部门和社会各界人士的关注和重视。学位论文是考核评价研究生培养质量的核心环节,能反映出研究生在本学科领域的知识掌握程度、科研创新能力、学术研究水平和写作表达能力。研究生完成前期课程学习进入开题阶段后,毕业论文选题就是关键。选题是决定学位论文质量的首要环节和关键要素,直接影响论文的学术价值和创新意义,与毕业论文的质量有着十分密切的关系。没有好的选题,一般就写不出好的毕业论文,而好的论文一定要选好题。所以研究生毕业论文选题十分重要,要选好一个既具前沿性、又有学术性的选题比较困难,因此离不开导师的指导和帮助。研究生导师应遵循自身研究优势,合理设置研究方向,提高选题指导能力,加强论文研究审核,严把学位论文选题关。近年来,国内各大院校也对导师的论文指导权进行了进一步阐述。例如,福州大学 2013 年出台的《福州大学研究生和导师学术行为规范实施办法》明确规定导师要加强对研究生培养过程的监管和指导,保持与研究生的定期沟通交流,及时听取研究生汇报、检查论文撰写进度、观看科研实验、核

---

① 左崇良,皮修平.研究生导师责权关系的法哲学思考[J].高等教育评论,2019(7):134-145.

实实验数据、修订实验方案等,特别要关注学生提出的新思想、新观点,充分研讨并且正确引导,从而为学生论文选题和方案实施提供正确指导。高校中大部分导师能够根据学生的研究基础和研究兴趣,与研究生充分沟通后,确定研究生的选题;也有部分导师面对研究方向不清,选题指向不明的研究生,给学生以科学合理的建议,确定研究生的学位论文选题;还有少数研究生导师出于种种原因,喜欢为其研究生指定学位论文题目,常见的原因是导师自己手中有课题,要求自己的研究生一同承担相关课题研究工作。这一情况是可以理解并予以支持的,但其前提是研究生本人自愿且没有更合适的选题。让研究生参与到导师的课题,一是给学生参加科研的机会,帮助学生找到合适研究的课题;二是从事导师的课题研究,本身也是一种很好的学术训练,既能帮助研究生完成学位论文,导师所承担的课题也能更好的推进,如果二者充分协商、同时能兼顾,不失为一个互利共赢、相互成就的两全选择。

(二)论文写作指导权

撰写毕业论文是研究生毕业阶段考核的核心内容,其目的不仅是促进学术信息的传播,推动学科的进步与发展,更是总结学生在研究生培养阶段的学习成果,考查学生运用专业知识解决实际问题的能力,系统检验学生的科学研究能力[①]。导师应根据国家需要和自身实际,指导研究生选择科研方向、确定研究课题、把好学位论文开题关。提供学生毕业论文撰写的过程指导,是研究生导师在毕业阶段的主要责任,也是其享有的核心权力。首先在论文的选题上,毕业论文要充分建立在研究生的前期积累和科研能力的基础上,和研究生培养的方向相吻合。同时,毕业论文的选题需要服务于现实,选题要从国家战略需求和社会热点现象切入,具有积极的现实意义,做到理论和实际相结合;在过程指导上,导师要根据学科的性质,努力提高指导频率[②]。同时,要指导学生使用恰当的研究方法,从多维度、多视角深入思考问题,提高自身科研创新能力。除此之外,导师在毕业论文撰写环节,更要注重对研究生学术诚信教育。目前,国内研究生在"严进宽出"的培养

---

① 姜晓平,吴爱武,陈海燕.当前研究生培养质量的问题及对策探究[J].学位与研究生教育,2005 (8):43-47.

② 国兆亮,王楠.关于研究生导师评价的几点思考[J].中国高教研究,2012(1):56-58.

模式中出现不少毕业论文"学术腐败"现象[①]。很多学生学术水平薄弱,毕业论文东拼西凑抑或大篇幅抄袭他人学术成果,更有甚者通过非法渠道购买毕业论文。导师在毕业论文撰写过程中要发挥严格的监督作用,及时提醒学生杜绝不良行为倾向,对于研究生的学术不端行为要进行严肃的批评教育和及时制止,切实提高研究生毕业论文撰写的质量。

(三)论文送审决定权

严格的研究生毕业论文送审制度是提高研究生培养质量的重要保障。作为研究生培养的第一责任人,导师在毕业阶段除了对研究生毕业论文撰写进行深入的指导外,还有权对研究生的科研能力进行客观的评价,学生的毕业论文是否能够通过中期考核、按时送审和参与答辩,都需经过导师的"一票制"。导师在判断研究生是否达到毕业标准,在设置送审条件、参与论文答辩、开展毕业鉴定等关键性环节均发挥着决定性的作用。对于研究生提交的学位论文,在考察其开题报告和论文提纲后,应对提交的论文初稿进行全面的审阅,从学位论文的结构完整性、创作新颖性、学术前沿性进行全面的把握,特别是通过查重环节,了解研究生学位论文的独创性和新颖性。只有这些都达到送审要求后,才能按照学校规定的送审程序,将学位论文提交送审。在这里,特别要避免学位论文"高度相似"的弊病,把握好论文送审关,导师要切实履行好研究生学位论文写作指导与学风监督的双重责任。在设置送审条件上,导师可以根据《学位条例》和各大高校的相关规定设置研究生申请毕业门槛以及毕业论文的质量要求,以此作为研究生毕业论文是否可以申请送审的依据。论文送审制度在执行时,有的导师会受到"人情风"和"关系网"的干扰,也有导师以质量不合格为由故意不予送审研究生毕业论文,这些都会损害研究生学位论文送审的公平性和公正性。

(四)答辩环节决定权

论文答辩是检验学生科研创新能力、论文写作质量、观点论证和辩驳的有效手段[②]。毕业论文答辩环节是对毕业生研究问题掌握情况的全面检验,是提高研究生培养质量的重要抓手。根据研究生学位论文完成的实际

---

① 陈劲松,王晓丽,鲍恩泉,等.浅谈研究生导师师德师风建设[J].教育教学论坛,2020(43):45-46.

② 朱勇.严格答辩程序,完善答辩救济:关于研究生学位论文答辩制度建设的思考[J].学位与研究生教育,2006(3):23-26.

状况,导师可决定研究生是否可以进入答辩环节以及何时开展毕业论文答辩。导师可以在答辩过程中对研究生进行提问,检验学生对于研究方向和研究内容的研究掌握情况。对于答辩环节表现不佳,对研究问题研究不够透彻等不适合毕业的研究生,导师有权给出延迟答辩或者答辩不予通过的决定。总之,针对现有的研究生学位论文评审和答辩制度,导师应把好研究生毕业前的最后一关,切实发挥论文评审和答辩环节在整个研究生培养过程的重要督促和检验作用。

(五)毕业环节决定权

为了防止导师滥用学生评定权,教育部 2020 年研究制订的《研究生导师指导行为准则》中强调,研究生导师不得违规委托他人填写各培养环节的鉴定意见或评审意见,不得人为设置障碍,故意拖延研究生毕业时间[①]。研究生导师应确保有足够的时间及时给予研究生启发和指导,对论文撰写提出要求,认真审阅研究生学位论文内容,注重学术水平和实际意义,提出修改意见并给予审定,激励研究生撰写高水平的学位论文。并严格按照学校规定及工作时间安排,做好研究生学位论文预答辩、论文送审、正式答辩及学位授予工作。总的来说,研究生导师可以根据学生学业和论文完成的进度与质量,决定提前答辩、按时答辩、延期答辩或终止培养计划,有权提出高于校院的学术论文发表要求或设定不低于校院的学位论文送审条件,有权对品行不良或者存在学业问题的研究生提出处理意见,也有权因正当原因提出与研究生解除指导关系。北京大学、复旦大学、厦门大学等高校研究生教师管理相关规定,都强调研究生因有学术不端行为、品行不端或不适合继续培养、研究特长与导师科研方向差异较大情形的,导师有权解除与研究生的指导关系,在具体程序上,相关高校也规定,导师提出解除与研究生指导关系的申请,经院系审核后,报学校研究生院审批。

二、研究生毕业阶段学生权利

相比导师在毕业阶段的绝对权威,研究生在毕业阶段依法享有的权利

---

① 中华人民共和国教育部.研究生导师指导行为准则[EB/OL].(2020-11-12)[2021-02-13].http://www.moe.gov.cn/jyb_xwfb/s5147/202011/t20201 112499586.html.

相对匮乏,这也是造成双方在毕业阶段权利配置重度失衡,师生关系容易恶化的主要原因。研究生在毕业阶段享有的学生权利,主要可以归纳为公正评定权、及时送审权、及时答辩权、获得证书权和申诉复议权五个方面。

(一)公正评定权

根据《普通高等学校学生管理规定》第 5 条对学生权利的论述,学生在思想品德、学业成绩等方面有权获得公正评价,完成学校规定学业后获得相应的学历证书、学位证书。获得公正客观的评定,不仅仅是研究生可以顺利毕业的基础条件,更是法律赋予研究生的一项基本权利。首先,研究生的毕业论文有权接受导师客观公正的评定,质量过关并且符合毕业条件的毕业论文应当及时予以送审,导师不得以个人主观偏见或个人利益要求阻碍研究生毕业论文送审,影响研究生毕业进度;其次,在毕业论文答辩环节,导师及专家组成员所提问题不得脱离学生毕业论文撰写和学术科研范畴,针对学生的考核应聚焦于学生是否具备毕业所需达到的科研水平;最后,研究生的毕业鉴定也需要导师的公正评定,对其在研究生培养期间的综合素质能力,导师应给予研究生全面、客观的评价。高校研究生在获得公正评价,完成毕业阶段各环节之后,符合高校对于学历学位证书的授予条件,学生同样享有及时取得相应学历学位证书的权利,高校也有义务积极保障学生的相关权利。

(二)及时送审权

研究生通过阶段性考核或中期考核后,对于表现优秀的研究生,导师应提出进一步重点培养的建议;对不宜继续培养的研究生,应及时反映情况,提出处理意见,实行必要的淘汰或分流。在毕业论文撰写期间,导师应为研究生创造优良的学术氛围,为其开展科研活动和实践活动提供必要的经费和软硬件支持,引导研究生开展科研并取得高水平的科研成果。导师也要帮助学生将理论与实践相结合,指导并支持学生将科研成果进行转化应用,推动产学研用紧密结合。对按要求完成学位论文撰写工作后,导师认为研究生的学位论文达到毕业要求的,学生有权按就读高校研究生送审的相关规定,提交论文送审,基本达到毕业要求的学位论文,不得因为研究生导师的主观因素而影响送审。

(三)及时答辩权

在研究生论文撰写的过程中,导师应确保有足够的时间及时给予研究生启发和指导,认真审阅论文内容,注重论文的理论和实际意义,提出修改意见并给予审定,指导研究生按照论文送审的意见,及时进行修改,鼓励研究生撰写高水平的学位研究论文。对于送审专家意见认为研究生论文达到毕业要求的,应按照学校相关规定,协调研究生主管部门,及时组织研究生进行正式答辩。为了提高研究生毕业论文答辩的质量,许多高校和负责任的导师往往会先组织研究生进行预答辩,通过预答辩的方式,帮助研究生进一步理清研究论文的研究重点和主要创新点,进一步总结和梳理研究思路,通过演练和导师的指导,预设在正式答辩的过程中,答辩专家可能会问到的问题,如选题原因、研究内容、研究思路、研究方法、样本设计的情况等等。通过预答辩,研究生能更从容地面对正式答辩过程中可能遇到的问题,提高毕业论文答辩的质量。总之,研究生的论文答辩工作,离不开导师的精心指导,也不应该因为导师的主观因素,影响进入正式答辩环节。

(四)获得证书权

研究生享有法律规定的受教育权。修完规定课程、毕业论文通过答辩达到毕业要求,研究生就有获得所就读高校学历证书和学位证书的权利,这是大学生受教育权的具体体现。毕业证书和学位证书是毕业生完成各项课程学习、论文达到毕业要求准予毕业的重要标志,如果因学校或导师的原因,毕业生没能及时获得毕业证书和学位证书,那就可能失去了提高自己、及时就业和职位晋升的机会,对毕业生而言,这些都是难以弥补的重大损失。所以,保证毕业生获得毕业证书和学位证书的权利,既是对毕业生受教育权的保护,也是保护人才、促进就业,促使大学毕业生发挥自己专业特长和优势,在各自工作岗位上建功立业,实现个人人生价值的前提和基础。因此,研究生的获得证书权,应得到充分和及时的保护,这是高校毕业生受教育权和基本人权的重要体现。

(五)申诉复议权

能否顺利通过毕业考核,获得学历学位证书对研究生而言意义重大,这不仅关乎研究生学术科研水平的认定,更决定研究生毕业后走上社会的身份资格,影响其人生道路的发展[①]。当研究生未能顺利通过考核,并对考核的结果存在异议,认为自身在考核过程中受到不公正对待,有权通过相应救济渠道,对考核结果进行申诉或复议。一方面,高校对研究生学位论文评审

---

① 朱勇.严格答辩程序,完善答辩救济:关于研究生学位论文答辩制度建设的思考[J].学位与研究生教育,2006(3):23-26.

需要经过的研究生导师推荐、论文送审、校外专家评审、学校答辩委员会答辩、学位委员会审定五个关键环节,均要设置相应的救济制度,当研究生针对考核结果提出申诉或复议时,允许学校有关职能部门依据相应救济程序,重新审议学位申请阶段的各项要求,最终独立做出新的学位授予决定;另一方面,学生认为导师侵犯其毕业的合法权益时,有权直接提出申诉、复议或者依法提起诉讼,通过有效的救济手段保护自身的合法权益。

三、研究生论文导师负责制与研究生自主性紧张关系

随着社会竞争的日益激烈,对于研究生培养的期望值也逐渐增加,研究生毕业的门槛和要求也相应提高,必然导致部分研究生在毕业阶段无法满足相关条件,需要延期毕业甚至无法毕业。在研究生毕业考核的过程中,导师无疑扮演着最为关键的角色。导师负责制赋予了导师对研究生学业指导和毕业论文考察的决定权,其对于研究生毕业论文的指导和评定都直接决定了研究生能否按时毕业,如果导师权力和研究生权利配置失衡,势必造成导学双方的自主性紧张,结构性矛盾冲突加剧。

2020年5月1日,26岁的中国某大学动画艺术学院硕士研究生黄某怡在家坠楼身亡。在其家属提供的聊天记录显示,2019年11月,黄某怡写的一篇论文因与导师观点不同,导师拒绝签字。之后,黄某怡找到另一名老师帮她看论文并在上面签字,然后她把论文发表了,此事导致黄某怡与导师薛某平关系恶化。后来在写毕业论文的过程中,两人隔阂越来越深。在两人再次出现观点不一的情况下,导师薛某平拒绝在黄某怡毕业论文上签字,导致她的论文无法参加盲审。之后,黄某怡多次修改论文,但是导师薛某平仍然不同意送审,之后该生和该生家长多次联系老师,导师薛某平均没有给出回应,导致学生精神崩溃,跳楼自杀。

此案例反映了在导师负责制的框架下,研究生在毕业阶段能够发挥的自主性是十分有限的。导师决定了毕业论文的选题、送审、答辩、考核等核心环节。导师对学生的毕业评定也颇具主观色彩,学生难以区分自身无法通过考核是因为论文质量等客观原因还是因为导师主观的意见。当学生对考核结果存在异议,想依法进行权利救济时,由于研究生师生关系在目前法律体系中的界定较为模糊,导致研究生难以寻找适用的法律条款或规章制度及时制止导师的可能影响毕业论文公正评价行为,最终可能出现极端的

悲剧事件。

小　结

本章以研究生师生关系的视角,切入研究生教育导师权力与研究生权利配置研究。首先分析了目前我国导师和研究生师生关系的现状及存在的困境;其次,将研究生教育师生关系的形成与塑造的关键节点分为招生、培养与毕业三大阶段;最后,分别分析了各个阶段中导师与研究生双方所享有的各项权利,并深入探究了双方在不同阶段权利配置失衡的程度,结合现实案例,总结师生双方在研究生培养三个关键节点上导师权力和学生权利的具体表现,以及存在的主要冲突与分歧,为后续开展实证研究奠定充分的理论研究基础。

第四章

研究生师生关系适配性指标体系构建及实证分析

研究生教育导师和研究生接触多、相处时间长,如果能够充分发挥导师在提升科研能力、培养学术规范、树立人生理想、确定职业选择方面的积极作用,研究生的培养质量将进一步提高。通过对研究生教育中招生、培养、毕业三阶段导师权力和学生权利的详细分析,本章试图将师生关系适配性这个抽象概念具象化,从双方在三大阶段的权利分配视角出发,构建师生关系适配性模型,并通过实证分析的方法加以论证,最终尝试构建完整的师生关系适配性指标体系。

第一节　导师与学生适配性指标体系构建

一、指标体系构建原则

通过对学界现有研究和制度文件的整理,结合对现阶段我国研究生教育的深入分析,本书基于师生关系塑造的过程规律以及导师和学生在不同阶段具备的权力与权利,提出构建师生关系适配性指标体系的基本原则。

1.科学性原则

建立导师和研究生的师生关系适配性指标体系,首先要符合社会学人际关系建立理论的科学模型和基本原理,结合导师和研究生关系形成、发展、结束三个阶段,对于不同阶段中的专业概念要描述准确,对于二级、三级指标的划分要清晰,更要选择科学的计算方法。

2.代表性原则

在导师权力和学生权利的指标选择上,要选择有较强代表性的,能够综合反映出研究生教育不同阶段导师权力和学生权利的指标。要筛选、排除与师生关系适配性相关度较弱的指标。

3.系统性原则

构建指标体系应能够系统性反映该院校现阶段研究生师生关系适配性,同时也要能适应不同层次高校中的差异,以及适配性未来的发展变化趋势。

4.独立性原则

要保持师生关系适配性中不同的评价指标之间的独立性。每个独立的指标都能反映出导师权力或者学生权利某方面特殊的内容。同时,为了防止师生关系适配性评价结果出现较大偏差,在设计模型时要保证不同评价指标彼此不相关。

5.通用性原则

对于研究生师生关系适配性测量的问题,在制作问卷时要考虑问题设计的通用性和普遍性,才能对不同层次高校、不同类型的导师权力和学生权利进行全面判断。

二、指标体系构建

第二章论述中基于奥尔特曼人际关系建立和发展四阶段理论,根据导师和学生互动的实际,将研究生教育中导师与学生关系形成和发展分为了招生、培养和毕业三大阶段,并详细分析了每一阶段中导师权力和学生权利的具体内容和特征。本书认为,师生关系适配性也和双方在不同阶段的权利配置紧密相关,构建出师生关系适配性的指标体系,如表4-1所示。在导师与研究生关系的适配性评价指标体系中,师生关系适配性(F)受到导师权力(P)和学生权利(R)两大因素的影响。同时,导师权力由招生阶段权力(P1)、培养阶段权力(P2)、毕业阶段权力(P3)三个二级指标构成;学生权利由招生阶段权利(R1)、培养阶段权利(R2)、毕业阶段权利(R3)、权利救济渠道(R4)四个二级指标构成。

表 4-1　师生关系适配性评价指标体系

目标层	一级指标	二级指标
师生关系适配性（F）	导师权力（P）	招生阶段权力（P_1）
		培养阶段权力（P_2）
		毕业阶段权力（P_3）
	学生权利（R）	招生阶段权利（R_1）
		培养阶段权利（R_2）
		毕业阶段权利（R_3）
		权利救济渠道（R_4）

三、指标权重分析

通过对师生关系适配性不同层次影响因素的分析,发现其指标具有以下特点:首先,定性指标占比大于定量指标,导师权力和学生权利一般由法律法规以及高校的规章制度赋予,其内容较难进行量化分析;其次,由于不同阶段双方的权利配置失衡情况不同,不同阶段的权力配置对师生关系适配性的重要性也是不一样的。因此,针对双方在不同阶段的权力配置,一级指标和二级指标的权重占比也不尽相同。综上所述,可以使用层次分析法(The Analytic Hierarchy Process,简称 AHP)来确定师生关系适配性评价指标体系的权重。

四、层次分析法

层次分析法是运筹学中把抽象的多目标复杂决策问题视为一个完整系统,将总体目标有机分解,形成多个细分子目标,再根据子目标的不同层次,进一步分解为多个指标,实现对定性指标的模糊量化,计算出不同指标的单一排序和不同子目标的总排序,最终形成多目标决策的最优方案,是一种科学决策的方法[①]。本研究是对研究生教育中师生关系适配性进行评价,师

---

① 郭金玉,张忠彬,孙庆云.层次分析法的研究与应用[J].中国安全科学学报,2008(5):148-153.

生关系不同指标间具有相对独立性,可以进行两两比较。因此,本研究采用层次分析法测量师生关系适配性的指标权重。

层次分析法的具体操作步骤如下:

1.建立层次分析模型

根据导师权力和学生权利指标间的隶属包含关系,对评价指标进行进一步分解,确定师生关系适配性问题的目标层、准则层、子准则层和方案层。本研究对师生关系适配性进行评价,属于目标层。影响师生关系适配性的因素即导师权力和学生权利分配,得到一级指标,属于准则层。在研究生教育不同阶段的导师权力和学生权利是不同的,进而分解出的二级指标属于子准则层,三级指标则属于具体的方案层。

2.构建判断矩阵

首先,基于模糊数学理论,采用1~9标度法,实现指标的判断结果量化,指标的重要性判断如表 4-2 所示。其次,采用专家评分法,邀请研究生教育领域的专家学者根据指标间重要性,进行两两对比,得出层次分析的判断矩阵。

表 4-2　标度重要性判断表

标度	aij＝1	aij＝3	aij＝5	aij＝7	aij＝9	aij＝2,4,6,8	倒数
定义	同样重要	略微重要	明显重要	非常重要	极其重要	处于上下相邻标度之间	后者比前者的重要性程度

层次分析的判断矩阵形式如下:

$$A=\begin{bmatrix} a_{11} & a_{12} & \cdots & a_{1n} \\ a_{21} & a_{22} & \cdots & a_{2n} \\ \cdots & \cdots & \cdots & \cdots \\ a_{n1} & a_{n2} & \cdots & a_{nn} \end{bmatrix}$$

3.一致性检验

可以根据上述判断矩阵,计算出矩阵的最大特征根 λ_{max} 以及矩阵对应的特征向量 W。其中,特征向量 $W=(w_1,w_2,\cdots,w_n)^T$ 就是不同层次指标的权重值。指标的两两比较必须具有一致性,由一致性指标 CI 来表示。并且,存在判断值 CR＝CI/RI,当 CR＜0.1 时,满足指标判断一致性的要求。其中,RI 是平均随机一致性指标的均值,是一个定值,如表 4-3 所示。

表 4-3 平均随机一致性指标 RI 值

阶数	1	2	3	4	5	6	7	8
RI	0	0	0.52	0.89	1.12	1.26	1.36	1.41

层次分析法指标权重具体计算步骤如下：

(1)计算判断矩阵 A 的每一行元素的乘积：$M_i = \prod_{j=1}^{n} a_{ij}$ ；

(2)计算 M_i 的 n 次方根：$\overline{W_i} = \sqrt[n]{M_i}$ ；

(3)将 $\overline{W_i}$ 进行标准化：$W_i = \overline{W_i} / \sum_{j=1}^{n} \overline{W_j}$ ；

(4)得出权重向量：$W = (w_1, w_2, \cdots, w_n)^T$ ；

(5)计算最大特征根：$\lambda_{\max} = \sum_{i=1}^{n} \frac{(AW)i}{nW_i}$ ；

(6)计算一致性指标：$CI = \frac{\lambda_{\max} - n}{n - 1}$ ；

(7)计算一致性判断值：$CR = CI/RI$ 。

根据上述计算步骤,可以利用层次分析法计算出各项二级指标相比一级指标的权重,各项三级指标相比二级指标的权重,以及指标层相对于目标层的总权重排序。

第二节 导师权力研究假设与模型构建

一、导师权力(P)概念

权力(Power)是个体之间存在的特殊影响力,是一些人根据自身期望对另一些人造成影响的能力,或是个体的行为使对方的行为发生变化的一种关系[①]。从权力的来源看,黄春平将导师的权力分为由组织正式授予的导师职务和导师地位带来的合法权力;由于具有某种专门的知识和技能可以帮助导师在学生面前形成的专家权力;通过拒绝或剥夺学生期望的某些

---

① 林崇德,姜璐,王德胜.中国成人教育百科全书[M].海口:南海出版社,1994.

需求,或迫使学生做与自己本意相矛盾的事情的强制权力;通过给予学生期望的某些需求,使之感到愉快的奖赏权力[①]。

二、导师权力(P)研究假设

本研究基于人际关系发展阶段理论,将导师权力按照时间顺序纵向分为招生阶段权力(P_1)、培养阶段权力(P_2)、毕业阶段权力(P_3)。

(一)招生阶段权力(P_1)

《国家中长期教育改革和发展规划纲要(2010—2020年)》明确提出,要进一步完善研究生招生指标分配和录取办法,建立入学机会公平、选拔优秀人才的多元招生机制。在研究生招生考试过程中,逐步确立了招生单位和导师在人才选拔上的主体地位[②]。首先,不同于政府"大一统"的招生管理模式,导师在招生政策、计划制订上享有更多话语权,可以根据国家经济建设和专业学科特色提出相对应的招生需求;其次,导师作为行业专家,是研究生初试命题和批阅工作中的主要力量,也在学生复试考核中拥有绝对自主权,对考生的专业知识水平、外语学习能力、学术思维能力、科研创新潜力等方面做出科学判断[③];最后,导师作为研究生培养第一责任人,其选拔学生的标准是决定学生能否被录取的关键性因素。各大高校在保证导师录取自主权的同时,也更加注重对导师权力行使的监督,防止导师运用权力进行教育资源的非法让渡[④]。可见,导师会在招生阶段对研究生选拔产生深远影响,招生阶段的权力不仅是导师权力构成的重要组成部分,对师生关系适配性的塑造也有至关重要的作用。

基于以上分析,本书提出假设:

H_1:招生阶段导师权力行使(P_1)对导师权力保证(P)有正向影响

---

① 黄春平.论高校利益多元化与权力结构调整[J].辽宁教育行政学院学报,2005(11):55-57.

② 陈睿.硕士研究生招生初试内容与形式的再思考[J].学位与研究生教育,2016(1):47-51.

③ 张汶军,夏豪杰.有效益的公平:我国博士招生"申请—考核"制实施状况回顾与反思[J].江苏高教,2020(4):77-82.

④ 罗英姿,刘泽文,张佳乐,等.博士生招生"申请—考核"制下的行为选择与制度安排[J].教育发展研究,2016(5):58-64.

（二）培养阶段权力（P_2）

《关于全面落实研究生导师立德树人职责的意见》强化了研究生导师政治素质过硬、师德师风高尚、业务素质精湛三大基本素质要求，对导师在研究生培养阶段的七大职责进行了详细描述，进一步确立了导师作为研究生培养阶段第一责任人的角色[①]。第一，导师负责研究生培养过程中的各项事务的管理。面对新时代研究生招生规模扩大、群体结构复杂、心理问题多样等现实问题[②]，导师有权对研究生进行更精细化的管理，在培养计划制订、培养经费管理、推荐评奖评优以及日常管理中发挥着重要的作用；第二，导师负责研究生的学术指导。进入研究生阶段，学生从学习间接知识转向学术创造过程。为了将学生培养成为有能力独立从事创新型科研工作的研究者，导师不仅仅是提供专业指导的专家，还是科研训练中的教练[③]，导师的学术指导权是其权力的核心。导师不仅可以决定研究生的研究方向、提供科研训练的机会、负责学生的学术诚信教育，也有权对学生的学术成果进行分享；第三，教书育人更是导师的基本角色。《导师论导——研究生导师论研究生指导》一书通过收录知名学者教育研究生治学和做人的切身体会和深入思考，强调导师导学和导生的双重责任。作为研究生的人生领路人，导师不仅负责传授学术专业知识，更在学生的思想道德教育、就业指导、心理调适等方面负有首要责任[④]。

基于以上分析，本书提出假设：

H_2：培养阶段导师权力提升（P_2）对导师权力保证（P）有正向影响

（三）毕业阶段权力（P_3）

毕业阶段是每个高校毕业生在走向社会前都要经历的一个必要的过

① 中华人民共和国教育部.教育部关于全面落实研究生导师立德树人职责的意见[EB/OL].（2018-01-18）[2021-03-10].http://www.moe.gov.cn/srcsite/A22/s7065/201802/t20180209327164.html.

② 马骁，张华.新时期高校研究生教育管理工作面临的挑战与对策[J].大学教育，2016（1）：66-67.

③ 周巧玲，柳铎.博士研究生导师的角色与责任：概念框架的建构[J].学位与研究生教育，2008（9）：26-29.

④ 周文辉.导师论导：研究生导师论研究生指导[M].北京：北京理工大学出版社，2012：106-107.

程,对学生的学习、就业甚至未来发展产生至关重要的作用①。面对研究生毕业质量较差、"学术腐败"现象频发的问题,导师要更加主动地发挥自由裁量权,加强对学生的指导和考核,提高研究生毕业的质量。一方面,导师要加强对学生毕业论文选题指导和过程监督,进一步加强对学生的学术诚信教育,提高其毕业论文撰写质量;另一方面,导师还对学生毕业阶段关键环节具有评定权,通过对学生综合情况的评价,决定研究生是能否进入中期考核、论文送审、参加答辩等环节,最终通过论文答辩委员会和学术委员会判定研究生是否达到研究生培养的目标要求,能否取得毕业证和学位证。

基于以上分析,本书提出假设:

H_3:毕业阶段导师权力提升(P_3)对导师权力保证(P)有正向影响

三、导师权力(P)研究假设汇总与模型构建

对本研究提出的 3 个导师权力(P)相关假设进行总结归纳,如表 4-4 所示。

表 4-4　理论假设汇总

序号	假设内容
H_1	招生阶段权力行使(P_1)对导师权力保证(P)有正向影响
H_2	培养阶段权力提升(P_2)对导师权力保证(P)有正向影响
H_3	毕业阶段权力提升(P_3)对导师权力保证(P)有正向影响

第三节　学生权利研究假设与模型构建

一、学生权利概念

权利一般是指法律所赋予个体维护自身利益的一种力量。公民权利指

---

① 刘蔷薇.浅议高校毕业环节管理的问题及发展对策[J].当代教研论丛,2017(1):96-98.

公民依法享有的权力和利益,或者公民在法律规定范围内,为满足自身特定利益而享有的权能和利益。《普通高等学校学生管理规定》第二章对研究生的 5 项基本权利进行了详细阐述,包括参加学习活动的权利、使用教育资源的权利、获得各种奖励和资助的权利、申诉权和诉讼权。将学生权利放在研究生培养的不同阶段进行剖析,并和同阶段导师权力展开比较,对构建高度适配的研究生教育师生关系具有更强的现实意义。

二、学生权利(R)研究假设

本研究将学生权利进一步划分为招生阶段权利(R_1)、培养阶段权利(R_2)、毕业阶段权利(R_3)。

(一)招生阶段权利(R_1)

近年来我国研究生的招生规模逐年扩大,2020 年招生总人数突破 110万人。研究生的报考门槛和报考条件随着招生人数的增加变得更为宽泛,只要满足大学本科或同等学力即可报名参加研究生招生考试[①],让学生在招生阶段逐渐享有一定的自主权。这种自主权一方面体现在学生在报考院校和专业的选择上具有高度的自主权。通过考研进入知名学府改变学历"出身"、拓宽职业发展的上升通道,都是现阶段学生在报考院校、专业选择时考量的因素[②];另一方面,学生在通过考核之后,有权对导师的基本情况进行理性和全面的了解,以选择个人最理想的导师。研究生选择导师的因素涵盖导师研究方向、导师资源、导师个性等等。学生的报考权、知情权和选择权构成了其在招生阶段的基本权利。招生阶段权利能否被有效保障,直接影响到平等的师生关系的构建,进而对研究生教育师生关系的适配性产生深远影响。

基于以上分析,本书提出假设:

H_4:招生阶段学生权利增强(R_1)对学生总体权利保障(R)有正向影响

(二)培养阶段权利(R_2)

在研究生教育规模急剧扩张的时代背景下,随着依法治校的推进、法律

---

① 李满林.我国硕士研究生报考条件中的问题及对策[J].教育探索,2009(6):68-69.

② 蔡红建.大学生盲目考研不可取:考研低年级化现象反思[J].人民论坛,2018(36):106-108.

法规的不断完善、社会发展进步和人们接受高质量教育意识的提升,研究生在培养阶段的权利被赋予了越来越丰富的内容,其自主行使决定权的范围也在扩大[①]。第一,作为《普通高等学校学生管理规定》赋予的首要权利,研究生的受教育权在培养阶段不仅体现在参与教学活动、使用教育教学资源,还表现在研究生对于课程设计、培养计划的自主权,以符合专才培养的需求;第二,作为高校的教育主体之一,研究生也享有《高等教育法》赋予的学术自由权,有权独立从事创新型科研工作,开展科学研究、撰写学术论文、发表科研成果;第三,为了减轻研究生的家庭经济负担,鼓励研究生专注学术研究,我国通过建立全方位的奖助政策体系,有效保障研究生获取各类奖助、申请"三助"(助研、助教、助管)岗位的权利。

基于以上分析,本书提出假设:

H_5:培养阶段学生权利扩展(R_2)对学生权利保障(R)有正向影响

(三)毕业阶段权利(R_3)

获得公正评定权是《普通高等学校学生管理规定》赋予学生的一项基本权利。一方面,学生有权在思想品德、学业成绩等各方面获得公正评定,不以导师个人的主观意愿为转移,学生的毕业论文也不会因为导师的主观因素而影响送审和参加答辩进度;另一方面,当学生通过了毕业阶段的各项考核,满足毕业的各项要求时,有权获得相应的学历证书和学位证书。

基于以上分析,本书提出假设:

H_6:毕业阶段学生权利增加(R_3)对学生权利保障(R)有正向影响

(四)权利救济渠道(R_4)

在研究生招生阶段,《国家中长期教育改革和发展规划纲要(2010—2020年)》要求加强考试的信息公开和社会监督,公开考试招生政策、程序和结果,保障考生权益。有关部门和招生单位通过建立健全申诉机制,保证考生在对研究生招生过程和结果存在异议,认为导师没有合法行使权力或侵犯了学生合法权利时,可以向学校或有关部门提出申诉,对招生考试过程中的不公平问题进行纠偏和修正。例如,《北京大学 2020 年博士研究生招生简章》中明确规定:"报名者如果对招生录取过程存在争议,可以向招生院

---

① 李可.高校行政权关系中研究生权利充分实现的研究[D].长沙:中南大学,2003:2.

系的招生工作小组提出申诉;若对处理结果仍有疑义,可以向学校研究生招生办公室进一步提出申诉"[1];在培养阶段,教育部、国务院学位委员会在2017年印发的《学位与研究生教育发展"十三五"规划》中提出,要改革与完善研究生导师的评聘评价机制,一改以往单一的科研成果导向,将研究生成长成才同样作为导师考核的关键要素[2]。因此,研究生有权参与到导师的监督过程中。面对导师在研究生培养阶段不恰当行使权力的问题,各高校加强了对导师权力的规范,例如,北京师范大学出台《违反师德行为处理办法(试行)》,制定了18条教师行为"不得、不准"底线清单[3],为学生在合法权益受到导师侵犯时,提供了有效的救济渠道;在毕业阶段,教育部《研究生导师指导行为准则》强调了导师不得因个人主观因素,为学生毕业设置障碍,故意拖延学生的毕业时间。当学生认为在毕业关键环节受到不公正评定,导师存在侵犯其合法权益的行为或对评定的结果存在异议时,可以通过高校的救济程序,申请重新审议自己的学位申请。

基于以上分析,本书提出假设:

H_7:学生权利救济渠道完善(R_4)对学生权利保障(R)有正向影响

三、学生权利(R)研究假设汇总与模型构建

对本研究提出的4个学生权利(R)相关假设进行总结归纳,如表4-5所示。

表 4-5　理论假设汇总

序号	假设内容
H_4	招生阶段学生权利增强(R_1)对学生权利保障(R)有正向影响
H_5	培养阶段学生权利扩展(R_2)对学生权利保障(R)有正向影响

---

① 北京大学.2020年博士研究生招生简章(校本部)[EB/OL].(2019-09-12)[2021-03-16].https://admission.pku.edu.cn/docs/20190912214910913773.pdf.

② 中华人民共和国教育部.学位与研究生教育发展"十三五"规划[EB/OL].(2017-01-20)[2021-03-16].http://www.moe.gov.cn/srcsite/A22/s7065/201701/t20170120_295344.html.

③ 肖灿,王传毅.我国导师评价制度的计量分析:以研究生院高校为案例[J].学位与研究生教育,2020(4):30-34.

续表

序号	假设内容
H_6	毕业阶段学生权利增加(R_3)对学生权利保障(R)有正向影响
H_7	学生权利救济渠道完善(R_4)对学生权利保障(R)有正向影响

第四节　师生关系适配性研究假设与模型构建

一、师生关系适配性概念

将适配性的概念引入研究生教育中的师生关系,探究研究生与导师关系的适配程度,对于构建和谐的师生关系、提升我国研究生培养质量都具有重要的意义。谢义忠等通过实证发现领导者－成员的关系(LMX,Leader-Member Exchange)对于适配性具有显著的调节作用[①]。追溯关于 LMX 理论的研究,Homans,Graen & Scandura,Hollande 提出,领导者－成员的交换关系分为合同交换(领导者和下属之间的正式关系)以及正交换(一方给予另一方超出合同界定的权利或者资源,使双方认为交换关系是平等以及公平的)[②][③][④]。在研究生和导师的关系中,也存在着双方的交换关系,如果双方的权利分配差距过大,一方就会认为这种关系是不平等的,不利于适配关系的形成。这种权利分配可以是法律法规和规章制度明确界定的,也可以是社会习俗中约定俗成的。

---

① 谢义忠,韩雪,张欣等.P－J 匹配、P－O 匹配与工作满意度的关系:LMX 的调节作用[J].中国临床心理学杂志,2006(5):495-498.

② HOMANS G C.Social behavior as exchange[J].American journal of sociology.1958(83):597-606.

③ GRAEN G B,SCANDURA T A.Toward a psychology of dyadic organizing[J].Research in organizational behavior[J].1978(9):175-208.

④ HOLLANDER E P.Leadership dynamics:a practical guide to effective relationships[M].New York:Free Press,1978.

二、师生关系适配性(F)研究假设

在分析师生关系适配性的问题时,单纯考虑导师权力(P)或者学生权利(R)都是狭隘的,双方关系的适配性与双方权利的差异紧密相关,二者同时对师生关系适配性(F)产生影响。权利分配差异越小,双方的地位越平等,师生关系越趋于适配;权利分配差异越大,双方的地位越不平等,师生关系适配性也就越差。

基于以上分析,本书提出假设:

H_8:导师权力(P)与学生权利(R)差距的绝对值对师生关系的适配性(F)呈现负相关关系

三、师生关系适配性(F)研究模型

由 H_8 假设构建学生师生关系适配性研究模型,如图 4-1 所示。

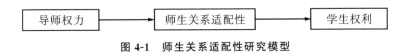

图 4-1　师生关系适配性研究模型

第五节　师生关系适配性问卷调查与量表统计

一、问卷设计

(一)问卷设计步骤

根据 Dunn 提出的问卷设计六大基本原则,结合不同阶段导师权力与研究生权利配置特征,本研究问卷设计分为以下四个步骤:

1.现有文献整理

在设计问卷前,需要对学界现有文献进行阅读整理,对导师招生阶段权力、导师培养阶段权力、导师毕业阶段权力、学生招生阶段权利、学生培养阶段权利、学生毕业阶段权利、学生权利救济渠道、师生关系适配性这些变量的基本概念和测量维度形成清晰准确的认知并给出具体定义。

2.成熟量表整理

在问题的设置上,参考现有国家关于导师权力和学生权利分配的法律法规、政府规章制度,借鉴国内外学者关于适配度检测已经形成的成熟量表,结合研究生师生关系适配度调查的具体情境,对问卷框架、题项内容、题项数量进行精心设计,整理形成问卷初稿。

3.征求专家意见

为了提高问卷的科学性和准确性,将问卷内容要与研究生教育领域专家展开探讨,确保问卷逻辑无漏洞、问题指向不含糊、言语措辞无诱导。

4.问卷预测试与完善

为了防止受访者对问卷存在误解,在正式发放问卷调查前,要在小范围内对问卷内容展开预测试,总结受访者对问卷的疑义,及时修改题项中不恰当的措辞,最终形成正式的调查问卷。

(二)问卷的基本内容

本研究从理论上分析了导师权力的三个影响因素、学生权利的四个影响因素,并对师生关系适配性和导师权力与学生权利差距的绝对值之间的相关关系展开了深入分析。本问卷保证对每个变量的测量至少设置3个测量题项,最终的调查问卷可以分为四个部分:

1.受访者基本信息情况

第一部分调查受访样本的基本情况,由6个题项构成,包括样本的性别、样本的身份、所在高校层次、所在专业领域、职称(导师填写)、所在年级(研究生填写)。

2.导师与学生的权力感知和关系适配性现状研究

第二部分主要探测导师与研究生对各自所具有的权力或权利的感知程度,以及导师与研究生对之间关系的适配性感知程度,由3个潜在变量、12个题项构成。

3.导师权力现状研究

第三部分主要探测当前导师所具有的权力。基于上一章的分析,将导师权力分为了招生阶段权力、培养阶段权力、毕业阶段权力,对不同阶段导师具有的权力展开了测量,共由3个潜在量、16个题项构成。

4.学生权利现状研究

第四部分主要探测当前学生所具有的权力。基于上一章的分析,将学生权利分为了招生阶段权利、培养阶段权利、毕业阶段权利以及权利救济渠道,对不同阶段学生具有的权利展开了测量,共由 4 个潜在量、16 个题项构成。

(三)数据收集

本研究的调查对象为高校在职导师和在读研究生的个体,为了提高研究样本的代表性,本次问卷调查扩大了导师和研究生样本的采样范围。首先,在发放方式上,本次问卷调查采用线上与线下相结合的方式,线上将问卷内容录入在线问卷平台,以二维码、邮件等形式发送给样本填写,线下主要实地走访国内"双一流"院校、普通高等院校等不同层次高校,面对面与受访者开展访谈;其次在样本多样性上,本次问卷调查充分考虑了样本性别、导师职称、研究生所处年级、受访者专业领域分布情况,实现不同类型样本的全覆盖。

本次问卷调查共发出问卷 700 份,去掉无效问卷,保留有效问卷 570 份,问卷回收有效率高达 81.4%,符合调研预期。无效问卷的情况主要有以下三种:(1)受访者填写问卷的时间少于 3 分钟;(2)受访者问卷回答基本无差异,或者按照一定的规律填写问卷;(3)受访者在题项选择上存在明显的前后矛盾。

二、测量量表

根据师生关系适配性的特征和研究目的,结合国内外学者现有的成熟量表,在与行业专家充分研讨和预调研基础上,经过不断调整和修订,最终得出测量师生关系适配性的 9 个测量量表。

(一)权力感知测量量表

无论是研究生被赋予的权利,还是导师本人所具有的权力,双方都会在师生关系中形成相应的权力感知。根据加州大学 Anderson, John & Keltner 所制作的个体权力感知(The Personal Sense of Power)量表[①],结合研究生教育师生关系的具体情境,设计了权力感知测量量表,如表 4-6 所示。

---

① ANDERSON C,JOHN O P,KELTNER D.The personal sense of power[J].Journal of personality,2012(2):313-344.

表 4-6　权力感知的测量量表

维度	编号	测量题项	文献来源
导师权力感知	PP1	在师生关系中,导师是有权力的	Anderson, John & Keltner(2012)
	PP2	在师生关系中,学生要听导师说的话	
	PP3	在师生关系中,导师可以让学生做要求的事情	
	PP4	在师生关系中,导师可以按照个人意愿做出决定	
学生权利感知	PR1	在师生关系中,学生是有权利的	
	PR2	在师生关系中,导师要考虑学生的感受	
	PR3	在师生关系中,学生可以提出歧义或商榷意见	
	PR4	在师生关系中,学生可以按照个人意愿做出决定	

（二）师生关系适配性测量量表

邱栋、吴秋明通过分析集群的形成和发展过程,将组织的适配分为内在驱动、外部推动和集成三个阶段:首先是内在驱动力,即要素有需求,会主动去寻求外部的合作机会;其次是外部推动力,即外部要有适合要素开展合作的氛围及环境;最后是集成内力,即要素间要具备相互的内在吸引力,推动适配的实现[1];Allaire & Firsirotu 则关注到信息交流对于矛盾解决、实现适配的重要性[2]。基于上述研究,本研究认为师生关系适配性将最终表现为导师与学生的内在吸引力、结合力、感召力、信息交流能力四个方面。基于国内外学者的成熟量表,设计师生关系适配性的测量题项,如表 4-7 所示。

---

[1]　邱栋,吴秋明.技术系统进化法则对虚拟创新集群形成与发展的启示[J].东南学术,2016(3):148-154.

[2]　ALLAIRE Y,FIRSIROTU M E. Theories of organizational culture[J]. Organization studies,2016(3):193-226.

表 4-7　师生关系适配性的测量量表

维度	编号	测量题项	文献来源
师生关系适配性	F1	在师生关系中,我与对方存在很强的相互吸引力	邱栋,吴秋明（2016）Al-laire & Fir-sirotu(2016)
	F2	在师生关系中,我与对方的矛盾很少,或能有效化解冲突	
	F3	在师生关系中,我与对方能有效相互响应,采取共同行动	
	F4	在师生关系中,我与对方经常沟通,实现良好信息交流	

（三）导师招生阶段权力测量量表

《国家中长期教育改革和发展规划纲要（2010—2020 年）》《关于加强硕士研究生招生复试工作的指导意见》等文件赋予了导师在招生政策制定、初试命题批阅、复试考核中的权力。陈萍、陈晓、李英等的实证调查进一步发现,导师实际在研究生录取环节享有决定权,对于一志愿考生会有特殊认同感。基于上述研究,本研究认为导师在招生阶段享有的权力表现在招生政策制定、初试命题批阅、复试考核、决定录取四个方面[①]。基于以上分析,设计出导师招生阶段权力测量题项,如表 4-8 所示。

表 4-8　导师招生阶段权力的测量量表

维度	编号	测量题项	文献来源
导师招生阶段权力	EP1	导师有权参与研究生招生政策制定	《国家中长期教育改革和发展规划纲要（2010—2020年)》《关于加强硕士研究生招生复试工作的指导意见》、李英、李佳等(2014)
	EP2	导师有权参与研究生初试命题和改卷	
	EP3	导师有权参与研究生复试考核	
	EP4	导师有权决定研究生是否被录取	

（四）导师培养阶段权力测量量表

教育部《关于全面落实研究生导师立德树人职责的意见》《关于深化研究生教育改革的意见》《关于进一步规范和加强研究生培养管理的通知》等

---

① 陈菲,陈晓,李英,等.研究生复试组织管理模式与优质生源选拔[J].上海中医药大学学报,2014(3):94-96.

文件明确了导师的研究生事务管理、学术指导、教育教学三大权力。基于上述研究,本研究认为导师在培养阶段享有的三大权力具体表现在培养计划制定、培养经费管理、评奖评优推荐、研究方向确定、学术诚信教育、学术成果分享、专业知识传授和思想政治教育、就业指导和就业推荐八个方面。基于以上分析,设计出导师培养阶段权力测量题项,如表 4-9 所示。

表 4-9　导师培养阶段权力的测量量表

维度	编号	测量题项	文献来源
导师培养阶段权力	CP1	导师有权参与制定、修改、调整学生的培养计划	《教育部关于全面落实研究生导师立德树人职责的意见》等文件
	CP2	导师有权使用和管理学生培养经费,定期发放津贴	
	CP3	导师有权对学生入党、评奖、选拔事宜进行推荐	
	CP4	导师有权确定学生的研究方向、课题	
	CP5	导师有权负责学生学术诚信教育、杜绝学术不端行为	
	CP6	导师有权在学生所发表的成果中拥有署名权	
	CP7	导师有权对学生开展专业知识教育和思想政治教育	
	CP8	导师有权参与学生就业指导和就业推荐	

(五)导师毕业阶段权力测量量表

根据教育部《研究生导师指导行为准则》和各大高校的学位管理条例,导师在毕业阶段所享有的权力可以分为论文指导权以及学生评定权。本研究认为,导师在毕业阶段权力具体体现在确定论文选题和参与论文指导、设置送审条件、决定答辩时间、决定是否毕业四个方面。基于以上分析,设计出导师毕业阶段权力测量题项,如表 4-10 所示。

表 4-10　导师毕业阶段权力的测量量表

维度	编号	测量题项	文献来源
导师毕业阶段权力	GP1	导师有权确定研究生毕业论文选题,参与论文指导	《研究生导师指导行为准则》等文件
	GP2	导师有权提出论文发表要求、提出论文送审建议	
	GP3	导师有权决定研究生论文是否进入答辩环节	
	GP4	导师有权对学生进行毕业考评,决定是否准予毕业	

（六）学生招生阶段权利测量量表

《普通高等学校学生管理规定》保障了研究生基本的受教育权，学生可以自由选择报考院校；刘引平也分析了在研究生招生阶段，导师选择机制的变革，学生逐渐被赋予自主选择导师的权利①。基于以上分析，本研究认为，学生在招生阶段所享有的权利体现在自主报考权、导师情况知情权以及导师选择权三个方面。基于以上分析，设计出学生招生阶段权利测量题项，如表 4-11 所示。

表 4-11　学生招生阶段权利的测量量表

维度	编号	测量题项	文献来源
学生招生阶段权利	ER1	学生有权自主选择报考院校及专业	《普通高等学校学生管理规定》刘引平（2015）
	ER2	学生有权对导师的基本情况进行全方位了解	
	ER3	学生有权根据自主意愿选择导师	

（七）学生培养阶段权利测量量表

《普通高等学校学生管理规定》《高等教育法》对学生在研究生培养阶段的受教育权、学术自由权、获取奖助权均进行了清晰阐述。基于以上文件，本研究进一步将学生培养阶段的权利分为确定培养计划、确定研究方向、开展学术研究、参与学术交流、获取各类奖助五个方面。基于以上分析，设计出学生培养阶段权利测量题项，如表 4-12 所示。

表 4-12　学生培养阶段权利的测量量表

维度	编号	测量题项	文献来源
学生培养阶段权利	CR1	学生有权参与制定培养计划、调整修业年限	《普通高等学校学生管理规定》《高等教育法》
	CR2	学生有权独自确定研究主题及研究方向	
	CR3	学生有权独自进行科学研究、发表学术论文	
	CR4	学生有权参与学术研讨及国内外学术交流活动	
	CR5	学生有权获得奖助，申请"三助"（助研、助教、助管）岗位	

（八）学生毕业阶段权利测量量表

公正评定权是《普通高等学校学生管理规定》赋予学生的一项基本权

---

① 刘引平.硕士研究生报考过程中导师选择的博弈分析[J].金融经济,2015(12):199-201.

利,学生有权在毕业阶段获得公正评定,达到毕业要求可以依法获得学历证书和学位证书,且学生在毕业阶段不能因为导师的主观因素影响论文送审和毕业答辩进度。基于以上分析,设计出学生毕业阶段权利测量题项,如表4-13所示。

表 4-13 学生毕业阶段权利的测量量表

维度	编号	测量题项	文献来源
学生毕业 阶段权利	GR1	学生在毕业阶段有权获得公正的评定	《普通高 等学校学 生管理规 定》
	GR2	学生的毕业论文不会因导师主观因素影响送审	
	GR3	学生的论文答辩不会因导师主观因素影响进度	
	GR4	学生有权在完成培养计划后,依法获得学历证书和学位证书	

(九)学生权利救济渠道测量量表

为了防止导师在研究生教育过程中滥用个人权力,《2020年全国硕士研究生招生工作管理规定》《国家中长期教育改革和发展规划纲要(2010—2020年)》《学位与研究生教育发展"十三五"规划》《研究生导师指导行为准则》以及各大高校的规章制度,均为学生在研究生教育各阶段提供了相应的救济渠道,帮助学生维护自身合法权益,塑造公平的师生关系。基于上述文件,设计了本研究的学生权利救济渠道测量题项,如表4-14所示。

表 4-14 学生权利救济渠道的测量量表

维度	编号	测量题项	文献来源
学生权利 救济渠道	RR1	招生阶段对招生结果有异议,学生可向有关部门提出申诉复议	教育部《关于深化高校教师考核评价制度改革的指导意见(2016)》《2020年全国硕士研究生招生工作管理规定》等
	RR2	培养阶段学生有权参与导师考核评价,发挥监督作用①	
	RR3	培养阶段对导师存在师德师风问题,学生有权更换导师	
	RR4	毕业阶段对导师评定结果存在异议,学生可以提起申诉或诉讼	

---

① 国兆亮,王楠.关于研究生导师评价的几点思考[J].中国高教研究,2012(1):56-58.

三、数据整理与描述性统计

(一)样本的描述性统计

1.性别

在本次调研的 570 个样本中,共有男性 306 名,占比 53.7%;共有女性 264 名,占比 46.3%,样本的性别比例较为均衡,其分布如图 4-2 所示。

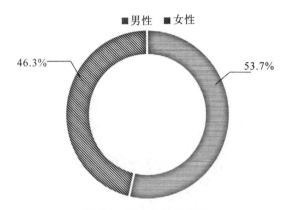

图 4-2　样本的性别分布

2.高校层次

在本次调研的 570 个样本中,来自国内世界一流大学的样本共有 82 名,占比 14.4%;来自国内世界一流学科建设高校的样本共有 134 名,占比 23.5%,来自普通高等院校的样本共有 353 名,占比 61.9%,样本结构符合我国高校分布现状,其分布如图 4-3 所示。

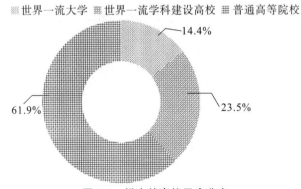

图 4-3　样本的高校层次分布

3.学科分布

在本次调研的 570 个样本中,来自工科的样本共有 117 名,占比 20.5%;来自理科的样本共有 57 名,占比 10%;来自农学的样本共有 34 名,占比 6%;来自人文社科的样本共有 207 名,占比 36.3%;来自医科的样本共有 83 名,占比 14.6%;来自艺术类的样本共有 64 名,占比 11.2%;来自其他学科的样本共有 7 名,占比 1.2%,样本学科跨度丰富,其分布如图 4-4 所示。

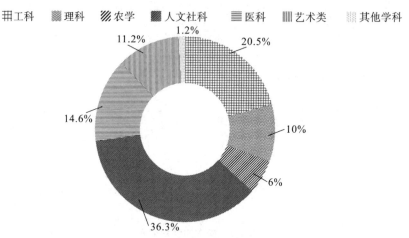

图 4-4　样本的学科分布

4.身份

在本次调研的 570 个样本中,研究生导师共有 133 名,占比 23.3%;研究生共有 437 名,占比 76.7%,师生比例与实际情况相符,其分布如图 4-5 所示。

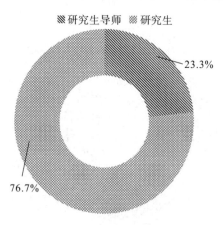

图 4-5　样本的身份分布

5.导师职称

在本次调研的 133 个导师样本中,具有教授(研究员)职称的导师样本共有 36 名,占比 27.1%;具有副教授(副研究员)职称的导师样本共有 70名,占比 52.6%;具有讲师(助理研究员)职称的导师样本共有 27 名,占比 20.3%,符合我国高校导师职称分布现状,其分布如图 4-6 所示。

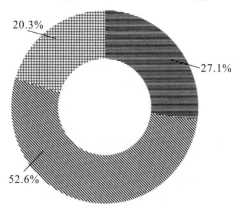

图 4-6 导师样本的职称分布

6.研究生年级

在本次调研的 437 个研究生样本中,来自博士高年级的研究生共有 46名,占比 10.5%;来自博士一、二年级的研究生共有 67 名,占比 15.3%;来自硕士高年级的研究生共有 87 名,占比 19.9%;来自硕士二年级的研究生共有 123 名,占比 28.1%;来自硕士一年级的研究生共有 114 名,占比 26.1%,研究生样本年级跨度丰富,其分布如图 4-7 所示。

(二)变量的描述性统计

本研究对样本各潜变量测量结果的数据量、均值、标准差进行描述性统计,统计结果如表 4-15 所示。样本测量的标准差均低于 1.5,处于较为优良的区间,代表本次调查数据的一致性表现较好。

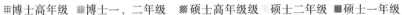

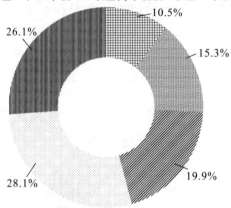

图 4-7 研究生样本的年级分布

表 4-15 问卷显变量的描述性统计表

潜变量	题项	样本量	均值	标准差
导师权力感知	PP1	570	3.58	0.948
	PP2	570	3.56	0.991
	PP3	570	3.02	0.993
	PP4	570	3.44	0.928
学生权利感知	PR1	570	2.61	1.124
	PR2	570	2.53	1.085
	PR3	570	2.64	1.112
	PR4	570	2.53	1.080
师生关系适配性	F1	570	3.33	0.991
	F2	570	3.88	0.936
	F3	570	3.77	0.939
	F4	570	3.76	0.944
导师招生阶段权力	EP1	570	3.60	0.943
	EP2	570	3.66	0.977
	EP3	570	3.92	0.902
	EP4	570	3.60	1.019

续表

潜变量	题项	样本量	均值	标准差
导师培养阶段权力	CP1	570	3.81	0.894
	CP2	570	3.73	0.963
	CP3	570	3.62	0.997
	CP4	570	3.86	0.898
	CP5	570	4.16	0.839
	CP6	570	3.72	0.991
	CP7	570	3.86	0.854
	CP8	570	3.92	0.881
导师毕业阶段权力	GP1	570	4.09	0.827
	GP2	570	3.98	0.889
	GP3	570	3.83	0.937
	GP4	570	3.95	0.912
学生招生阶段权利	ER1	570	4.19	0.857
	ER2	570	3.97	0.944
	ER3	570	4.04	0.889
学生培养阶段权利	CR1	570	3.47	1.109
	CR2	570	3.63	0.982
	CR3	570	3.73	0.972
	CR4	570	3.85	0.979
	CR5	570	3.96	0.964
学生毕业阶段权利	GR1	570	4.01	0.898
	GR2	570	3.82	0.962
	GR3	570	3.81	0.967
	GR4	570	4.01	0.914
学生权利救济渠道	RR1	570	3.92	0.932
	RR2	570	3.81	1.009
	RR3	570	3.79	0.994
	RR4	570	3.85	0.965

第六节　导师权力与学生权利关系适配性实证分析

一、信度检验

信度检验(Reliability)是在实证分析时,测量数据一致性、稳定性、可靠性的研究方法。信度检验检测最常用的指标是 Cronbach's α 信度系数,Cronbach's α 值越高,说明题项数据之间的一致性越强,越能反馈出真实情况,问卷效果越好。

使用 Cronbach's α 信度系数进行信度检测需要满足三个条件:(1)数据的校正的项总计相关性(即 CITC 值)都在 0.5 以上;(2)所有题项的 Cronbach's α 系数值都大于 0.7;(3)删除该题项之后,剩余项 Cronbach's α 系数要小于未删除该项的 Cronbach's α 系数值。

对本研究数据的信度进行分析。分析结果如表 4-16 所示。可以看出,本次问卷调查中所有题项的 CITC 值均大于 0.5,Cronbach's α 系数值都大于 0.7,并且删除任一题项后,其余题项的 Cronbach's α 值都降低。因此,本次问卷分析的样本变量均有较高的信度,所有问卷题项都可完整保留。

表 4-16　信度分析

潜变量	显变量	CITC	删除该题项后的 α 值	Cronbach α
导师权力感知	PP1	0.703	0.837	0.868
	PP2	0.774	0.808	
	PP3	0.676	0.849	
	PP4	0.725	0.829	
学生权利感知	PR5	0.734	0.860	0.886
	PR6	0.742	0.857	
	PR7	0.775	0.845	
	PR8	0.754	0.853	

续表

潜变量	显变量	CITC	删除该题项后的 α 值	Cronbach α
师生关系适配性	F1	0.760	0.899	0.912
	F2	0.734	0.907	
	F3	0.851	0.867	
	F4	0.854	0.866	
导师招生阶段权力	EP1	0.811	0.834	0.888
	EP2	0.764	0.851	
	EP3	0.721	0.867	
	EP4	0.724	0.868	
导师培养阶段权力	CP1	0.779	0.906	0.921
	CP2	0.794	0.905	
	CP3	0.729	0.910	
	CP4	0.755	0.908	
	CP5	0.673	0.915	
	CP6	0.680	0.915	
	CP7	0.742	0.909	
	CP8	0.728	0.910	
导师毕业阶段权力	GP1	0.831	0.873	0.912
	GP2	0.846	0.865	
	GP3	0.735	0.906	
	GP4	0.780	0.889	
学生招生阶段权利	ER1	0.800	0.913	0.919
	ER2	0.854	0.869	
	ER3	0.859	0.865	
学生培养阶段权利	CR1	0.671	0.908	0.908
	CR2	0.815	0.874	
	CR3	0.857	0.865	
	CR4	0.817	0.874	
	CR5	0.678	0.902	

续表

潜变量	显变量	CITC	删除该题项后的 α 值	Cronbach α
学生毕业阶段权利	GR1	0.727	0.848	0.875
	GR2	0.723	0.842	
	GR3	0.765	0.825	
	GR4	0.708	0.848	
学生权利救济渠道	RR1	0.715	0.861	0.883
	RR2	0.758	0.845	
	RR3	0.738	0.852	
	RR4	0.772	0.839	

二、效度检验

不同于信度，效度反映的是量表数据的有效性和稳定性程度。量表数据的效度可以进一步分为内容效度和结构效度。本次问卷调查的题项均是基于法律法规、政府规章制度、国内外学者现有研究成果和成熟量表的基础上制定的，并且与学科领域相关的专家进行充分论证研讨，在问卷发放前进行了预测试并根据受访导师和研究生的反馈进一步修订了问卷的问题设计，因此，本次问卷调查在内容效度上表现良好。在结构效度上，本研究拟采用探索性因子分析(EFA)、验证性因子分析(CFA)、区别效度检验(Discriminant Validity)三种测量方法验证师生关系适配性问卷的结构效度。

(一)探索性因子分析(Exploratory Factor Analysis，EFA)

探索性因子分析(Exploratory Factor Analysis，EFA)是为了分析多元变量的本质结构，采取降维技术对多元变量进行处理的一种分析方法。因此，EFA 能够将关系复杂的多元变量降维成少数几个核心因子。探索性因子分析(EFA)是通过探索题项之间的内部联系，采取处理降维技术，对题项进行分类，进而观察多元测量变量的本质结构的一种结构效度检测方法。一般采用 Bartlett 球体检验和 KMO 检验两个指标对其进行判断。需要满足以下四个条件：(1)潜变量 KMO 值大于 0.7；(2)潜变量 Bartlett's 球形检验结果显著；(3)各因子载荷大于 0.6；(4)题项对潜变量的方差变异解释比例在 50% 以上,说明测量数据适合进行因子分析。本研究利用 SPSS22.0 统计软件对量表执行 EFA,分析结果如下:

1.导师权力(P)的探索性因子分析

由表 4-17 可看出,导师权力(P)的 KMO 值为 0.912,大于 0.7,且 Bartlett's 球形检验值显著,因此适合做因子分析。在探索性因子分析提取因子时,取特征值大于 1 的因子,共提取出 3 个公因子,分别为导师招生阶段权力(EP)、导师培养阶段权力(CP)、导师毕业阶段权力(GP),特征值分别为 3.040、5.095、3.210,各因子载荷均大于 0.6。上述三个因素累计解释了总方差的 70.91%(如图 4-8),损失较少,说明筛选的因素具有不错的代表性(如图 4-9)。因此,导师权力(P)的量表具有良好的结构效度。

表 4-17　导师权力的探索性因子分析

测量题项	因子载荷	提取因子 (特征值)	KMO	显著性水平	解释的方差比例
EP1	0.866	导师招生 阶段权力 (3.040)			
EP2	0.861				
EP3	0.797				
EP4	0.782				
CP1	0.828	导师培养 阶段权力 (5.095)	0.912	0.000	70.91%
CP2	0.821				
CP3	0.772				
CP4	0.789				
CP5	0.722				
CP6	0.702				
CP7	0.785				
CP8	0.778				
GP1	0.895	导师毕业 阶段权力 (3.210)			
GP2	0.908				
GP3	0.817				
GP4	0.848				

解释的总方差

成份	初始特征值			提取平方和载入			旋转平方和载入		
	合计	方差的 %	累积 %	合计	方差的 %	累积 %	合计	方差的 %	累积 %
1	6.957	43.482	43.482	6.957	43.482	43.482	5.095	31.845	31.845
2	2.482	15.516	58.997	2.482	15.516	58.997	3.210	20.062	51.907
3	1.906	11.911	70.908	1.906	11.911	70.908	3.040	19.001	70.908
4	0.566	3.537	74.446						
5	0.543	3.392	77.838						
6	0.473	2.959	80.797						
7	0.439	2.742	83.539						
8	0.424	2.648	86.187						
9	0.380	2.373	88.560						
10	0.340	2.123	90.684						
11	0.317	1.981	92.665						
12	0.296	1.850	94.514						
13	0.279	1.744	96.259						
14	0.250	1.565	97.824						
15	0.195	1.217	99.040						
16	0.154	0.960	100.000						

图 4-8　导师权力总方差分布

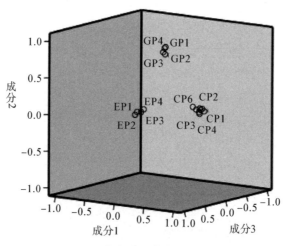

图 4-9　导师权力旋转空间成分分布

2.学生权利（R）的探索性因子分析

从表 4-18 可看出，学生权利（R）的 KMO 值为 0.867，大于 0.7 且 Bartlett's 球形检验值显著，因此适合做因子分析。在探索性因子分析提取因子时，取特征值大于 1 的因子，共提取出 4 个公因子，分别为学生招生阶段权利（ER）、学生培养阶段权利（CR）、学生毕业阶段权利（GR）、学生权利救济渠道(RR),特征值分别为 2.571、3.661、2.929、2.987,各因子载荷均大于 0.6。上述四个因素累计解释了总方差的 75.92%(图 4-10),损失较少,说明筛选的因素具有不错的代表性(如图 4-11)。因此,学生权利(R)的量表具有良好的结构效度。

表 4-18　学生权利的探索性因子分析

测量题项	因子载荷	提取因子 (特征值)	KMO	显著性水平	解释的方差比例
ER1	0.884	学生招生 阶段权利 (2.571)			
ER2	0.901				
ER3	0.912				
CR1	0.746	学生培养 阶段权利 (3.661)			
CR2	0.860				
CR3	0.881				
CR4	0.866				
CR5	0.759		0.867	0.000	75.92%
GR1	0.832	学生毕业 阶段权利 (2.929)			
GR2	0.820				
GR3	0.832				
GR4	0.818				
RR1	0.829	学生权利 救济渠道 (2.987)			
RR2	0.843				
RR3	0.831				
RR4	0.849				

3.导师权力感知(PP)、学生权利感知(PR)、师生关系适配性(F)的探索性因子分析

由表 4-19 可看出,导师权力感知(PP)、学生权利感知(PR)、师生关系适配性(F)三个变量的 KMO 值为 0.858,大于 0.7 且 Bartlett's 球形检验值显著,因此适合做因子分析。在探索性因子分析提取因子时,取特征值大于 1 的因子,共提取出 3 个公因子,分别为导师权力感知(PP)、学生权利感知(PR)、师生关系适配性(F),特征值分别为 2.880、2.977、3.174,各因子载荷均大于 0.6。

成份	初始特征值			提取平方和载入			旋转平方和载入		
	合计	方差的 %	累积 %	合计	方差的 %	累积 %	合计	方差的 %	累积 %
1	5.995	37.469	37.469	5.995	37.469	37.469	3.661	22.880	22.880
2	2.362	14.763	52.232	2.362	14.763	52.232	2.987	18.667	41.547
3	1.910	11.939	64.171	1.910	11.939	64.171	2.929	18.304	59.851
4	1.880	11.747	75.919	1.880	11.747	75.919	2.571	16.067	75.919
5	0.606	3.790	79.708						
6	0.432	2.701	82.409						
7	0.423	2.642	85.051						
8	0.363	2.269	87.320						
9	0.358	2.235	89.555						
10	0.332	2.074	91.629						
11	0.305	1.904	93.533						
12	0.285	1.782	95.314						
13	0.248	1.551	96.865						
14	0.203	1.267	98.132						
15	0.156	0.975	99.108						
16	0.143	0.892	100.000						

图 4-10　学生权利总方差分布

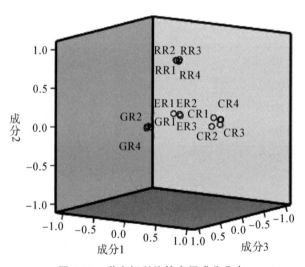

图 4-11　学生权利旋转空间成分分布

上述四个因素累计解释了总方差的 76.12％（如图 4-12），损失较少，说明筛选的因素具有不错的代表性（如图 4-13）。因此，导师权力感知（PP）、学生权利感知（PR）、师生关系适配性（F）三个变量的量表具有良好的结构效度。

表 4-19　导师权力感知、学生权利感知、师生关系适配性的探索性因子分析

测量题项	因子载荷	提取因子（特征值）	KMO	显著性水平	解释的方差比例
PP1	0.798	导师权力感知（2.880）			
PP2	0.847				
PP3	0.794				
PP4	0.845				
PR5	0.811	学生权利感知（2.977）	0.858	0.00	76.12%
PR6	0.820				
PR7	0.862				
PR8	0.837				
F1	0.861	师生关系适配性（3.174）			
F2	0.841				
F3	0.915				
F4	0.919				

解释的总方差

成份	初始特征值			提取平方和载入			旋转平方和载入		
	合计	方差的 %	累积 %	合计	方差的 %	累积 %	合计	方差的 %	累积 %
1	5.243	43.694	43.694	5.243	43.694	43.694	3.272	27.268	27.268
2	2.886	24.048	67.743	2.886	24.048	67.743	3.023	25.195	52.463
3	1.005	8.375	76.117	1.005	8.375	76.117	2.839	23.654	76.117
4	0.507	4.229	80.346						
5	0.414	3.448	83.794						
6	0.375	3.122	86.916						
7	0.344	2.865	89.781						
8	0.334	2.781	92.562						
9	0.297	2.473	95.036						
10	0.243	2.028	97.063						
11	0.217	1.811	98.875						
12	0.135	1.125	100.000						

图 4-12　探索性因子总方差分布

（二）验证性因子分析（Confirmatory Factor Analysis, CFA）

验证性因子分析（CFA）是通过构建结构方程测试验证测量题项之间的相关关系是否符合假设预期的一种分析方法。本研究利用 AMOS 统计软件，结合潜变量的组合信度（CR）和平均抽取方差（AVE）进行验证性因子分析，需满足以下条件：(1)各题项的因子负荷介于 0.5 与 0.95 之间；(2)

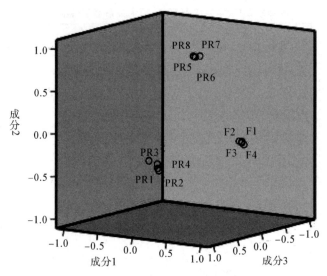

图 4-13　探索性因子旋转空间成分分布

组合信度(CR)大于 0.7；(3)平均抽取方差(AVE)值大于 0.5；(4)潜变量的绝对拟合优度指标、增量拟合优度指标、近似误差指数符合表 4-20 预期。满足条件，说明题项之间关系符合模型假设。

表 4-20　模型的拟合指标及参考值

类型	模型拟合统计值	判断标准
绝对拟合 优度指标	卡方与自由度的比值($\chi^2/\mathrm{d.f.}$)	≤3 优良；≤5 可接受
	调整拟合优度指数(AGFI)	≥0.8 可接受；≥0.9 优良
	拟合优度指数(GFI)	≥0.8
增量拟合 优度指标	比较拟合优度指数(CFI)	≥0.8 可接受；≥0.9 优良
	非正态拟合优度指数(TLI)	≥0.95
	规范拟合指数(NFI)	≥0.9
	增值拟合优度指数(IFI)	≥0.9
近似误差 指数	近似误差均方根(RMSEA)	≤0.05 优良；≤0.1 可接受

1.导师权力的验证性因子分析

对导师权力(P)16 个题项执行验证性因子分析(CFA)后，拟合指标都在可接受范围，如表 4-21 所示。

图 4-14 展示导师权力的验证性关系，以此建立相关模型。如图 4-14、表 4-22 所示，各题项的因子负荷值介于 0.7 至 0.95 之间，残差均为正且显

著。导师权力感知、导师招生阶段权力、导师培养阶段权力、导师毕业阶段权力的 CR 指分别为 0.869、0.890、0.921、0.913(均超过 0.7),AVE 值分别为 0.625、0.669、0.595、0.725(均超过 0.5),达到收敛效度的标准,配适度也在可接受的范围内,保留所有题项作为后续分析。

表 4-21　导师权力拟合指标

CMIN	CMIN/DF	GFI	AGFI	TLI	IFI	CFI	NFI	RMSEA
388.816	2.371	0.936	0.918	0.965	0.970	0.970	0.949	0.049

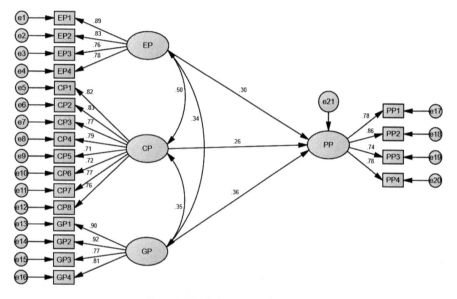

图 4-14　导师权力的验证性关系

表 4-22　导师权力验证性因子分析结果

变量	题项	标准化估计值	非标准估计值	标准误 S.E.	C.R.(t-value)	P	CR	AVE
导师权力感知	PP1	0.782	1.000				0.869	0.625
	PP2	0.855	1.142	0.054	21.238	***		
	PP3	0.737	0.986	0.055	18.004	***		
	PP4	0.783	0.980	0.051	19.322	***		

续表

变量	题项	标准化估计值	非标准估计值	标准误 S.E.	C.R.（t-value）	P	CR	AVE
导师招生阶段权力	EP1	0.890	1.000				0.890	0.669
	EP2	0.833	0.969	0.039	25.073	***		
	EP3	0.758	0.814	0.038	21.650	***		
	EP4	0.784	0.951	0.042	22.798	***		
导师培养阶段权力	CP1	0.818	1.000				0.921	0.595
	CP2	0.832	1.094	0.047	23.285	***		
	CP3	0.774	1.055	0.050	21.010	***		
	CP4	0.788	0.968	0.045	21.573	***		
	CP5	0.707	0.811	0.044	18.621	***		
	CP6	0.717	0.971	0.051	18.943	***		
	CP7	0.770	0.898	0.043	20.871	***		
	CP8	0.757	0.911	0.045	20.389	***		
导师毕业阶段权力	GP1	0.901	1.000				0.913	0.725
	GP2	0.917	1.093	0.033	32.748	***		
	GP3	0.767	0.963	0.041	23.368	***		
	GP4	0.811	0.991	0.038	25.840	***		

2.学生权利的验证性因子分析

对学生权利（R）16个题项执行验证性因子分析（CFA）后,拟合指标都在可接受范围,如表4-23所示。

图4-15展示了学生权利的验证性关系。如图4-15、表4-24所示,各题项的因子负荷值介于0.7至0.95之间,残差均为正且显著。学生权利感知、学生招生阶段权利、学生培养阶段权利、学生毕业阶段权利、学生权利救济渠道的CR指分别为0.886、0.920、0.911、0.874、0.883（均超过0.7）,AVE值分别为0.662、0.794、0.673、0.635、0.654（均超过0.5）,达到收敛效度的标准,配适度也在可接受的范围内,保留所有题项作为后续分析。

表 4-23　学生权利拟合指标

CMIN	CMIN/DF	GFI	AGFI	TLI	IFI	CFI	NFI	RMSEA
317.210	1.983	0.948	0.931	0.975	0.979	0.979	0.959	0.042

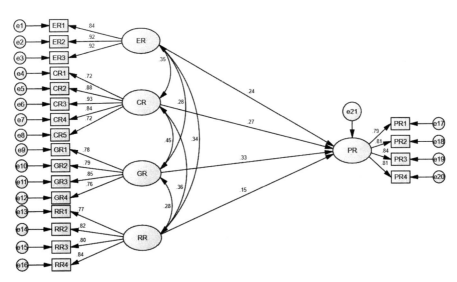

图 4-15 学生权利的验证性关系

表 4-24 学生权利验证性因子分析结果

变量	题项	标准化估计值	非标准估计值	标准误 S.E.	C.R. (t-value)	P	CR	AVE
学生权利感知	PR1	0.791	1.000				0.886	0.662
	PR2	0.808	0.986	0.048	20.573	＊＊＊		
	PR3	0.843	1.054	0.049	21.619			
	PR4	0.810	0.984	0.048	20.633	＊＊＊		
学生招生阶段权利	ER1	0.837	1.000				0.920	0.794
	ER2	0.917	1.207	0.043	28.028	＊＊＊		
	ER3	0.916	1.137	0.041	27.995	＊＊＊		
学生培养阶段权力	CR1	0.720	1.000				0.911	0.673
	CR2	0.876	1.077	0.052	20.556	＊＊＊		
	CR3	0.925	1.126	0.052	21.619	＊＊＊		
	CR4	0.842	1.031	0.052	19.741	＊＊＊		
	CR5	0.719	0.868	0.052	16.791	＊＊＊		

续表

变量	题项	标准化估计值	非标准估计值	标准误 S.E.	C.R.(t-value)	P	CR	AVE
学生毕业阶段权力	GR1	0.781	1.000					
	GR2	0.792	1.086	0.056	19.445	＊＊＊	0.874	0.635
	GR3	0.852	1.174	0.056	20.948	＊＊＊		
	GR4	0.760	0.989	0.053	18.546	＊＊＊		
学生权利救济渠道	RR1	0.769	1.000					
	RR2	0.821	1.154	0.058	19.919	＊＊＊	0.883	0.654
	RR3	0.803	1.114	0.057	19.468	＊＊＊		
	RR4	0.841	1.132	0.055	20.424	＊＊＊		

3.导师权力感知、学生权利感知、师生关系适配性的验证性因子分析

对导师权力感知(PP)、学生权利感知(PR)、师生关系适配性(F)12个题项执行验证性因子分析(CFA)后,拟合指标都在可接受范围,如表4-25所示。

表4-25 导师权力感知、学生权利感知、师生关系适配性拟合指标

CMIN	CMIN/DF	GFI	AGFI	TLI	IFI	CFI	NFI	RMSEA
95.095	1.865	0.974	0.960	0.986	0.989	0.989	0.978	0.039

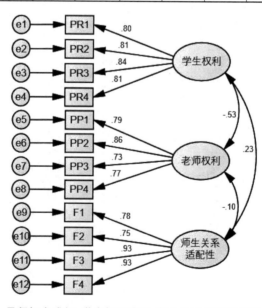

图4-16 导师权力感知、学生权利感知、师生关系适配性的验证性关系

表 4-26　导师权力感知、学生权利感知、师生关系适配性验证性因子分析结果

变量	题项	标准化估计值	非标准估计值	标准误 S.E.	C.R. (t-value)	P	CR	AVE
学生权利感知	PR1	0.796	1.000					
	PR2	0.807	0.978	0.048	20.510	＊＊＊	0.887	0.662
	PR3	0.835	1.038	0.049	21.343	＊＊＊		
	PR4	0.815	0.983	0.047	20.747	＊＊＊		
导师权力感知	PP1	0.792	1.000					
	PP2	0.862	1.137	0.053	21.329	＊＊＊	0.869	0.624
	PP3	0.732	0.968	0.054	17.938	＊＊＊		
	PP4	0.768	0.949	0.050	18.963	＊＊＊		
师生关系适配性	GP1	0.783	1.000					
	GP2	0.754	0.910	0.047	19.474	＊＊＊	0.913	0.725
	GP3	0.925	1.120	0.044	25.241	＊＊＊		
	GP4	0.928	1.129	0.045	25.318	＊＊＊		

图 4-16 展示了导师权力感知、学生权利感知、师生关系适配性的验证关系。如图 4-16、表 4-26 所示，各题项的因子负荷值介于 0.7 至 0.95 之间，残差均为正且显著。学生权利感知、导师权力感知、师生关系适配性的 CR 指分别为 0.887、0.869、0.913（超过 0.7），AVE 值分别为 0.662、0.624、0.725（超过 0.5），达到收敛效度的标准，配适度也在可接受的范围内，保留所有题项作为后续分析。

（三）区别效度检验（Discriminant Validity）

可以用区别效度检验（Discriminant Validity）检测潜变量不同构面之间的差异性和相关度。如果潜变量不同构面具有显著的差异，相关度也较低，说明模型很好区分了潜变量的不同构面。在区别效度检验（Discriminant Validity）中，AVE 值是判断构面区别性的重要依据。如果 $\sqrt{AVE}$ 的值均大于 AVE 值，说明要素之间的区别效度良好。各潜变量的 AVE 值、$\sqrt{AVE}$ 值如表 4-27 所示。可以看出，所有潜变量的 $\sqrt{AVE}$ 值均大于 AVE 值。因此，本次构建的模型具有良好的区别效度。

表 4-27 各主要潜变量的平均变异数抽取量

潜变量	师生关系适配性	导师权力感知	导师招生阶段权力	导师培养阶段权力	导师毕业阶段权力	学生权利感知	学生招生阶段权利	学生培养阶段权利	学生毕业阶段权利	学生权利救济渠道
AVE	0.725	0.624	0.669	0.595	0.725	0.662	0.794	0.673	0.635	0.654
$\sqrt{AVE}$	0.851	0.790	0.818	0.771	0.851	0.814	0.891	0.820	0.797	0.809

三、相关性分析

经过信度分析和效度分析,本次问卷调查数据具有良好的可信度和可靠性,并且模型对潜变量不同构面的设计假设都相关合理。可以用相关性分析进一步检测不同潜变量之间的相关性强弱,验证结构方程模型。在相关性分析中,通过相关系数检验不同潜变量之间的紧密性,正数代表两个潜变量之间存在正相关关系,负数则相反。本研究使用 SPSS22.0 统计软件对模型执行相关性分析。

(一)导师权力(P)潜变量相关性分析

导师权力相关系数矩阵如表 4-28 所示,不同阶段导师权力与导师权力感知两个潜变量之间存在正数关系,可以看出:

(1)导师招生阶段权力(EP)与导师权力感知(PP)之间存在显著的正相关性关系;

(2)导师培养阶段权力(CP)与导师权力感知(PP)之间存在显著的正相关性关系;

(3)导师毕业阶段权力(GP)与导师权力感知(PP)之间存在显著的正相关性关系。

表 4-28 导师权力变量间标准化相关系数

	导师权力感知	导师招生阶段权力	导师培养阶段权力	导师毕业阶段权力
导师权力感知	1	—	—	—
导师招生阶段权力	0.495 **	1	—	—
导师培养阶段权力	0.489 **	0.467 **	1	—
导师毕业阶段权力	0.516 **	0.328 **	0.342 **	1

**.在 0.01 级别(双尾),相关性显著。

(二)学生权利(R)潜变量相关性分析

学生权利相关系数矩阵如表4-29所示,不同阶段学生权利与学生权利感知两个潜变量之间存在正数关系,可以看出:

表 4-29　学生权利变量间标准化相关系数

	学生权利感知	学生招生阶段权利	学生培养阶段权利	学生毕业阶段权利	学生权利救济渠道
学生权利感知	1	—	—	—	—
学生招生阶段权利	0.431 **	1	—	—	—
学生培养阶段权利	0.511 **	0.324 **	1	—	—
学生毕业阶段权利	0.484 **	0.254 **	0.405 **	1	—
学生权利救济渠道	0.367 **	0.311 **	0.326 **	0.242 **	1

**.在0.01级别(双尾),相关性显著。

(1)学生招生阶段权利(ER)与学生权利感知(PR)之间存在显著的正相关性关系;

(2)学生培养阶段权利(CR)与学生权利感知(PR)之间存在显著的正相关性关系;

(3)学生毕业阶段权利(GR)与学生权利感知(PR)之间存在显著的正相关性关系;

(4)学生权利救济渠道(RR)与学生权利感知(PR)之间存在显著的正相关性关系。

(三)导师权力与学生权利绝对值(PP-PR)与师生关系适配性(F)潜变量相关性分析

导师权力与学生权利绝对值(PP-PR)与师生关系适配性(F)相关系数矩阵如表4-30所示,两个潜变量之间存在负数关系,可以看出:

导师权力与学生权利绝对值(PP-PR)与师生关系适配性(F)之间存在显著的负相关性关系。

表 4-30　导师权力和学生权利绝对值与师生关系适配性变量间标准化相关系数

	导师权力与学生权利绝对值	师生关系适配性
导师权力与学生权利绝对值	1	—
师生关系适配性	−0.454 **	1

**.在0.01级别(双尾),相关性显著。

四、结构方程模型检验

相关性分析基本验证了前文提出的 8 个假设。为了进一步分析导师权力和学生权利的绝对值(PP-PR)与师生关系适配性(F)之间的相关关系,本研究采用 AMOS 统计软件构造结构方程模型,对 H_8 进一步验证。模型拟合度指标通过拟合指标判断变量之间关系是否符合假设是验证结构方程模型的关键[①]。导师权力和学生权利的绝对值(PP-PR)与师生关系适配性(F)的结构方程模型拟合情况如图 4-17、表 4-31、表 4-32 所示。

对导师权力和学生权利的绝对值(PP-PR)、师生关系适配性(F)执行CFA 后,拟合指标都在可接受范围,如表 4-31 所示。

表 4-31 导师权力和学生权利的绝对值、师生关系适配性拟合指标

CMIN	CMIN/DF	GFI	AGFI	TLI	IFI	CFI	NFI	RMSEA
13.968	2.794	0.990	0.971	0.990	0.995	0.995	0.992	0.056

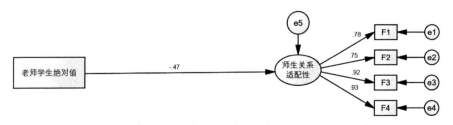

图 4-17 导师权力和学生权利的绝对值、师生关系适配性的验证性关系

表 4-32 路径关系分析结果

路径关系	标准化估计值	非标准化估计值	标准误 S.E.	C.R. (t-value)	P	假设结果
PP→EP	0.304	0.269	0.040	6.778	***	假设成立
PP→CP	0.260	0.264	0.045	5.864	***	假设成立
PP→GP	0.365	0.363	0.041	8.864	***	假设成立
PR→ER	0.241	0.299	0.050	5.932	***	假设成立

---

① 吴明隆.结构方程模型:AMOS 的操作与应用[M].重庆:重庆大学出版社,2009.

续表

路径关系	标准化估计值	非标准化估计值	标准误 S.E.	C.R. (t-value)	P	假设结果
PR→CR	0.268	0.298	0.050	5.975	＊＊＊	假设成立
PR→GR	0.329	0.417	0.056	7.393	＊＊＊	假设成立
PR→RR	0.145	0.180	0.051	3.530	＊＊＊	假设成立
F→(PP-PR)	−0.473	−0.357	0.031	−11.397	＊＊＊	假设成立

综合表 4-32,可以验证本研究提出的 8 个假设:

H_1:导师招生阶段权力(EP)与导师权力感知(PP)之间存在显著的正相关性关系

结果分析:导师招生阶段权力(EP)与导师权力感知(PP)的标准化系数为 0.304,P 值小于 0.01,表明导师招生阶段权力(EP)与导师权力感知(PP)具有显著的正向影响。

H_2:导师培养阶段权力(CP)与导师权力感知(PP)之间存在显著的正相关性关系

结果分析:导师培养阶段权力(CP)与导师权力感知(PP)的标准化系数为 0.260,P 值小于 0.01,表明导师培养阶段权力(CP)与导师权力感知(PP)具有显著的正向影响。

H_3:导师毕业阶段权力(GP)与导师权力感知(PP)之间存在显著的正相关性关系

结果分析:导师毕业阶段权力(GP)与导师权力感知(PP)的标准化系数为 0.365,P 值小于 0.01,表明导师毕业阶段权力(GP)与导师权力感知(PP)具有显著的正向影响。

H_4:学生招生阶段权利(ER)与学生权利感知(PR)之间存在显著的正相关性关系

结果分析:学生招生阶段权利(ER)与学生权利感知(PR)的标准化系数为 0.241,P 值小于 0.01,表明学生招生阶段权利(ER)与学生权利感知(PR)具有显著的正向影响。

H_5:学生培养阶段权利(CR)与学生权利感知(PR)之间存在显著的正相关性关系

结果分析:学生培养阶段权利(CR)与学生权利感知(PR)的标准化系

数为 0.268，P 值小于 0.01，表明学生培养阶段权利（CR）与学生权利感知（PR）具有显著的正向影响。

H_6：学生毕业阶段权利（GR）与学生权利感知（PR）之间存在显著的正相关性关系

结果分析：学生毕业阶段权利（GR）与学生权利感知（PR）的标准化系数为 0.329，P 值小于 0.01，表明学生毕业阶段权利（GR）与学生权利感知（PR）具有显著的正向影响。

H_7：学生权利救济渠道（RR）与学生权利感知（PR）之间存在显著的正相关性关系

结果分析：学生权利救济渠道（RR）与学生权利感知（PR）的标准化系数为 0.145，P 值小于 0.01，表明学生权利救济渠道（RR）与学生权利感知（PR）具有显著的正向影响。

H_8：导师权力和学生权利绝对值（PP-PR）与师生关系适配性（F）之间存在显著的负相关性关系

结果分析：导师权力和学生权利绝对值（PP-PR）与师生关系适配性（F）的标准化系数为 −0.473，P 值小于 0.01，表明导师权力和学生权利绝对值（PP-PR）与师生关系适配性（F）具有显著的负向影响。

五、师生关系适配度的计算

上文验证了导师权力与学生权利的绝对值与师生关系适配性呈负相关关系，绝对值越大，师生关系适配性越差，绝对值越小，师生关系适配性越好。为了方便不同高校以及同一所高校在不同时期师生关系适配性的比较，本书进一步提出师生关系适配度的概念，即在 t_0 时期，师生关系适配性 F 的程度，并根据适配度的高低划分了评价标准，计算方法如下：

1.导师权力 P 的计算

$$P_j(t_0) = \sum_{i=1}^{3} B_i^j(t_0) W_1 \qquad \text{（公式 4-1）}$$

其中，$P_j(t_0)$ 表示 t_0 时刻导师权力 P 的大小，取值范围为 $[1,5]$。$B_1^j(t_0)$ 表示在 t_0 时期的导师招生阶段权力，$B_2^j(t_0)$ 表示在 t_0 时期的导师培养阶段权力，$B_3^j(t_0)$ 表示在 t_0 时期的导师毕业阶段权力；W_1 为导师不

同阶段权力 $B_1^j(t_0)$、$B_2^j(t_0)$、$B_3^j(t_0)$ 的权重矩阵。

2.学生权利 R 的计算

$$R_j(t_0) = \sum_{i=4}^{7} B_i^j(t_0) W_2 \qquad \text{（公式 4-2）}$$

其中，$R_j(t_0)$ 表示 t_0 时刻学生权利 R 的大小，取值范围为$[1,5]$。$B_4^j(t_0)$ 表示在 t_0 时期的学生招生阶段权利；$B_5^j(t_0)$ 表示在 t_0 时期的学生培养阶段权利；$B_6^j(t_0)$ 表示在 t_0 时期的学生毕业阶段权利；$B_7^j(t_0)$ 表示在 t_0 时期的学生权利救济渠道；W_2 为学生不同阶段权利 $B_4^j(t_0)$、$B_5^j(t_0)$、$B_6^j(t_0)$ 以及学生权利救济渠道 $B_7^j(t_0)$ 的权重矩阵。

3.导师权力与学生权利绝对值 PR 的计算

$$PR(t_0) = | P_j(t_0) - R_j(t_0) | \qquad \text{（公式 4-3）}$$

4.师生关系适配度 F 的计算

本研究将师生关系适配度数值进行归一化处理，最终得出师生关系适配度，如公式 4-4 所示：

$$F(t_0) = \frac{PR(t_0) - \min PR}{\max PR - \min PR} \qquad \text{（公式 4-4）}$$

第七节　师生关系适配度的划分标准

研究生教育师生关系适配度如表 4-33 所示。

表 4-33　师生关系适配度评价标准

协同度	等级	特征
$F=1$	不适配	师生双方权力（权利）分配完全失衡，一方完全掌控另一方，师生双方完全不适配
$0.8 \leqslant F < 1$	难以适配	师生双方权力（权利）分配重度失衡，一方权力（权利）远大于对方，师生关系适配性处于较低的水平
$0.5 \leqslant F < 0.8$	初步适配	师生双方权力（权利）分配中度失衡，双方权力（权利）分配较为不平等，一方权力（权利）对另一方有明显优势，师生关系适配性不高

续表

协同度	等级	特征
$0.3 \leqslant F < 0.5$	中等适配	师生双方权力(权利)分配轻度失衡,双方能做出对方期待行为,师生关系适配性处于较高水平
$0 < F < 0.3$	高度适配	师生双方权力(权利)分配基本平衡,双方能够保持平等对话,师生关系适配性很高
$F = 0$	完全适配	师生双方权力(权利)完全平衡,师生双方完全适配

小　结

　　本章首先构建了研究生师生关系适配性评价指标体系,将师生关系适配性概念具象化,并从导师权力、学生权利、师生关系适配性三个角度分别提出了研究假设并构建了模型;在整理成熟量表的基础上,通过问卷调查的形式开展实证分析,验证了 8 个假设,创新地提出了研究生师生关系适配度的计算方法并划分了师生关系适配度的评价标准,结合不同阶段导师权力和学生权利配置的情况,通过在问卷设计、测量量表、数据整理与描述性统计的基础上,运用 SPSS、AMOS、Matlab 等统计分析软件对数据进行信度检验、效度检验、相关性分析和结构方程模型检验,通过了模型的验证,实现师生关系适配性的具象化实证分析。

第五章

研究生师生关系适配性深度访谈与案例分析

　　本书第二章详细分析了我国导师和研究生师生关系异化的现象及存在的困境,在奥尔特曼人际交往理论的基础上,将我国研究生教育师生关系的形成与塑造的关键节点分为招生、培养与毕业三大阶段,并分析了各个阶段中导师与研究生所享有的各项权力(权利),深入探究了导师权力与学生权利在不同阶段配置失衡的程度。第三章则在第二章的基础上,构建了师生关系适配性评价指标体系,将师生关系适配性概念具象化,通过实证分析的方法验证了模型假设,并提出了师生关系适配度的计算方法。基于理论分析和实证分析结果,本章进一步邀请 20 名研究生导师和研究生进行深度访谈,进一步阐明师生关系形成和异化现象、师生关系适配的研究视角、导师权力和学生权利配置失衡、师生适配关系构建这四个研究的核心问题。同时,选择 F 大学 CE 学院作为案例,根据师生关系适配度的计算方法,测量现阶段 CE 学院研究生师生关系适配度水平,并对陶某园事件进行了深入的案例分析。

第一节　溯源:师生关系的形成和关系现状

一、师生关系的形成与发展

　　师生关系是研究生教育过程中最基本、最重要的人际关系,是师生在教学互动中所形成的情感认知:

　　我是保研的学生,在本科时期就和导师开始有接触。那时候我对他的了解以及他对我的了解可能没有那么深,所以交流的话我会比较紧张。后面参与到导师的课题的研究当中,交流会变多,了解也变多,师生之间的沟通机会也增多,师生关系逐渐变得紧密。(LD3 学生)

经过数十年的发展,国内高校的研究生教育中基本建立起了以导师责任制为基础的师生关系。这种在学术研究、教学指导过程中由陌生到熟悉,形成的情感关系是研究生师生关系形成与发展的主要范式。

二、师生关系塑造的关键环节

人际交往理论认为,良好的人际关系的建立和发展需要经历交往定向、情感探索、感情交流和稳定交往四个阶段。研究生师生关系作为人际关系的一种类型,也遵循着相应的发展规律。但是,根据研究生教育的特殊性,招生、培养、毕业是其中三个关键环节,导师和研究生的关系在这三个阶段互动的方式和内容是不一样的:

刚开始招生的时候,双方交流有限,只是和老师沟通交流过进课题组的问题,并不涉及其他的方向,双方的了解不够深入;入学之后,正式进入导师的课题项目研究,关于学术研究的交流增多,同时也有一些日常生活的交流,虽然我和我的导师在这方面的交流还是有限;现在快毕业了,和导师的交流主要就是毕业论文和课题研究,当然也涉及个人未来发展的话题。(LD3 学生)

同时,在这三个节点双方可能出现的矛盾和问题也是不一样的:

招生的时候,因为学校有限制,一个导师的招生名额是有限制的,因为学校担心导师带的学生太多顾不过来,研究生培养质量就没法保证,所以变成说要强行分配安排导师,有的学生可能会接受,但有一些学生心理上不接受,所以到了培养阶段,就是因为前面导师分配的问题,很多矛盾问题就来了。(W 导师)

在学生培养过程中,网络上有时候会出现学生抱怨在帮老师打工的问题。但是从整个课题组的发展角度,这是大家要同舟共济去做的事情,只是对学生来说,有的学生性格比较好强,缺乏和导师的沟通,冲突可能就会爆发;有些性格比较软的学生,虽然默默接受了任务,但是承担了很大的压力,后面也可能出现问题。(L 导师)

在毕业的时候,师生的矛盾现象就更严重了。有的导师从自身学术利益出发,做得不好的研究生反而更容易毕业,做得好的学生反而延期半年毕业,老师总是希望学生能帮忙多做一些事,这样师生就容易冲突,甚至关系的异化就非常凸显了。(F导师)

从导师和研究生互动方式、交流内容、爆发问题来看,师生关系在招生、培养、毕业三个关键环节情况都是不一样的,依托这三个关键阶段,将研究生师生关系划分成招生阶段、培养阶段和毕业阶段不仅符合人际关系理论的普遍规律,也适应了研究生教育的特殊性,有利于后续开展关于师生关系适配性的研究。

三、师生关系的异化现状

近年来,频繁发生研究生教育师生关系异化的事件。这些事件源于在导师责任制的框架下,师生关系实际上处于不平等的状态,在访谈过程中发现这种不平等现象并不是个例:

我有时候会被导师要求做一些个人事务,包括带孩子、陪孩子练琴、帮忙带饭,而且我老师是一个比较情绪化的人,学生要推测老师喜欢的口味,否则老师容易不高兴,这种现象在研究生教育中挺普遍的。(Y2同学)

从导师的角度来看,师生关系的不平等表现在师生身份的差异和掌握资源的差异:

师生关系的异化主要由于双方身份的差异,身份的差异肯定就带来了这种权力与权利的不平等,这个是肯定存在的,也是必然存在的。(C导师)

身份的差距是肯定存在的,如果有一些学生不应该做的事情,但是导师一定要求学生去做,那导师可以用他强势的身份要求学生去执行,如果这样身份悬殊的位置,学生是没办法拒绝的。(LD3学生)

虽然大多数导师和研究生的关系是不错的,但不可否认师生关系紧张的情况在高校中肯定是存在的。像课题这类学术资源都是导师说了算,学生在其中的话语权很弱。(T导师)

可见,如果无法厘清师生不平等地位的根源,就无法为解决师生关系异化问题,构建适配的师生关系提供有效的路径支持。因此,需要更深入思考师生关系异化的归因问题。

第二节　深挖:师生关系异化的归因

在导师责任制的框架下,现阶段师生关系总体是好的,但是师生关系不平等的情况也是客观存在的,这种不平等直接导致师生双方的矛盾冲突,造成师生关系异化的问题。对于师生关系异化的现象需要通过深度访谈进行归因分析,详细深挖造成师生关系异化的原因,探讨要从道德还是法律的角度审视师生关系异化的问题。

一、师生关系异化的原因

首先,部分受访者表示,师生关系异化主要源自导师和学生双方沟通的方式存在问题:

在学术研究中,因为导师有自己擅长的研究方向,也有自己的一些需要完成的课题项目,肯定需要分配任务让学生去做这方面的工作。但是学生如果对于导师的研究方向不感兴趣或者认为题目比较难,毕业比较有困难,那么在这个指导过程中,双方沟通可能就会出现问题。那当然也不排除有些老师可能对学生不够尊重,觉得你作为我的学生,就得是我叫你干啥你就干啥,那我认为这个本身确实是不对的。(T导师)

现在很多学生是独生子女,我觉得他们的沟通能力不太好,也不能吃苦,不太愿意参与到导师的项目中,学院在解决导师和学生冲突时,肯定认为导师更有道理,所以在这方面学生确实相对是很弱势。(W导师)

其次,也有一部分受访者认为,师生关系异化主要源于导师和学生双方需求的不匹配:

学生的能力是有差异的,导师觉得学生能全部做完,而学生考虑更多的是能否顺利毕业,能否更好地就业,这种需求的矛盾就可能造成双方的冲突。有的导师课题组要求很高,即使达到毕业门槛,但是没有达到课题组要求,也不能如期毕业,这个时候师生矛盾就会爆发。(L导师)

有些学生觉得有发表一篇核心期刊,可以达到毕业要求就可以了。但是对于导师来说那只是一个小论文,远没达到一个硕士毕业要求的完整的框架,也缺乏足够的工作量。特别是有些学生对待科研的态度是不认真的,格式、错别字、基本的文献参考都错误百出,距离导师的要求相差甚远。(O导师)

除了沟通方式和需求匹配的差异,更多受访者关注到师生关系异化的根源在于双方权力与权利配置的不平等:

在师生关系中,导师的权力明显更大,因为他对学生能否毕业在很大程度上起到一种决定性作用。目前对于师生关系缺乏清晰的法律法规进行界定,我认为双方交流中很多部分是不够透明的。(Y2学生)

导师与学生之间是属于一种管理和被管理、辅导和被辅导、指导和被指导的关系,所以他天生的权利就是不对等的,这个过程中可能会出现一些导师的权力过大,甚至导致他能够驱使学生去做一些私活,甚至是比如说我们提到了寒门博士之死这种悲剧。(W2学生)

导师和学生关系异化主要原因在于导师侵犯了学生的权利。因为部分导师对于自身权力的范畴没有一个清晰的认知范围,比如合作企业的事务能否让学生去做?虽然对于学生来说是一种锻炼的机会,但是难免有学生认为这是超出了导师应有的职权范围的,这时候就造成了双方关系的异化。(G导师)

不难看出,随着学生权利意识的觉醒,对于师生关系异化的问题,除了传统的社会学、管理学归因,越来越多学生开始从权力与权利配置的视角重新审视自己与导师的关系。但是,为了解决师生关系中双方权力地位不平等的问题,需要从道德的层面和法律的层面加以进一步的讨论。

二、师生关系异化是否仅是道德问题

基于传统的师生观念,对师生关系的约束更多来自道德层面,通常认为导师指导学生完成学业,并提供各类资源和信息便利,师生关系异化更多应该来自导师职业道德的缺失:

我觉得师生关系异化的问题主要是道德的问题,目前还谈不上法律意识,因为目前在法律上对于师生关系并没有明确的规制,刚刚提到的一些极端事件,主要是因为导师的师德、师风存在问题。具体分析师生异化的极端事件,如果导师做了不妥当的事情让人家受伤害甚至死亡,他是要被追究负法律责任的,不过这时候双方的关系是普通公民的关系,而不仅仅是师生关

系了。(Z导师)

我认为师生关系异化的问题基本属于研究生导师队伍教育的问题,在法律层面来说,绝大多数导师都有法律常识,知道什么能做,什么不能做,刚刚我们所说的很多异化的情况,都是导师违反了基本道德甚至违反法律原则所造成的。(W导师)

有受访者提出,师生关系异化不仅仅是导师的职业道德出现问题,部分学生在相处中也未能很好配合导师的学术要求,影响课题组科研进度:

在培养环节,我会基于学生的毕业课题方向或者研究方向,让学生去选择相应课程,但是学生有时候有自己的想法或者感觉有难度,不愿意配合课题组的安排,最终造成双方的分歧越来越大,甚至出现部分学生提出更换导师的意向。(C导师)

也有受访者提出,师生关系异化问题是一个复杂的问题,表面上是道德的问题,但实质上是法律问题,需要辩证去看待:

师生关系异化的问题要从两方面去分析,一方面这肯定与导师个人的品德有关,如果导师的道德品质存在问题,和学生的矛盾冲突就无法有效解决,有一次就有第二次、第三次,压迫学生最终酿成悲剧;但是,师生关系异化的问题更是一个法律的问题,因为目前没有明确的法律法规规范研究生和导师的师生关系,需要靠导师个人的道德品质去约束自身的行为。如果法律法规有了明确规定,导师在行使职权时就有了法律约束,很多问题就能避免。(LD3学生)

因为道德标准的抽象性,如果从道德的角度分析师生关系异化的问题,师生双方都有可能出现损害师生关系的举措,并非都是导师方的过错。且针对师生关系异化的情况,仅仅从传统的道德视角加以分析,很难提出一个完整的行为框架来规范师生关系中双方的行为。

三、师生关系异化更是法律问题

随着研究生知情权意识高涨、参与权意识上升、正当程序意识加强,研究生权利意识特征日益明显,传统的师生互动模式受到了极大的挑战。对于师生关系异化的问题,诸多受访者认为,不仅是事关师德师风的道德问题,同时更是事关导学之间权利和义务的法律关系问题,重点表现在研究生教育关键节点的导师权力和学生权利配置出现困境。

在本次访谈中,部分受访者针对导师和研究生逐渐沦为"老板"和"员工"的关系的情况,认为因为没有明确法律法规的约束,导师基于教育产业化和资本逐利性,为了自身的经济利益,不再单纯对学生进行学术上的指导,摇身一变成为学生的"老板":

教育产业化目前在研究生教育中客观存在,资本的概念就是追求价值利益的最大化。就造成部分导师出现了"我把这个学生怎么用好,让学生帮我赚钱"的心理。心情好给学生付些工资,觉得不好用就不给学生付钱。因为学生要靠导师才能毕业,三年的培养阶段即使有怨言,也得给导师打工。(W导师)

因为导师牢牢控制着课题和项目,学生的话语权非常弱,而且研究所需要用的所有资金、仪器设备、实验耗材等都得依靠导师。学生用导师的资源,后续论文送审权力也把握在老师手里,只能乖乖听导师话。导师有时打着提高学术能力的旗号要求学生完成分外的项目,即便不给学生相应的报酬,学生也不能要求什么,因为这些都是法律规定之外的。(G3学生)

还有受访者表示,现有的导师责任制赋予了导师过多的权力,塑造了导师在学生面前有一种无形的"权威",这种不平衡的权利分配缺乏明确法律法规的制约,让导师在行使权力过程中频繁出现"越界"的行为:

根据目前的制度设计,研究生在培养、毕业环节的任何事情都需要导师签字,只要导师不签字,学生没有任何办法。这种制度设计明显给了导师绝对优势的地位,就让学生感觉导师是一种权威,导师命令学生做什么学生就要做什么。目前这种制度是学生跨越不过的。(W导师)

我觉得师生关系异化的问题应该从两个方面来看,道德占次要原因,法律才是更主要的原因。比如说,可能会出现导师对学生的要求很严格的情况,那这种很严格,道德上是没任何问题的。但是如果导师对于权力行使"越界"了,利用对学生的严格要求,把规定毕业的门槛设置得非常高,学生就很难毕业。因为缺乏法律的支持,导师突破权力的边界,侵犯学生权利的现象在现实中非常多。反而比较少听说学生侵犯导师的权益。所以,需要有法律或者相应规章制度将导师权力行使的边界把控清楚,引导导师在界限范围内合理行使自己的指导权。(C导师)

我还是比较认可师生关系异化是源于法律保障制度的缺失。如果国家制定了规章制度,那么师生关系就变得有法可依。导师该有你的权力就是你的权力,学生的权利就是学生的权利。如果任何一方违反了法律法规的规定,就有对应的惩戒措施。我认为如果有明确的法律法规,双方都会有效约束自己的行为,师生之间的矛盾和摩擦也不会这么激烈。(T导师)

还有部分受访者关注到了对学生救济渠道的保障上,认为基于师生地位差距悬殊的现状,没有清晰的法律告知研究生具有的合法权利范畴。并且当学生的权利受到导师侵犯时,无法通过畅通的救济渠道来维护自己的权利:

如果按照法制的角度来分析师生关系异化的问题,需要多颁布约束师生关系相关的一些法律法规,明确告诉学生他具有哪些权利,当权利受到侵犯时有哪些部门可以帮他维护权利。对于导师来说,也要告诉他权力的边界,哪些事能做,哪些事不能做,违法的红线给导师划分清楚。(L导师)

在现有体制下,如果说导师有意要求学生做某些事情,学生处于弱势地位,那他被胁迫的可能性还是很大。因为学生没有一个很通畅的维权的渠道,可能只能找辅导员反映反映情况,辅导员大多时候是无法帮学生解决这类问题的。(O导师)

通过深度访谈,也验证了前文的研究结论,在我国现阶段导师责任制的框架下,导师和研究生关系之所以如"黑匣子"般难以理顺,主要是因为我国研究生教育中,导师和研究生的关系更多依照的是传统的道德逻辑,对导师个人的职业道德提出了极高的要求。当导师的师德师风存在一定偏差时,导师无法依靠自身道德约束合理行使各项权力,甚至侵犯了学生的权利,最终造成师生关系异化的问题。

在高校推进依法治教、提升治理体系和治理能力现代化的大背景下,以程序建构为中心、以信息公开和公众参与为重要途径,以合作、共识、沟通为主要目标等正当程序设置,是推进大学治理体系和治理能力现代化的重要前提。因此,为了从根本上解决师生关系异化的问题,不仅要从道德的视角,更应该从法律的视角来审视和剖析研究生教育的师生关系,特别是规范导师和学生的法律关系,即导师和学生的权利义务关系,这是推进依法治教、完善大学内部治理、提升人才培养质量的根本要求。

第三节　透析:导师权力与研究生权利配置失衡

　　从法律的视角审视研究生教育中的师生关系,在前文深度访谈的基础上具体分析可以发现,正因为研究生教育中导师权力和学生权利配置失衡,出现了师生关系紧张和异化的现象,引起了社会的普遍关注。因此,分析研究生教育过程中导师权力和学生权利的适配关系,进一步规范导师权力与学生权利的合理配置,努力构建和谐适配的研究生教育师生关系,才能完善大学内部治理结构,切实提升研究生教育的人才培养质量。

一、招生阶段:导师权力扩张与学生权利救济渠道不足

　　招生阶段是研究生导师和学生的师生关系正式确立的首要环节,也是保障教育质量的第一个门槛。在研究生的招生阶段,绝大多数研究生和导师开始接触、相互了解,进而正式确立师生关系。

　　随着近年来研究生招生制度的逐渐完善,导师的选择机制也不断得到完善,由原来导师筛选制逐渐演变成师生互选制。通过访谈,有的受访者认可目前师生双向选择的机制:

　　就我们学校来说,招生阶段我觉得还是挺公平的,导师和学生都是双向选择的。导师要在双选会上介绍自己的研究方向、研究成果,学生可以根据自身的研究兴趣去选择适合自己的导师。(T导师)

　　纵观招生阶段的全过程,从报名参加考试到通过考试选择导师,都是比较公平的,在选择导师上,双方是对等的关系,学生可以选导师,有些导师如果比较受欢迎,会有很多学生报名选择,导师也有选择学生的权利,所以在双向互选中导师和学生是一个平等关系。(O导师)

　　也有受访者表示在研究生招生阶段,学生权利相比导师权力处于相对弱势的地位。探索既保证招生过程的高效、公平,又能在导师权力和学生权利之间寻求平衡是研究生招生改革的重要内容:

　　就我们专业(音乐学)来说,就是圈子比较小,这个圈子比较小好找人,如果你这一下得罪他(导师),我们会害怕说他能站到这个高度,资源和平台

还是比较强势的。我自己家的一个亲戚，他跟我们是同届，他其实是可以保研的，然后他最后是靠自己考，最后几个月自己去考，就是因为那个名额就是被人家莫名其妙地占了，然后他其实可以想办法去申诉，但是他很怕如果得罪导师会有不利的后果。（Y2学生）

比如说后期招生结束，选老师，虽然是双向选择嘛，学生可以选导师，但有些导师做得比较好的话，选他的学生就会比较多，最后能招的学生又有限，你还是相对处在一种被选择的情况，我觉得招生阶段相对来说学生会处于劣势。（Y导师）

实际上学生进来以后，比如说我有10个导师，招20个学生，每个导师比如说分2个名额下去，但是有的导师没有一个人选他，我们会给他强行安排，学生的导师选择权利就在这里会被剥夺掉。（W导师）

导师他本身在地位上是有这种支配的作用，有支配的地位。比如说我们在招生的时候，我要你也可以，也可选择不要你。那对于学生来讲，如果说双方关系比较恰当，就选好了导师。我们也是处理过一个老师，实际上他一直招不到学生，学院有给他3个名额，但是他只招到1个学生，最主要是什么原因呢？他在学生当中的口碑不太好啊，学生对他的认可度不高，所以学生不爱去。不爱去的原因有好多，比如说这个让他做一些个人的私事、不认真培养等等。（C导师）

二、培养阶段：研究生变更导师权利的不确定性和救济渠道缺失

如前文第二章所述，导师在研究生培养过程中具有绝对权威，导师"老板化"、师生关系越界等现象，反映出我国研究生培养过程中导师权力和学生权利配置失衡在进一步扩大，面对导师权力扩张带来的负面影响，研究生变更导师渠道的梗阻是很重要的一个原因：

因为学校有限制，一个导师的名额是有限制的，因为学校担心你带太多学生顾不过来，你培养质量就没法保证，所以就变成说要强行分配安排，有的学生可能会接受，但有一些学生心理上不接受，所以到了培养阶段，就是因为前面导师分配的问题，很多问题就来了。（W导师）

我认为现在换导师的本身就很少，因为学生心里有担心，他会担心毕业的时候，因为你中期也好，毕业也好，你的原导师是很有可能在你毕业或者

中期里面是担任评委的,他这个时候也会有担心,而且还有一个时间进度上的担心,因为你这个课题往往第一年是在念书上课,基本上不进实验室,等你进实验室适应也要到半年到一年时间,剩下只有一年或者一年半时间,你要换导师,你觉得他没有毕业的压力吗?(F导师)

你选定的这个导师,是什么样的情况你可以变更导师?就不是说你自己想换导师就能换导师。学校应该有一种类比或客观的评价,应要有个客观的标准界定,什么条件、什么情况是可以换导师的,符合这种情况你才可以换导师。(LD3学生)

在培养阶段,虽然说一般情况下老师和学生之间课题都是会互相商讨,说你想做什么方向,我这方面什么方向比较擅长,比较适合指导你,大部分是有商有量,但是如果说你一定想做某一方向,但是老师不同意,不给你批准实验仪器和药品等,基本上你也是完成不了。(Y导师)

我有接触过一部分换导师的,大部分是导师那边出了问题,他的学生被遣到其他课题组,你进入到一个新的课题组,人家本身已经融合好了,你一个突然外来的,这边肯定对你也会有一些警惕,有一些排斥,也不是那么好融入的。你要去找新的导师,新的导师基本不太愿意再会收学生了,而且大家都会想说为什么你跟这个导师跟不下去了,是不是你也有什么问题,新的同学也会排斥他,相当于是在某种程度上,大家会把这定义为是一种背叛。(Y导师)

三、毕业阶段:研究生论文导师负责制与研究生 自主性紧张关系

在研究生毕业考核的过程中,导师无疑扮演着最为关键的角色。导师负责制赋予了导师对研究生学业指导和毕业论文考察的决定权,其对研究生毕业论文的指导和评定都直接决定了研究生能否按时毕业,如果导师权力和研究生权利配置失衡,势必造成导学双方的自主性紧张,结构性矛盾冲突加剧:

在毕业的时候可能这个现象就更严重了。我以前身边也有这样的人,很奇怪,那些做得不好的研究生反而更容易毕业。有的导师(往往)是从自己的利益出发;那些做得好的学生可以帮导师多做半年的事情,(导师会想)我就不让你毕业,这是一个非常奇怪的现象。所以这应该也就是所谓的导

师权力与学生权利异化的问题。（F导师）

毕业环节没有处理好，包括什么呢？比如说导师设定的这个毕业的标准不合理，比如说他的这个标准一定要让你发Nature，你才能毕业，这种就是不合理，是导师预想目的与学生实现之间，存在很大的差距。（C导师）

我觉得在毕业的时候，学生比起导师相对弱势的地方就是导师可能对论文的把关没有花那么多力气，这个东西可能主要靠毕业的答辩委员会来定，但是给答辩委员会的时间很短，你要一下子把论文里面的东西，而且它可能不是一个方向，他并不一定懂，所以这个权力确实是在导师手里，因为你学生从来没有毕业过，从来没有写过，学生确实比较有点弱势。（F导师）

这里面不排除有一些导师他是很严格的，比如像NJ大学有的导师，你没有做到发表四篇或者五篇一区文章，他是不会让你毕业的，你找导师他也不理你。我也听说过有的导师，在你（学生）毕业论文要送审前，你（学生）要给我送礼，不送礼导师就不给你改论文。（L导师）

导师控制着课题，但你（学生）不能控制老师的课题。因为你（学生）用的所有的资金、基金都是导师自己申请来的，你（学生）用人家（导师）钱，学生只能听人家（导师）话，导师又给你（学生）发相应的工资，（因此导师对学生的毕业进程）肯定在一定程度上是会影响的，并且你（学生）后续论文送审权力也把握在导师手里。（Y导师）

导师肯定是强势的，他要审核学生的那个论文，就是如果导师不签字，所以就是最后可是我觉得导师还是要把关，如果我们的学生的材料有问题，其实导师他自己也不敢松手啊，但是在关系中我觉得如果一旦老师有情绪的话，其实对学生的这种心理压力是非常大的。（Y2同学）

四、不同阶段导师权力与研究生权利配置失衡趋势

从研究生招生、培养到毕业三个阶段，导师与研究生师生关系逐渐紧密、导师权力影响逐步加大、研究生权利救济渠道更为模糊，师生矛盾冲突的可能性增加，师生关系异化现象加剧。表现在研究生教育不同阶段导师权力和学生权利配置失衡加剧，出现招生阶段导师权力和学生权利配置的轻度失衡、培养阶段导师权力和学生权利配置的中度失衡、毕业阶段导师权力和学生权利配置的重度失衡的现象：

在研究生教育阶段，随着导师和学生双方关系的加深，导师权力和学生

权利的不对等也会加强,如果处理不好,没能进行及时有效的沟通,导师和学生容易造成关系异化的情况,出现极端事件的可能性就存在。(T导师)

培养阶段导师权力和学生权利的差别就会大一点,为什么呢? 我觉得跟每个导师的个人培养方法、个人风格都有关系。毕业阶段导师权力和学生权利的失衡就更明显。(O导师)

随着师生双方关系往后,一开始可能是平等的双向选择,然后到后面慢慢地慢慢地导师就站在了一个比较主动的地位,那学生就是一直都是处于这个弱势的状态,是相对弱势的一个状态,从招生到培养再到毕业,导师权力和学生权利失衡就逐步加剧,没处理好,那就是可能出现师生关系异化的现象。(LD3学生)

从招生、培养和毕业三阶段来讲,在毕业的时候导师与学生之间的关系张力会达到一个顶点,其实是导师的权力达到一个最高点,因为导师可以说我不让你去送审论文,或者说我就不给你修改论文之类的。(X导师)

通过深度访谈,进一步验证了前文的分析结论,在研究生教育不同的关键环节,师生双方权利配置的失衡状况是不一样的:研究生招生阶段主要表现为导师权力扩张与学生权利救济渠道不足,导师权力和学生权利配置出现轻度失衡;培养阶段主要存在学生变更导师权利的不确定性和学生权利保障渠道缺失的问题,该阶段导师权力和学生权利配置呈现中度失衡的状态;毕业阶段的矛盾在于毕业论文导师负责制与研究生自主性紧张关系,此时导师权力和学生权利配置存在重度失衡。可见,随着双方的交往越深入,权利配置失衡的状况和程度就愈明显。

第四节　破局:打造和谐适配的研究生教育师生关系

针对不同阶段出现的矛盾和问题,为了保障研究生的受教育权,关键是要在研究生的招生、培养和毕业环节进行制度化的设计,确保研究生的受教育权在受到侵害时,能得到及时和有效的救济。

一、招生阶段

在研究生招生过程中,时常出现学校教师泄题、人情因素干扰、复试流于形式等不公平现象,受访者表示目前我国的研究生招生模式还有进一步完善的空间:

研究生招生要跟高考报志愿一样,有个完整的报考规范,但现在实际操作当中,由于报考系统不支持这种运行机制,会出现招生名额还没有下达,有的老师就提早开始面试学生,特别是学生第一志愿没上,补录阶段的招生就比较混乱。(Z导师)

也有导师提出,目前的招生模式不利于优质生源选拔,应该给予研究生导师更多的决定权,去挑选真正适合做科研的学生:

对于招生阶段,我倒是有一些不同的意见,限制导师在招生阶段的部分权利这样做是公平合理,但是不利于选拔到你想要的人才。因为导师也应该有权利选择自己喜欢的学生,这样的话是不是培养起来更好一些。因为学生和老师也是有缘分的,有的时候你可能觉得正好这个学生特别适合你的,这种像博士可能会容易一些,硕士研究生能遇到基本上就算导师撞大运了。(T导师)

二、培养阶段

在研究生培养过程中,导师权力强大,学生权利常被遮蔽,学生参与权往往无法得到有效保障。但是随着我国高等教育进入了普及化阶段,高校与学生之间、教师与学生之间的关系越来越平等和民主。

针对导师和学生之间因沟通方式造成的摩擦,受访者表示学生也要主动提高自身的抗压能力和沟通能力,不能单方面将问题归结给导师:

学生方面要提高这种认知能力、抗压能力和处理问题的能力。现在大多是独生子女这么一批学生,可能在这方面或者能力上也会有一些缺陷,所以会出现这样的一些问题,读研肯定会有压力,如果没有抗压能力,学生自己会产生很多问题,又不能恰当处理,还甚至就怪罪到导师身上。(Z导师)

学生有时候不跟老师交流,有什么想法也不会表达。有些时候的权力差异可能导致双方之间的误会越来越深,隔阂越来越深。就这方面来说的话,学校可以组织培训或开设相应的选修课,提高学生的沟通表达能力。通过合适的方法而不是说用一个很剧烈的方法,或者很极端的方式。所以说这块不一定要从制度上,可以通过一些培训等有效的举措,让学生去学会提升沟通方面的技巧。(O 导师)

针对部分导师频繁"越界"的问题,受访者表示要通过明确的法律法规,制定导师的行为准则,强化导师的底线意识:

我觉得如果有一些明确的法律规定条文,大家都比较简单明了,就是让导师规范权力,有法律条文明文规定的话就好有章可循、有法可依,就会知道行为要控制在一个范围而不要越界,更不会出现师生关系之间的异化问题。(T 导师)

要给导师一条底线,告诉导师什么可以做,什么不可以做。要么是学校提供的这个的线,要么是学院提供的线,要么就是有法律等第三方的客观标准。只有这个标准确定下来,告诉学生毕业的门槛和标准,导师也能对他的权利的边界把控清楚,防止"越界"行为的产生,也可有效避免师生的矛盾。(C 导师)

也有受访者表示,要完善导师的评价机制,给予学生评价导师的渠道,作为学校管理导师队伍的一个参考:

假如说有一个系统可以给老师打个分,从学术水平、师德师风等多个细节让学生去评价导师。对于校方去管理老师可能也会有一些依据,就我们现有的教师队伍管理体系而言,我们明知道某个老师带学生不好,老师的科研经费使用不够规范,但是我们没有一个好的依据来处罚导师。要有合理的制度来保护这个学生的合法权利。(C 导师)

对于很多学生在培养阶段提出的更换导师的机制,受访者也表示了认同:

在培养阶段,我觉得更换导师是可行的啊,因为师生之间有的时候也可能是因为互相性格不合,那换一个导师说不定就互相都觉得挺满意,这都是可能的。因为有的学生他可能因为不喜欢导师的课题或研究方向,他本身也许是想努力去做研究的,更换导师或许他的成果会更突出?(T 导师)

像我们学校研究生要换导师还是可行的,因为研究生换导师肯定要么是研究生的问题,要么就是导师的问题,两者肯定没办法继续下去了。这个时候我是觉得为了导师或者为了学生的好,还是尽可能地满足他,因为我们学院每年都会有这种情况出现,对于学院来讲肯定会尽可能地支持他们,满足双方的需求。因为本来师生关系就很僵的情况下,你再去让他们硬要在一起,可能矛盾就越来越大了。作为导师来讲,他当然希望学生能够做自己的研究方向,因为你本身选的导师可能其实前提就是你要对他的研究方向感兴趣,然后你才去选这位导师,如果不感兴趣你坚决不想做的情况下,这个时候其实我的建议学生就可以提出更换导师。当然学院也要了解实情,慎重把好关。(L导师)

三、毕业阶段

不同高校的学术考核评价标准存在较大差异,导师也存在自主制定送审门槛、自主设立论文考核标准的空间,进而导致师生矛盾在毕业阶段集中爆发。受访者们一致表示,应尽快推出更为全面系统、具有长期执行效力的法律法规,高校也应不断优化研究生的学术考核评价标准:

在毕业阶段,目前法律法规基本没有规定,在现实层面出现了导师权力和学生权利失衡的情况,立法机关就要去补这个法律的漏洞。等有了正式的法律依据,法律漏洞补了,法律法规出台了,就能有效解决关系失衡和异化的问题。(Z导师)

我觉得在缺乏法律保障的情况下,解决毕业阶段失衡的问题主要还是要靠二级单位。比如学术委员会一定要落实,就是说对老师也要有约束,对学生也有约束。就按习近平总书记讲的把权力关进制度的笼子里,权力一定要有约束,老师一定要受到学术委员会的约束,学生也要有一个畅通的申诉渠道,比如说我跟老师有冲突,学术上有冲突,解决不下来的时候,我可以提交学术委员会来介入评估。(F导师)

假设一个情况,学校接受了学生的一个申诉,他该怎么对导师进行一个惩罚规训,我觉得这个东西也是要有一个度,恰恰是因为学校不好掌握这个度,所以就选择规避。其实我们说这个制度它是有的,但是它因为不够完善,无论是从正式的角度,还是说非正式的一些渠道也好,学校还是需要继续加强申诉渠道的建设。(W2学生)

四、救济渠道

在研究生教育中,研究生的权利保障必须要有确切的救济渠道和程序正义支持,研究生导师权力的行使,也应该要有相应的程序制约,只有在程序正义的保障和支持下,权利受到的侵害才能得到及时的救济和补偿。因此,建立多元化的研究生教育导师权力与学生权利纠纷救济与保障体系,对于维护学生的合法权利,避免导师权力与学生权利配置失衡等异化现象的出现,都具有重要的意义和价值。

如果有一个法律相关的咨询部门,当学生和导师发生纠纷的时候,学生就可以去咨询应该怎么去维权。现实的情况就是,很多学生不知道在和导师出现纠纷后,权益受到损害时应该怎么做,也不知道是否有相应的渠道去表述自己的意见。(O导师)

比如说现在有一些社会服务机构对学生提供一个法律援助,去解决我们学生权利受侵害时不知如何是好的现象。这个我觉得通过法律的途径,选择向学院反馈,是最有效的方式。(LD3学生)

我觉得也可以通过非正式的机制去解决师生之间的摩擦,比如向学校向上级反映可能是没有人听你的,可能真的还是得求助一些比较非正式的,比如说在微博上去行使这样的一个权利。就像之前阿里女员工一样,我相信她其实也想通过一些非常官方正式的手段去解决这个问题,但恰恰就是因为解决不了,所以才有一个非正式的通过微博曝光来解决他自己问题的这样一个情况。(W2学生)

提升研究生教育导师权力与学生权利的适配性,构建和谐融洽的研究生教育师生关系,重要路径是构建研究生教育关键节点的导师权力和学生权利配置规范。在本次深度访谈中,受访者针对每一个阶段师生权力配置存在的失衡情况和具体问题均提出了解决的举措,并且从法律的视角,提出要扩大学生的权利救济渠道,作为维护学生合法权利的重要保障。

第五节 师生关系适配性指标体系案例分析

本研究构建了研究生教育导师权力和学生权利适配性评价指标体系,通过实证分析加以验证,并进一步划分了研究生教育师生关系适配度的评价标准。需要关注到,在不同层次高校内,影响研究生教育师生关系的指标权重是不一样的。衡量一所高校当前研究生教育师生关系适配度,首先需对高校背景进行详细掌握,根据其实际情况测量不同指标的权重,进而根据问卷结果计算研究生教育导师权力和学生权利的适配性。

一、案例背景

F大学CE学院成立于2014年2月,现有多个"211工程"重点学科建设项目;1个一级学科博士学位点,6个二级学科博士学位点;1个一级学科硕士点,涵盖4个二级学科硕士点;1个专业学位硕士点。师资方面,CE学院现有国家杰出青年基金获得者、国家"万人计划"科技创新领军人才及863计划项目首席专家为学科带头人,全院共有博士生导师27人,硕士生导师人77人。生源方面,学院现有在校生1595人,其中博士研究生81人、硕士研究生585人。作为一所"双一流"高校的典型代表,本研究邀请院内师生代表对指标权重进行打分,并在院内进行随机抽样,最终计算现阶段CE学院研究生师生关系的适配度。

二、指标权重的确定

本研究采取层次分析法(the Analytic Hierarchy Process,AHP)确定不同指标的权重。本研究邀请CE学院内20名学院领导、研究生导师和研究生代表,结合CE学院的学科特性和发展现状,采用9级标度法对研究生教育导师权力(P)和学生权利(R)适配性评价指标进行成对比较,以此计算出适用于CE学院师生关系适配性的指标权重,问卷详见附录二。本次调查共发出20份访谈问卷,回收17份有效问卷,回收率达到85%。整理问卷数据,对师生关系适配度二级、三级指标的权重进行加权平均,最终得到现阶段CE学院导师权力和研究生权利适配性的指标权重。

将总目标层拆分为导师权力P、学生权利R,其子系统层分别是$P = \{P_1 \quad P_2 \quad P_3\}$、$R = \{R_1 \quad R_2 \quad R_3 \quad R_4\}$。师生关系适配性F对导师权力P、学生权利R的权重为W_1;导师权力P对P_1、P_2、P_3的权重为W_2;学生权利R对R_1、R_2、R_3、R_4的权重为W_3,分别建立师生关系适配性、导师权力、学生权利的判断矩阵,如表5-1、表5-2、表5-3所示。

综上,一级判断矩阵为:

表 5-1 师生关系适配性的判断矩阵 F

师生关系适配性 F	导师权力 P	学生权利 R
导师权力 P	1	1/1.8
学生权利 R	—	1

二级判断矩阵为：

表 5-2 导师权力的判断矩阵 P

导师权力 P	招生阶段权力 P_1	培养阶段权力 P_2	毕业阶段权力 P_3
招生阶段权力 P_1	1	1/5.76	1/5.2
培养阶段权力 P_2	—	1	2.56
毕业阶段权力 P_3	—	—	1

表 5-3 学生权利的判断矩阵 R

学生权利 R	招生阶段权利 R_1	培养阶段权利 R_2	毕业阶段权利 R_3	权利救济渠道 R_4
招生阶段权利 R_1	1	1/4.27	1/3.94	1/4.6
培养阶段权利 R_2	—	1	1.64	1/2.94
毕业阶段权利 R_3	—	—	1	1/3.2
权利救济渠道 R_4	—	—	—	1

本研究利用 MATLAB 软件计算师生关系适配性指标体系中不同指标的权重。将上文计算的三个判断矩阵 F、P、R 分别输入，经过计算，得出一级指标和二级指标的权重、指标的最大特征值 λmax、一致性比例，如表 5-4 所示。

表 5-4 权重计算结果

权重		λmax	一致性比例	是否符合一致性要求
P	0.5	2	0	符合
R	0.5			
P_1	0.089	3.054	0.052	符合
P_2	0.559			
P_3	0.352			

续表

权重		λmax	一致性比例	是否符合一致性要求
R₁	0.079			
R₂	0.249	4.087	0.0327	符合
R₃	0.209			
R₄	0.463			

根据表5-4,所有权重系数一致性比例均小于0.1,符合一致性要求。由此可得评价指标体系的权重,如表5-5所示。

表 5-5　指标体系权重

目标层	一级指标	二级指标
师生关系适配性(F)	导师权力 P(0.5)	招生阶段权力 P_1(0.089)
		培养阶段权力 P_2(0.559)
		毕业阶段权力 P_3(0.352)
	学生权利 R(0.5)	招生阶段权利 R_1(0.079)
		培养阶段权利 R_2(0.249)
		毕业阶段权利 R_3(0.209)
		权利救济渠道 R_4(0.463)

三、适配度计算

本研究在 CE 学院内部通过对部分师生采取随机抽样的方式发放问卷,分别针对研究生师生关系中导师权力以及学生权利两个维度进行测量,在师生中共发出问卷 100 份,收回有效问卷 93 份。

1.导师权力指标

通过整理调查对象的打分结果并取均值,得出导师权力二级指标的取值,如表 5-6 所示。

表 5-6　导师权力测量指标得分

P	P_1	P_2	P_3
	4.11	4.18	4.32

根据公式 4-1、表 5-5、表 5-6，计算出 CE 学院目前导师权力为：

$$P = P_1 * 0.089 + P_2 * 0.559 + P_3 * 0.352$$
$$= 4.11 * 0.089 + 4.18 * 0.559 + 4.32 * 0.352$$
$$= 4.22$$

2.学生权利指标

通过整理调查对象的打分结果并取均值，得出学生权利二级指标的取值，如表 5-7 所示。

表 5-7　学生权利测量指标得分

R	R_1	R_2	R_3	R_4
	3.25	2.75	2.22	2.56

根据公式 4-2、表 5-5、表 5-7，计算出 CE 学院目前学生权利为：

$$R = R_1 * 0.079 + R_2 * 0.249 + R_3 * 0.209 + R_4 * 0.463$$
$$= 3.25 * 0.079 + 2.75 * 0.249 + 2.22 * 0.209 + 2.56 * 0.463$$
$$= 2.59$$

3.师生关系适配度

根据公式 4-3 和 4-4，CE 学院现阶段师生关系适配度 F 为：

$$PR(t_0) = | P_j(t_0) - R_j(t_0) | = | 4.22 - 2.59 | = 1.63$$
$$F(t_0) = \frac{PR(t_0) - \min PR}{\max PR - \min PR} = \frac{1.63 - 0}{5 - 0} = 0.37$$

四、结果分析

通过对 F 大学 CE 学院的研究生教育导师权力和学生权利适配性问卷调查，根据本研究构建的师生关系适配性评价指标体系模型，计算出现阶段 F 大学 CE 学院研究生师生关系适配度为 0.37，对照师生关系适配度等级划分标准（表 4-33）可知：CE 学院现阶段研究生师生处于中等适配阶段（0.3≤F＜0.5），师生双方权力（权利）分配存在轻度失衡情况，但双方能做出对方期待的行为，从整体而言，师生关系适配性处于相对较高的水平。

详细观察每个指标体系得分，导师权力均超过 4 分，其中毕业阶段权力的得分最高，体现 CE 学院现阶段导师在研究生师生关系中依旧具有较强话语权,对于学生能否顺利毕业起到关键作用。反观学生权利的四个二级指标得分,仅招生阶段权利一项超过了 3 分,符合当下研究生招考模式愈发透明、公正的趋势,导师对学生入学的影响在减弱。但是在培养阶段、毕业阶段,学生权利得分依旧与导师权力有明显差距,学生在这两个阶段依旧处于明显弱势地位。同时,学生现阶段可以使用的权利救济渠道也相对有限,权利救济渠道得分也较低。该案例进一步验证了在招生阶段,导师权力和学生权利配置处于轻度失衡状态;培养阶段,导师权力和学生权利配置处于中度失衡状态;毕业阶段,导师权力和学生权利配置处于重度失衡状态。

综上,F 大学 CE 学院是我国众多研究生培养单位的一个代表,通过对其现阶段研究生师生关系的适配情况展开的调研与详细分析发现,CE 学院研究生师生关系适配度和存在问题与本研究前文分析结果基本一致,进一步论证了本研究的科学性。

第六节　导师权力与学生权利失衡的具体案例分析

如前章所述,近年来导师权力和学生权利失衡引发的恶性事件时有发生。本节通过研究生教育三个环节导师权力与学生权利配置失衡的理论,以武汉某大学陶某园事件为例,探讨研究生教育中导师权力与学生权利适配性问题,以探究研究生权利保障诉求的救济渠道和程序正义举措。

陶某园事件是发生于 2018 年 3 月。因为长期受到导师王某压迫,武汉某大学研究生三年级学生陶某园于 2018 年 3 月 26 日清晨跳楼自杀。微博 ID 为"陶某园姐姐"的认证用户于 3 月 28 日发布长微博,称其弟弟陶某园"长期遭受导师压迫""被迫叫导师爸爸、喊'爸我永远爱你'",最终"实在受不了了",在学校跳楼自杀。事件发生后,学校停止了导师王某的研究生招生资格。最终,武汉市洪山区法院作出民事调解,当事人达成协议,王某同意对陶某园在教育培养过程中自己的"不当言行"对陶某园表示道歉,对失去陶某园这名优秀学生深表痛惜,对陶某园的悲剧表示惋惜;王某向陶某园家属支付抚慰金 65 万元;调解生效后,陶某园亲属不得再以任何理由及方式就本案相关事实向王某及其所在单位武汉某大学主张包括民事权利在内的所有权利。[1]

这是一起典型的研究生教育中导师权力与学生权利配置出现严重失衡发生的悲剧事件。根据武汉某大学发布的情况通报和武汉某大学党委宣传部工作人员对陶某园事件的回应信息等资料，我们来分析该事件中所涉及研究生教育的招生、培养和毕业三个关键环节。

关键环节一：陶某园本科毕业时，王某为劝陶某园在其手下读研，曾书面承诺推荐他去海外读博或作访问研究，但临近硕士毕业时，王某却阻碍陶某园出国求学和找工作。该报道说明陶某园在本科期间已与王某有深入的接触，据其同学称王某是陶某园的本科班主任。该关键节点处于研究生招生阶段，即双方确定师生关系之前。

关键环节二：陶某园的姐姐称，在其弟弟陶某园读研期间，导师王某要求陶某园进门鞠躬并称呼他为"爸爸"。该关键环节处于研究生培养阶段。

关键环节三：武汉某大学通报陶某园坠楼事件调查：导师王某存在与学生认义父子关系等与教学科研无关的行为，以及指导学生升学就业过程中方式欠妥等情况。该关键环节处于研究生毕业阶段。

在关键环节一中，涉及的导师权力包括参与政策制定权、复试考核权、录取决定权；涉及的学生权利包括自主报考权、导师选择权、申诉复议权。从陶某园事件中可以看出，陶某园一开始并非想在王某指导下读研，而是"联系了武汉一所985高校的老师，确认符合保送条件"。但是由于王某是其本科班主任，与其有长时间的接触，并书面承诺给予其每年5000元补助且推荐他去海外读博或作访问研究，陶某园才同意报在王某的名下读研。这也是悲剧的开端。在这个过程中，王某行使了录取决定权，陶某园行使了自主报考权和导师选择权。看似双方都行使了自己被赋予的权力（利），但是权利的背后却隐藏着信息的不对称。即王某对陶某园的"承诺"并不具有法律效力，陶某园也无法知晓经过三年后该承诺能否兑现。但是由于对王某的信任，陶某园报名录取到王某名下。该招生过程的信息不对称从某种

① 根据中国日报网（https://baijiahao.baidu.com/s? id = 1597157029276624646&wfr = spider&for = pc）、央广网（https://baijiahao.baidu.com/s? id = 1597168019488308763&wfr=spider&for=pc）、北京青年报（https://app.bjtitle.com/8816/newshow.php? newsid = 5267352&src = stream&typeid = 5&uid = 0&did = fc25abc40d8f4f5cadb11c2cda9e5006&show=0&fSize=M&ver=2.5.5&ff=fz&mood=wx）等相关报道（访问日期：2021年6月16日）整理。

程度上导致了导师权力和学生权利配置在招生阶段处于轻度失衡的状态。

在关键环节二中,涉及的导师权力包括学生管理权、学术指导权、教育教学权,学生权利包括受教育权、学术自由权、获取奖助权、监督申诉权。在陶某园事件中,研究生培养阶段是师生关系配置失衡的集中爆发点。在媒体对事件的还原中并未看到王某对陶某园的学术指导,更多的是对其在学术管理权和教育教学权上的"僭越",这些导师王某要求陶某园所做的与教学科研无关的行为,明显不在学术指导的范畴内,违反了教育部文件《新时代高校教师职业行为十项准则》中的第五条"关心爱护学生。不得要求学生从事与教学、科研、社会服务无关的事宜"及《研究生导师指导行为准则》中的第四条"不得要求研究生从事与学业、科研、社会服务无关的事务"。而这些违背研究生导师行为准则的行为是否间接导致了悲剧的发生? 回到研究生权利,从报道中可以发现,陶某园并没有很好地行使他的"学术自由权"和"监督申诉权"。在明知权利受到侵害的情况下(陶某园曾跟同学抱怨"在这边生活被王老师控制住了,一切生活围绕着他转"),陶某园为什么没有及时向学院或学校有关部门申诉? 这至少反映了两个问题:一是当下部分高校往往只看重导师的科研成果,而忽视导师的师德师风建设,对导师侵害学生权利的行为避重就轻,多方遮掩,缺乏严格的监管和惩戒机制。而导师在培养阶段被赋予了过大的权力,出现导师利用师生关系的不平等地位要挟学生做与学业指导无关的事务。二是我国研究生培养过程中导师权力和学生权利配置失衡在进一步扩大,面对导师权力的侵害,研究生变更导师权利的不确定性和救济渠道缺失已成为必须关注的问题。这些进一步导致在培养阶段导师权力和学生权利配置的中度失衡。

在关键环节三中,涉及的导师权力,包括论文选题确定权、论文写作指导权、论文送审决定权、答辩环节决定权、毕业环节决定权,研究生权利包括公正评定权、及时送审权、及时答辩权、获得证书权、申诉复议权。在陶某园事件中,毕业环节是"压死骆驼的最后一根稻草"。陶某园也正是在临近毕业时发生了不幸。在该阶段,王某行使了毕业环节决定权。从武汉某大学陶某园坠楼事件通报中可以发现,导师王某存在与陶某园认义父子关系等与教学科研无关的行为,以及存在指导学生升学就业过程中方式欠妥等情况。在这一过程中,导师王某指导陶某园升学就业正处在研究生毕业的关键阶段。在研究生毕业环节,研究生行使的各项权利(如公正评定权、及时送审权、及时答辩权、获得证书权)的前提是都需要征得导师的同意。无论是论文送审还是毕业答辩,如果导师不在同意书上签字,按照现行的研究生管理制度,研究生在毕业环节的相关权利都无法得到有效行使。这就存在一个怪圈,即研究生权利看似完整,然而其行使相关权利是有一定前置条件的,可以称之为"不完整的权利"。该"不完整的权利"在面对导师完整甚至是决定性的权力的时候,就显得脆弱不堪了。因此,在研究生培养和毕业阶段,学生的申诉权利显得十分的重要。这也是研究生用来对抗师生关系不平等的唯一有效途径。问题在于,在现阶段的大学制度中,研究生的申诉复议权通常得不到有效的保障。这也是由现阶段存在的导师责任制所决定的。那么,合规地引入外部因素来监督和规范导师的权力,保障研究生申诉、复议等权利救济渠道就显得尤为重要了。

从以上对陶某园事件的案例分析中,可以进一步论证本书第三章的验证结论,即:研究生教育中,导师权力与学生权利差距的绝对值对师生关系适配性呈现负相关的关系。导师权力与学生权利分配差异越小,双方的地位越平等,师生关系越趋于适配;导师权力与学生权利分配差异越大,双方的地位越不平等,师生关系适配性也就越差。而寻求弥补师生权力-权利关系配置偏差的方法对于研究生教育实践具有十分重要的意义。

小　结

基于前章的问卷调查和数据分析,本章通过邀请 20 位研究生导师和研究生开展深度访谈,共同探讨和分析研究生教育过程中师生关系形成和出现异化现象、研究生教育师生关系适配性问题、导师权力和研究生权利关系异化现象、如何构建研究生教育和谐适配的师生关系等问题。同时,以 F 大学 CE 学院师生关系为研究对象,通过师生关系适配度计算,量化分析了现阶段 CE 学院研究生教育师生关系的适配情况,并对陶某园事件进行了深入的案例分析,进一步探讨和验证了研究生教育中导师权力与学生权利的适配性问题。

第六章

研究生教育关键环节的学生权利
救济与程序正义举措

公民的权利自始就是与救济相联系的,没有救济,就没有权利。将研究生教育制度建设过程视为一个走向法治化的过程,其本质上是使高等教育权利划分更加明晰化和得到法律保障的过程[①]。要保障研究生的受教育权,关键是要在研究生的招生、培养和毕业环节进行制度化的设计,确保研究生的受教育权在受到侵害时能得到及时的救济。没有程序的正义,也就没有实体的权利保障。在研究生教育中,研究生的合法权利必须有明确的救济渠道和必要的程序正义,只有通过一定的程序来制约导师权力,在程序正义举措的保障下,研究生权利的缺损才能得到及时的救济和补偿。

第一节 研究生招生环节学生权利救济
与程序正义举措

一、研究生招生导师权力的规范

我国研究生招生经过近 70 年的改革与发展,目前已经形成较为系统的"初试＋复试"的研究生招生制度,同时在招生条件、笔试命题、试卷保密等方面设置了比较完善的监管制度规定。但是不可否认,随着研究生招生制度改革的不断推进,高校及导师的招生自主权得到扩大,在研究生招生过程中,屡屡出现学校教师泄题、人情因素干扰、复试流于形式等不公平现象,反

---

① 王洪才.高等教育现代化"三步走"的逻辑[J].终身教育研究,2019(5):3-10.

映出研究生招生体制还存在进一步完善和优化的空间,导师招生环节权力还有需要进一步规范的地方。要做好导师招生环节权力规范工作,应从以下三个方面着力:一是规范研究生招生的过程管理。高校应当在教育部相关文件规定的基础上,进一步规范研究生招生过程中导师的权力,梳理研究生招生选拔流程,对现阶段存在模糊地带的招生环节进行清晰界定,以增加研究生招生的公平性,维护我国研究生招生体制的权威性。研究生导师应当正确行使手中的权力,尊重知识、科学选才,按照相关制度和文件规定做好研究生入学考试命题、评卷、复试、录取及其他有关招生选拔工作,不徇私舞弊,确保研究生招生录取工作的公平与公正,以不断提高研究生生源质量。导师应当按照学校相关规定,根据科研项目的需要、可支配经费情况以及自身指导能力招收研究生。研究生入学后,导师应尽快了解研究生所具备的基础知识、专业技能和身心健康状况等情况,协助学生工作部门做好入学教育工作。二是加强招生录取过程的监管。研究生招生监控工作可以为研究生招生阶段提供有效的纠错机制,及时制止导师做出滥用招生权力的错误行为,进而保证研究生招生程序符合法律法规要求,并契合高校高层次人才培养的最终目标,提高研究生招生工作的公信力。高校研究生招生监控工作是保证高校研究生招生公平性和公正性不可或缺的环节。针对研究生招生阶段存在少数导师人情招生、暗箱操作、权钱交易等情况,首先,高校要明确研究生招生监控工作的主体。除了负责研究生招生工作的职能部门,高校党政领导、纪委及监察部门都应参与到研究生招生监控工作中。除此之外,包括上级管理部门、社会媒体、考生家长同样有资格在研究生招生监控工作中,监督导师招生权力是否正确合理行使;其次,高校应建立全过程的研究生招生监控机制。对研究生招生阶段中报考、初试、复试、结果公示等各环节实施科学严密的监控,可采取的工作方式有工作指导、工作考核、现场检查、调查督导等①。第三,加强导师师德师风建设。导师滥用招生权力的直接原因是其师德师风存在问题,有的导师不能很好地承担传播知识、思想和真理,塑造灵魂、生命和价值的时代重任。高校应该在研究生招生前就积极进行考查和培养,在研究生导师选拔过程中,兼顾专业学识和个人品质,注重师德师风的考察,保证导师正确行使招生权力,选人唯贤,公

---

① 王本贤.高校硕士研究生招生监控的内涵、程序和要求探析[J].高教论坛,2018(12):100-103.

正负责地甄选出高素质人才。高校首先要建立完善的导师选聘制度,突出导师是研究生培养第一责任人的理念,综合考量教师的科研水平、教学质量、学术道德,选拔出品学兼优的优秀教师作为研究生导师;其次,高校要在导师队伍中开展常态化的师德师风培训,定期开展师德师风专题培训,聘请校内外专家"传经送宝"。同时,充分挖掘并弘扬校内优秀导师的先进事迹,在导师队伍中选树典型,发挥示范作用,增强导师教书育人的荣誉感和使命感;最后,高校要畅通导师队伍的退出机制,对于未能很好地履行职责,在招生阶段滥用权力,影响研究生招生考试公平性的导师,应及时取消其招生资格,保证导师队伍的先进性和纯洁性。

二、研究生招生环节学生权利的救济

"师道尊严"是中华优秀的传统文化,理应得到很好地传承和弘扬。但也是受这一观念影响,研究生对自身权利的自我保护意识比较淡薄。在一项校园调查中,约有 70% 的研究生表示,当自身合法权利在校园中遭受侵害时,自己找不到维权的合法途径。虽然研究生是我国高等教育的重要组成部分,但毕竟还是学生,缺乏工作经历和社会经验,不具备经济和人格的真正独立,导致其无法正确认识自身的合法权利,以至于权利受到侵害时,无法自主解决问题。从法理上来看,权利是一种利益,一种可能性,权利的范围决定了权利主体可以自由决定自己行为的范围,因此权利是高度抽象的、概括的,其指向的对象才是具体的、现实化的。基于这种逻辑,高校研究生的权利是指公民在高等院校按照规定条件取得研究生身份后,基于其研究生身份,依照法律和相关行政法规在高等院校可以享有相关利益的资格。大学生是高等教育的主体,学校和教师也都有义务保障学生权利的实现,确保学生的受教育权不受侵害。

我国《普通高等学校学生管理规定》第 60 条明确规定,学生对学校处理或处分决定存在异议,在接到处理或者处分决定书之日起 10 日内,学生可以向学校学生申诉处理委员会提出书面申诉。这一规定明确了研究生在自己的合法权利受到不当处置或侵害的时候,有寻求救济的权利,实际上本项所规定的就是高校研究生的救济权利,这是一种第二性权利,只有当其享有的基本权利,也就是受教育权被侵犯或损害时,才能开始行使该项权利。招生环节学生权利的救济,从根本上来说,主要源自学生依法享有的受教育权未能得到实质性保障的情形。《高等教育法》第 32 条规定,具备招生资格的高等学校有权根据政策要求、办学条件、社会需求,自主核定办学规模,制定招生方案,调节院系招生比例。因此,高校在制定招生方案时,对于研究生招生条件的设置存在一定差异化的空间,对于报考学生的成绩要求、考试科目、科研成果等方面可以制定相应报考门槛。在这过程中,导师在招生条件的设置等方面可以发挥重要的影响作用,有的可以针对部分生源量身打造严苛的报考条件,减少其竞争压力。但是这些不合理的报考条件限制可能会造成招生阶段出现不公平现象。因此,高校应在公开、公平、公正的基础上,充分保障研究生的受教育权,在设置本校研究生招生方案时,高校只能在法律法规授权的有限范围内设置补充性的报考条件,这些差异化的报考条件必须是公平合理的。在充分保证导师的参与决策权基础上,更应该防止招生条件变成导师滥用权力的工具。如果学生在招生阶段的权利受到侵害,可以通过申诉、复议或诉讼等路径,使自己的受教育权得到及时的救济,在这一方面,高校和教育主管部门有着一套比较完善的制度保障和规定。

三、研究生招生大学自主与司法救济的平衡

改革开放以来,我国的经济体制发生了重大的变革,在教育管理体制方面也进行了一系列的改革,在高等教育体制的改革中,政府逐步将权力下放,给予高校更多的办学自主权。落实高校办学自主权是深化高等教育体制改革的关键,然而有些高校对办学自主权的性质认识不清,导致部分高校在落实办学自主权过程中,出现了无力和无序的两种尴尬。在宏观层面,自主招生政策有效推进研究生招生制度改革和细化学位学科分类,建立了科学与标准的研究生招生体系;在中观层面,自主招生政策一定程度扩大高等院校办学自主权,提高了高校在学科、市场、政府中的招生话语权;在微观层面,自主招生政策也同样增加导师的学生选择权,提高复试得分占比并对程序加以规范,招生的方法更加综合化,提高录取的公平性和科学性。但由于有些高校缺乏相关监管机制,随着高校招生自主权的扩大,少数高校研究生招生出现了无序性和随意性的情况,损害了研究生的正当权益。如何在保证高校的招生自主权和维护研究生的受教育权之间,实现二者的平衡,是大学治理体系和治理能力现代化过程中无法回避的一个重要问题。

近年来,随着招生阶段的争议和纠纷事件的增加,国内高校针对招生争

端的救济渠道暴露出明显的缺陷。考生如果对于招生结果存在异议,或者质疑导师不恰当行使了招生权力,大多只能通过媒体舆论加以曝光,无法透过合法的机构或者明确的法律条款维护自身的受教育权。建立多渠道的高校招生争端救济体系,对于维持研究生招生秩序,保障考生的合法权益不受侵犯,缓和招生阶段导师权力与学生权利配置失衡的局面都具有积极的意义。完善的招生争端救济体系,同样需要多方的共同参与。《普通高等学校学生管理规定》第60条规定,校内申诉处理委员会要由高校领导、职能部门负责人、教师代表、学生代表四部分组成,用于受理学生对高校行使管理职能过程中存在质疑提出的申诉。但在现阶段,校内申诉处理委员会更多作为一个行政机构,在处理高校招生争端时很难站在考生的立场,也难以对导师队伍发挥监督和制约的作用。因此,高校要优化申处委的职责和功能,切实发挥申处委的积极作用,对于考生的申诉给予及时的反馈,同时要加强在日常中对导师行使招生权的有效监督。在社会层面,公共媒体只能对高校招生争端施加舆论压力且覆盖群体有限,并不能作为广大考生共同的救济渠道。因此,可以借鉴英美等国的做法,设立第三方的教育仲裁机构,邀请知名律师、教育专家、高校管理者共同担任仲裁员,以第三方的公正视角,审视高校招生过程中是否存在不公平现象,审视导师在招生过程中是否合理使用了招生权力。同样,仲裁的过程应邀请双方当事人进行充分的辩论,最终做出公正、合理的仲裁。在国家层面,我国法律在现阶段尚未颁布一项专门用于解决高校招生争端的适用性法律法规或专门条例。在地方的规章制度中,天津市在2005年曾出台过《高等学校招生录取争议裁决办法》[①],国家和政府应抓紧出台解决高校招生争端的专门法律法规,为学生提供有效的救济渠道。当然,考虑到高等教育具有学术自由和办学自主的特点,提倡在出现纠纷时,先通过校内非诉讼纠纷途径解决,落实好诉讼前置原则,将提交司法诉讼救济作为研究生实现招生阶段权利的最后一道屏障。

---

① 顾海波,赵进华.高校招生争端仲裁机制探析[J].国家教育行政学院学报,2012(5):43-47.

第二节　研究生培养环节学生权利救济与程序正义举措

一、研究生自治组织参与决策

研究生在校期间除了享有参加各项活动、使用教学资源、申请奖助学金、获得相应证书、提出处分申诉等权利外,还享有参与民主管理,对学校工作提出意见和建议和对学校、教职工等侵犯其人身权、财产权等合法权益,提出申诉或提起诉讼等权利[①],潘懋元先生也认为,在教育过程中,要充分发挥教师的主导作用,学生的主体能动性,以获得最佳的教育效果[②]。当前,在研究生培养过程中,导师权力强大,学生权利常被遮蔽,学生参与权往往无法得到有效保障,学生参与大学治理的紧迫性和必要性日益凸显。随着我国高等教育进入了普及化阶段,高校与学生之间、教师与学生之间的关系越来越平等和民主,学生参与大学治理的环境日益改善、条件日益成熟。

在参与机构方面,高校应当针对民主管理机构不够健全等学生参与大学治理的制约因素,充分发挥校院学生会、团委职能部门和班集体的积极作用,成立生活组织、学习组织、评估组织等学生社团,设置学生事务服务中心、学生权益维护中心、学生事务听证委员会、学生申诉处理委员会等机构,结合党团等学生组织建设,听取学生的意见和建议,受理学生的投诉、听取学生的诉求,进一步拓展学生组织的功能,使这些学生组织从任务性活动更多转向大学内部治理的积极参与者。在参与内容方面,学生参与大学治理不仅可以维护学生的合法权益,而且能在参与过程中培养研究生的社会责任意识和现代公民素质,实现学生全面成长成才的目标。具体内容小到制定培养计划、研究生导师评价,大到高校研究生培养政策调整、科研发展战

---

① 福建省教育厅.福建省教育厅高等学校章程核准书第 1 号(福州大学)闽教法[2015]8 号[EB/OL].(2015-02-15)[2021-08-15].http://www.fjedu.gov.cn/html/xxgk/zywj/2015/02/15/c1a194dd-5982-42ce-8c30-204145f4ff9d.html.

② 潘懋元.新编高等教育学[M].北京:北京师范大学出版社,2009:13.

略规划,研究生都应被赋予相应的话语权,以充分参与到大学内部治理的各项事务,完善高校法人治理结构、健全大学内部治理机制。在参与方式上,高校应当针对参与权利保障机制滞后等问题,进一步完善大学内部治理的规章制度,细化大学章程,推行学生代表听证会、评议会、座谈会等方式,在研究生培养的过程中,广泛听取研究生的意见和建议。

二、研究生导师评价机制优化

研究生导师的综合素质直接影响着研究生的培养质量,在研究生教育逐渐"大众化"的背景下,对导师的知识素养和能力结构都提出了新的更高要求,导师不仅要具备深厚的学科理论和宽口径的专业知识储备,也需要拥有良好的职业道德素养和师德师风要求。而建立科学合理的研究生导师考核和评价体系,是确保导师队伍良好素质的基本前提和基础。但现阶段我国高校的导师考核评价机制普遍存在评价主体局限、考核内容片面、淘汰机制缺乏等问题[①],高校应进一步建立健全研究生导师考核评价指标体系,加强对研究生导师队伍的科学评价,以不断提高研究生导师的指导水平,从而达到提升研究生培养质量的最终目的。

在评价主体上,目前我国高校对于研究生导师的考核评价主要着眼于导师的学术水平和科研业绩,未能对导师指导研究生的实际能力予以足够的重视,对于培养阶段导师权力和学生权利中度失衡的问题也未能发挥应有的纠错能力,导师评价考核的主体也局限于院校领导和有关管理部门,学生未能参与到对自己导师的考核评价过程。导师的指导水平高低,研究生应最有发言权,作为研究生培养的主体,应更多地发挥研究生在导师考核评价过程中的作用。研究生的参与,不仅体现考核评价的科学性和真实性,也是平衡导师权力和学生权利的有效手段。因此,高校要切实发挥研究生在导师考评过程中的主体作用,科学设计导师评价考核流程,例如,邀请研究生定期对导师的培养和指导工作进行客观的评价和打分,分数纳入导师年度考核的最终得分,充分保障研究生在导师考核评价过程中的参与权和评价权。

在评价内容上,高校应分析导师在研究生培养阶段的工作内容,致力于

---

① 国兆亮,王楠.关于研究生导师评价的几点思考[J].中国高教研究,2012(1):56-58.

构建科学合理的导师考核评价指标体系。一是学术水平,导师在自己研究领域的学术水平,直接影响到研究生的培养质量。可以通过导师发表的学术论文、项目课题和科研成果对导师的学术水平进行量化考核。二是指导水平,导师的指导水平的高低会影响研究生培养的效果。一方面,要对导师的授课方式、授课效果进行考核,考查导师是否有能力传授专业知识给学生;另一方面,要考察导师对于研究生的学术指导效果,可以通过学生发表的学术成果整体情况和研究生学位论文的指导情况,评估导师指导研究生开展科研学习的实际效果。三是师德师风,针对师德师风的考核一直是导师考核评价中难以量化以及容易忽视的内容,但又是导师作为研究生培养第一责任人必须具备的核心要素。要将师德师风的考核纳入导师的评价机制中,当导师存在违背学术道德、职业道德的行为,侵犯研究生合法权益时,研究生可以通过参与导师考核评价、诉诸有关部门等方式来维护自身的合法权利。

在评价结果上,高校对于导师的考核评价往往与导师的年度考核、职称评聘、推优评先、表彰奖励相挂钩,但是缺乏明确的淘汰机制,导师制在我国目前还是事实上的“终身制”。当导师能力和素质严重不符合教师身份和研究生培养要求时,高校应实行岗位淘汰机制,对不能有效履行岗位职责,在研究生招生、培养、毕业阶段出现严重违纪问题的导师,各培养单位应视具体情况采取约谈、限招、停招、取消教师资格、退出教职岗位等措施予以处罚。对师德失范,存在严重违法违纪问题的导师,培养单位要严肃处理并对责任人展开追责问责,在师德师风方面对导师的职务晋升应采取“一票否决制度”,以此在高校内部形成良好的教书育人氛围,督促研究生导师在开展指导和培养工作时,严以律己、身正示范,合理行使自身权力。

三、研究生导师变更机制完善

在研究生教育的重要性日益凸显的大背景下,时常会有传统思想与现代教育理念的冲突。导师往往是传统权力的载体,习惯于自上而下的权力运作方式。而研究生作为现代微观权力的代表,反对权力被导师独占,要求与导师共享权力,师生冲突就是这两股力量、两种权力模式推挡与共存的表现①。

---

① 田国秀.师生冲突的概念界定与分类探究:基于刘易斯·科塞的冲突分类理论[J].教师教育研究,2003(6):40-45.

近年来,频繁发生研究生因师生观念冲突,因为无法顺利更换导师,研究生个人承担巨大精神压力,最终采取极端行为的悲剧事件。为此,师生关系的合理解除和规范变更显得越来越迫切。

合理有序的导师变更机制,可以对在权力配置中处于弱势地位的研究生提供必要的保护。从法律的角度来看,导师和研究生的师生关系实质上是培养单位和研究生形成的教育服务委托合同关系,导师为培养单位的受托人。因此,师生关系既然是合同关系,就可以依法确立、变更和终止。如果师生双方的冲突和矛盾无法调和,培养单位应该为研究生提供退出或更换导师的机制。但是,目前国内多数高校在研究生培养的规章中,尚未对研究生师生关系的确立和解除(变更)做详细的实体和程序上的规定,导致研究生的基本权益受到导师严重侵犯时,无法通过畅通的变更机制中止严重不适配的师生关系,加剧了导师权力和学生权利在研究生培养过程中的失衡状态。

在研究生教育改革过程中,高校应进一步明确研究生变更师生关系的要件和途径,同时注重对更换导师过程中师生个人隐私等信息的尊重和保护。一方面,高校要制定科学合理的更换导师的程序。若出现研究生转学、转专业、更换研究方向、个人健康原因、导师调离岗位等情况,研究生和导师双方均可向学校提出变更导师的申请。对于师生关系存在异化,或者师生双方存在不可调和的矛盾,高校有关职能部门和学院应遵循保护双方权益、促进关系适配的原则,及时了解情况、分析原因,在确实无法调解或继续师生关系将造成严重和不利后果的情况下,可以按程序解除师生关系。同时,高校应按照以生为本的原则,帮助研究生重新确定新的导师。另一方面,高校要注重师生隐私的保护。现实中,大多数研究生在师生权力配置失衡的情况下,当自身合法权益受到导师侵害后,担心提出更换导师申请会遭到导师"打击报复"只好"忍气吞声"。因此,高校在规范导师变更机制的同时,要注意保护师生的个人隐私,保证在民主平等的原则下,师生双方可以平稳友好地解除师生关系。同时,有关学院也要积极协助研究生完成导师的更换,在心理干预、程序援助等各方面最大程度降低因师生冲突和导师变更对研究生培养、毕业所产生的负面影响。

四、研究生学术自主权利与导师权力的平衡

随着研究生教育招生规模的不断扩大,高校研究生的主体也发生了结构性变化,硕士、博士研究生在导师的指导下开展学术研究,逐渐成为高校科学研究的主要力量,开展学术研究也成为研究生培养阶段的主要任务。通过分析近年来研究生教育师生关系异化的事件,不难发现,诸多的师生矛盾和冲突均来自导师对研究生学术研究的过度干涉。充分保障学生的学术自由也成为高校平衡导师权力和学生权利的有效手段。在本书前面部分的问卷调查中,涉及导师学术指导权的 CP5 题项平均得分高达 4.16,也间接印证了导师的学术指导权成为塑造师生关系的主要影响因素。高校应通过营造良好学术氛围、加强知识产权保护、完善学术委员会职能等方式,切实保障学生在研究生教育中的学术自由权,进而平衡研究生学术自主权利与导师指导权力的关系。

(一)营造良好学术氛围

研究生的科研能力培养需要通过长期的科研训练,是一个日积月累、厚积薄发的过程。如果在研究生培养中,导师对研究生的科研选题及方向指导不足或进行过多的干涉,将学术指导权变为学术决定权,学生的创新思维将受到过度的压制,可能将无法产出高质量的研究成果,高校的研究生培养质量也无法提高。《不列颠百科全书》中将学术自由定义为:"学术自由指教师和学生不受法律、学校规定限制,或公众压力的不合理的干扰,从而进行讲课、学习、探求知识及研究的自由。"[①]因此,高校必须努力为研究生营造自由、开放的学术氛围,保证学生能在导师的指导下,对于自身感兴趣的选题和方向有选择权。通过参与导师的研究项目、辅助开展研究和专业知识学习等系统性科研训练,研究生具备了独立学术研究的能力后,可以在导师的指导下,进行独立撰写课题申报书、申请课题项目、撰写研究成果和发表学术论文,积极营造良好的学术氛围。

(二)加强知识产权保护

研究生培养阶段中,导师与学生关于发表论文署名权的纠纷也时有发生。有的导师依仗自身权威,要求在学生的科研论文上署名,损害了学生的

---

①　不列颠百科全书:国际中文版第一卷[M].北京:中国大百科全书出版社,1994:38.

学术自由权和成果署名权,成为近年来高校知识产权保护关注的一个焦点。《著作权法》规定,没有参加作品创作过程,为谋取个人名利,在他人作品上进行署名的属侵权行为。为了保护研究生的合法权益,高校需加强对研究生知识产权的保护。一是开展知识产权教育,通过开设知识产权保护相关课程,增强研究生对于自身知识产权的认知和保护意识,提高师生知识产权保护的能力和水平;二是明确知识产权的权属问题,学术研究成果的权属问题目前在知识产权保护中尚处较为模糊的地带,高校应进一步完善研究生教育中关于学术研究成果等知识产权的权属界定,对于导师未参与的学生独立研究成果加以保护,对于导师和学生共同参与的学术研究成果,署名顺序要加以客观地界定,既尊重导师的指导权,也使学生的知识产权得到切实的保护。

(三)完善学术委员会职能

作为高校专门设立的学术评议与审核机构,学术委员会主要负责制定高校研究生教育的招生培养计划,召集专门小组,主持研究生的课程考试与论文答辩过程,并对研究生是否符合毕业条件和授予学位提出建议。目前,我国高校的学术委员会职能大多还局限于招生与毕业阶段。在研究生培养阶段,学术委员会发挥的作用相对有限。为了平衡研究生的学术自由权与导师的学术指导权,高校学术委员会需在研究生培养阶段被赋予更完善的职能,当学生的学术自由权被导师非法侵犯,或导师不正确行使自身的学术指导权时,高校学术委员会应为学生提供权利救济渠道,以维护高校的学术自由氛围,强化对研究生知识产权保护。

在研究生教育过程中,加强对研究生学术自由和知识产权的保护,关键是要厘清研究生导师权力边界。在当前的研究生教育中,师生关系处于一种弱分类框架下,导师和研究生在知识传递和学习生活两个方面存在界线模糊的地带[1],导致导师权力在行使过程中的边界逐渐模糊,侵犯学生权利的现象就容易发生,师生矛盾冲突就可能加剧。需要明确的是,导师是为培养研究生而设立的岗位,其并非职称体系中的一个层次或者荣誉称号。研究生导师的首要任务是高层次人才的培养,承担着对研究生进行思想政治教育、学术规范训练、创新能力培养等职责。因此,研究生导师在履行职责

---

① 卢德平.高校研究生教育中的知识与权力:对"研究生李某死于导师工厂"事件的反思[J].中国青年政治学院学报,2016(5):6-12.

过程中,应严格遵守导师指导的行为准则。作为培养单位的各大高校,应当在研究生培养相关规章制度中,不断明晰研究生导师在学生培养阶段对于学生管理、学术指导、教育教学等权力行使的内容及边界,保证导师合理、合法地行使研究生培养阶段的各项权力,增强导师队伍的责任感和使命感,以构建良好和适配的研究生教育师生关系。高校可以积极探索创新建立签订师生培养协议框架的形式,让学生对于导师培养权力的内容和边界有更为深刻的认识。为了规范研究生教育培养过程,美国医学院协会在 2017 年发布了《导师与研究生协议框架》,其中包含导师和研究生的培养协议承诺书,对研究生培养阶段中涉及学生管理、学业指导、思想教育等不同环节以明确的协议书形式呈现,对导师对于研究生的学术指导内容和形式进行了清晰的界定①。这样高校要求导师和研究生双方在订立师生关系前签署协议书,可以对研究生培养阶段进行有序和有效的规范,以此作为导师在行使权力时的行为指南和基本遵循。我国高校同样可以从研究生教育的现实需要出发,立足高校实际和学科特点,制定符合国情和校情的研究生教育师生培养协议框架,对研究生导师容易侵犯学生基本权益的培养环节,进行严格的规范和限制,厘清导师的权力边界,让研究生对导师在培养阶段的各项权力形成清晰的认知,以平衡学生权利和导师的权力,积极构建和谐适配的研究生教育师生关系。

第三节　研究生毕业环节学生权利救济与程序正义举措

一、研究生论文送审机制优化

我国 1981 年开始实施的《中华人民共和国学位条例》是中华人民共和国第一部教育法律。在教育立法初期,立法理念还未能在法律中充分体现,权力与权利、权利与义务、权利与责任的关系并不清晰,对于研究生的学术考核评价标准较为含糊,仅要求通过硕士/博士学位的课程考试和论文答

---

① 刘立.研究生导师职责协议书[J].科技中国,2018(4):70-73.

辩,成绩合格,达到一定学术水平者,授予硕士/博士学位。而更为全面系统、具有长期执行效力的法规性的《中华人民共和国学位法》尚未推出,这就导致不同高校的学术考核评价标准存在较大差异,研究生导师也存在自主制定送审门槛、自主设立论文考核标准的空间,进而导致师生矛盾在毕业阶段集中爆发。因此,高校应不断优化研究生的学术考核评价标准,切实保障学生在达到学位评审条件后,可以自主申请论文送审和答辩,履行完毕业前的相关考核环节和程序后,依法获得学历与学位证书。一方面,高校要严格遵守国务院学位委员会、教育部对于研究生教育确定的标准和要求,包括培养目标、论文标准、送审条件等等,高校根据本单位的性质、层次、特色、条件、指标、程序等,确定本单位的学位评价和送审标准应该在教育部统一要求的框架范围内;另一方面,高校可以根据本校学院、学科和专业特点,赋予二级学院、不同学科导师适当的学术考核评价标准制定权,但是制定的毕业条件需由高校进行进一步的审核,防止导师滥用自主权,对研究生实施不恰当的培养标准和毕业要求。高校只有在以人为本、保证质量的理念指导下,制定科学规范的研究生学位标准,才能有效保障研究生的合法权利,提升高等教育人才培养的质量。

二、研究生论文答辩机制改善

研究生论文答辩不仅是检测学生专业学习成效、学术科研水平、创新创造能力的有效手段,答辩的结果也直接影响着研究生能否顺利获得硕士或博士学位,对其职业生涯发展和人生道路选择都具有极其重要的影响。因此,设计出科学、公正、客观的毕业论文答辩环节,优化导师在其中扮演的角色成为广大研究生的普遍诉求。高校要进一步完善现阶段的毕业答辩机制,切实从评审机构建设、答辩程序设计和优化导师权力三个方面加以提升和完善。

在评审机构建设上,高校的学位评定委员会和学位论文答辩委员会在面对不同学院、不同学科的研究生毕业论文时,较难采取统一的审核标准,可能会出现同一高校毕业论文质量差异较大的现象。因此,高校的学位评定委员会和学位论文答辩委员会建设时,要充分考虑不同学科的差异性,吸纳不同领域的评审专家,构建学科组评价体系,保证同一学科的毕业论文规格体例一致,不同学科的毕业论文质量都保持在较高水准。对于评分差异较大的论文,扩充审核人员进行二次答辩,杜绝因学科差异而出现答辩难度不均衡的情况。

在答辩程序设计上,目前研究生学位论文答辩环节主要有导师推荐、专家评审、答辩委员会答辩、学位委员会审定四个程序。其中每个程序对于研究生毕业论文的审核都应该有明确的标准,保证答辩程序的公平性和严谨性。对于未能达到相应标准的毕业论文,可以做出中止答辩工作的决定。高校需要明确,学生作为答辩工作中弱势的一方,其毕业论文始终处于被审查评价的位置,只能通过答辩、解释、回答等方式进行自我辩护[①]。如果学生认为答辩的程序存在学术局限或者其他非学术因素的干扰,导致对其学位论文评价产生偏差,学校需提供有效的申述救济渠道,允许学生提出重新审议论文的申请,以提高答辩程序的公正性。

在优化导师权力方面,通过实证分析不难看出,在毕业阶段导师权力与学生权利处于相对的重度失衡状态。但是,导师的权力行使应更多体现在论文写作指导上,论文答辩环节需要对学生的学位论文进行客观的评价。研究生学位论文答辩程序蕴含着公正与效率、自由与权利等价值理念,其核心价值要素是正当法律程序原则,是学位论文质量和答辩质量的基本保障。以程序的视角审视研究生学位论文答辩过程,有利于提高学位论文质量,保障大学的学术品质。我国目前的研究生学位论文答辩程序,基本都由各高校的规章制度予以规定,但目前我国研究生学位论文答辩不同程度地存在答辩委员会组成不合理、回避制度不完整、答辩委员会评议基准不统一、表决机制不够科学和研究生权利救济程序不健全等问题。要解决这些好问题,就要对论文答辩程序的各个环节进行科学地优化和完善,在程序规范的前提下,实现答辩过程的公平、公正,以保障科学的学术品质。具体而言,要细化答辩委员会的组成规则,对答辩委员会组成的数量、职称和专业要求进行规范,并建立健全答辩委员专家库制度和回避制度。加强答辩委员会提问和答辩程序的完善,规范答辩环节中提问和发言顺序,对答辩提问程序中有效性参与进行保障,从建立评议基准规则和表决过程票决机制两方面,完善答辩委员会评议与表决机制。

---

① 朱勇.严格答辩程序完善答辩救济:关于研究生学位论文答辩制度建设的思考[J].学位与研究生教育,2006(3):23-26.

三、研究生毕业权利外化与司法救济平衡

回顾近年来研究生教育导师和学生因毕业阶段发生学术矛盾冲突,最终引发的悲剧事件,不难看出,导师不恰当行使其毕业阶段的权力,学生难以透过合理的救济渠道,维护自身合法权益是引发悲剧的重要原因。高校应当通过完善论文送审和论文答辩等机制,更多地借助校外专家力量,通过校外专家的同行评议对毕业生的论文进行客观的评审,对研究生是否达到毕业送审要求提出专家意见,外化导师对研究生毕业权利,借助第三方评判缓和师生双方的学术冲突。高校相对缺乏专业的审查和裁定人员,其处理程序也缺乏严格的法律依据,将高校作为学术冲突处理的最终裁定具有一定的局限性,因此,国家需要进一步完善师生学术冲突的司法救济渠道,更多地借助校外专家的复议与仲裁力量,注重研究生毕业权利外化与司法救济的平衡,为师生双方提供明确的实施路径,推动和完善大学内部治理和依法治教的进程。

具体可以从两个方面进行规范和完善。一是要明确救济流程。高校对于争议的校内处理作为司法救济的前置程序。高校要对学术冲突事件进行详细梳理,分析导师是否存在侵犯学生基本权利的事实,是否影响学生正常获得学历和学位证书,及时给出客观的裁决处理意见。如果师生双方对于高校的裁决不认同,方可进一步向法院寻求司法裁判,维持或推翻高校的处理意见。法院的司法裁决要聚焦于师生双方的基本权利是否受损的事实。因为在高校拥有学术自由的前提条件下,司法只能透过对个人基本权利的救济进而实现介入高校学术自由的正当性。只有当导师和研究生的矛盾冲突侵害了双方的基本权利,司法系统才可以直接介入保护其基本权利。反之,如果师生双方的争议和冲突纯粹局限于学术领域,并没有发生侵犯公民基本权利的实质性举措,司法系统则应尊重高校的学术自由和办学自主权,不应该将其纳入受案管辖范围内。二是要完善法律法规。《普通高等学校学生管理规定》第 60 条仍然将学术事务排除在校内师生可申诉事项的范围之外[①]。同时,根据我国教育法律的相关规定,学术冲突等教育纠纷在性质

---

① 季欣.导学学术冲突的私权司法救济探析[J].学位与研究生教育,2020(2):25-32.

上大多可以认定为"由行政机关处理的行政争议"。因此,《中华人民共和国仲裁法》现阶段并不适用于学术冲突的处理①。由于上位法的缺失,国内高校通常也不将师生的学术冲突纳入可行政申诉的事项范围,师生双方通过校内机制裁判解决学术冲突现阶段缺乏法律依据。在今后的实践中,可以探索通过修改《中华人民共和国仲裁法》,在司法部门设立专门的以教育界和法律界专家组成的,具有仲裁性质和咨询性质的专门机构,建立和完善学术冲突的仲裁制度,为研究生教育师生学术冲突司法救济提供救济渠道和法律依据。同时,高校应重视和加强研究生教育导学关系沟通渠道和交流平台的建立,建立导师和研究生定期的信息交流、实验沟通和政策研讨,充分运用现代网络技术手段,建立线上线下相结合,导师和研究生时时互动的交流平台,通过答疑解惑、心理辅导、信息沟通、资源共享,实现实时的信息沟通与学业指导,促进双方对各自权利责任的认知与承担。

小　结

本章根据前文实证分析结果,针对研究生教育不同阶段,高校为保障学生的基本权利所应采取的各项程序正义举措或救济渠道。在招生阶段,应完善高校研究生招生体制、加强高校研究生招生监控工作、提升师德师风建设水平、保障学生依法受教育权、提供招生争端救济渠道;在培养阶段,应鼓励研究生自治组织参与决策、健全研究生导师评价机制、完善导师更换机制、明确导师权力边界、保护研究生学术自由权;在毕业阶段,应优化学术考核评价标准、改善学位论文答辩机制、完善学术冲突司法救济渠道。通过以上举措,平衡研究生教育导师权力和学生权利的适配性,增强研究生教育的公平性,以完善大学的内部治理,提升高校研究生教育人才培养质量。最后,通过建立研究生教育导学关系沟通平台,促进双方对各自权利责任的认知与承担。

---

① 李昌祖.高校学术纠纷的司法有限介入[J].教育评论,2008(4):11-15.

第七章

研究生权利纠纷处理机制及内外保障制度建设路径

第一节　强化研究生教育内部制度建设

在建立研究生权利纠纷处理内外部保障与救济制度的同时,还需要对现有的研究生制度进行系统梳理和总结,以强化高校内部制度建设,把各种成功经验与政策局限进行系统化的梳理和总结,建立一个完善灵活的研究生教育导师权力和学生权利保障执行机制,确保研究生权利保障与救济实现科学的制度化表达,不断提升大学内部治理能力和水平。

一、系统梳理研究生教育相关制度

研究生教育作为最高学历教育,承担着培养高层次创新人才和提供高水平创新动力的重大使命。为更大程度地为解放和发展社会生产力提供坚强有力的智力支持,教育部在 1998 年出台了"面向 21 世纪教育振兴计划",强调落实科教兴国战略,提高全民族的素质和创新能力,重在扩大我国研究生招生规模①。2005 年教育部出台的《中国教育改革与发展的思路和举措》

---

① 中华人民共和国教育部.面向 21 世纪教育振兴行动计划[EB/OL].(1998-12-24)[2021-09-16]. http://www.moe.gov.cn/jyb_sjzl/moe_177/tnull_2487.html.

中，提出"研究生教育创新计划"，积极推进研究生教育改革①。教育部出台的 2007 年研究生招生制度改革系列举措选拔创新人才，大力推进素质教育，在招生过程各环节都坚持把能力考核放在突出位置，促使拔尖创新人才脱颖而出②。2009 年教育部出台了《关于进一步做好研究生培养机制改革试点工作的通知》，统筹教学、科研资源，建立科学研究为导向的导师负责制，改革研究生选拔机制，创新培养模式，优化培养过程，加强指导教师队伍建设③。《国家中长期教育改革和发展规划纲要（2010—2020 年）》提出大力推进研究生培养机制改革，建立以科学与工程技术研究为主导的导师责任制和导师项目资助制，推行产学研联合培养研究生的"双导师制"④；2013 年教育部、国家发展改革委、财政部联合出台的《关于深化研究生教育改革的意见》在改革招生选拔制度、创新人才培养模式、健全导师责权机制、改革评价监督机制、深化开放合作、强化政策和条件保障等方面，提出了具体和明确的要求⑤。2016 年国务院学位委员会研究部署"十三五"期间国家学位与研究生教育发展的重大问题，强调要优化学科结构，主动对接国家重大战略需求；要优化培养类型，稳步发展专业学位博士研究生教育，积极发展专业学位硕士研究生教育；要健全授权审核机制，提高研究生教育主动服务经济社会发展能力⑥。2018 年教育部启动师德师风建设工程，出台了《关于全面

①　中华人民共和国教育部.2005 年中国教育改革与发展的思路和举措［EB/OL］.（2005-01-27）［2021-09-16］. http://www. moe. gov. cn/jyb_xwfb/xw_fbh/moe_2069/moe_2097/moe_2228/tnull_5491.html.

②　中华人民共和国教育部.教育部谈 07 年全国硕士研究生统一入学考试改革［EB/OL］.（2006-08-10）［2021-09-16］.http://edu.sina.com.cn/exam/2006-08-10/103149692.html.

③　中华人民共和国教育部.教育部办公厅关于进一步做好研究生培养机制改革试点工作的通知：教研厅［2019］1 号［EB/OL］.（2009-09-04）［2021-09-16］. http://www.moe.gov.cn/srcsite/A22/moe_826/200909/t20090904_82758.html.

④　中华人民共和国教育部.国家中长期教育改革和发展规划纲要（2010—2020 年）［EB/OL］.（2010-07-29）［2021-09-16］.http://www.moe.gov.cn/srcsite/A01/s7048/201007/t20100729_171904.html.

⑤　中华人民共和国教育部.教育部 国家发展改革委 财政部关于深化研究生教育改革的意见［EB/OL］.（2013-04-19）［2021-09-16］. http://www. moe. gov. cn/srcsite/A22/s7065/201304/t20130419_154118.html.

⑥　中华人民共和国教育部.刘延东副总理在国务院学位委员第三十二次会议上的讲话［EB/OL］.（2016-03-08）［2021-09-16］.http://www.moe.gov.cn/jyb_xwfb/moe_176/201603/t20160308_232316.html.

深化新时代教师队伍建设改革的意见》,强调要加强教师思想政治素质和职业道德水平建设,旨在落实立德树人的根本任务[1];在 2020 年全国研究生教育大会上,习近平总书记强调,研究生教育在培养创新人才、提高创新能力、服务经济社会发展、推进国家治理体系和治理能力现代化建设方面都具有重要作用[2]。这些国家层面的研究生教育部署要求和制度文件,各高校除了要认真学习和贯彻落实外,还要结合自身的实际和特点,系统梳理、科学制定适合本校的研究生教育和导师队伍建设相关制度文件,以确保导师权力行使和研究生权利保障系统科学、及时到位。

二、探索建立研究生导师权力清单制度

高校研究生导师队伍建设事关高校内部治理体系和治理能力现代化问题。为此,高校研究生主管部门和各学院要科学制定研究生导师的聘用条件和标准,合理界定导师的权力和责任,规范导师的指导行为,防止导师出现滥用职权的情况。同时,将研究生导师的思想政治表现、学术指导水平、师德师风素养、爱岗敬业表现都纳入考核评价机制。建立适用于研究生导师的权力清单制度,明确其权力内涵和权力边界,明确研究生导师有哪些具体权力。权力清单以外的,都属于禁止的范畴,以确保研究生导师在职责范围内,科学指导、言传身教,真正成为研究生成长成才的指导者和引路人。研究生导师应及时了解掌握研究生的政治表现和思想状况,将专业指导与立德树人有机融合,以良好的道德情操和精湛的学术水平鼓舞、影响研究生,对研究生既做到严格指导,又做到关心关爱,既成为研究生的学业导师,又做好研究生的人生导师。

三、规范完善治理体系现代化制度保障

规范研究生导师权力行使,完善研究生权利的制度保障,是推进大学内

---

[1] 中华人民共和国教育部.中共中央 国务院关于全面深化新时代教师队伍建设改革的意见:教研[2013]1 号[EB/OL].(2018-01-31)[2021-09-16].http://www.moe.gov.cn/s78/A10/moe_601/201801/t20180131_326148.html.

[2] 习近平.习近平对研究生教育工作作出重要指示[EB/OL].(2020-07-29)[2021-09-16].http://www.gov.cn/xinwen/2020-07/29/content_5531011.html.

部治理体系现代化的重要举措,也是对研究生教育导师和学生关系异化、恶性事件时有发生的制度性回应。在全面推进高校治理体系和治理能力现代化背景下,优化高校内部治理结构是打造研究生教育制度规范体系的重要举措。具体可以从以下几方面着手:一是健全导师变更制度。高校研究生主管部门和相关学院,要进一步梳理和规范研究生导师变更的条件和程序,探索动态而灵活的研究生导师调整办法。例如,因研究生转学、变更研究方向或因导师个人健康、工作调离等情形,通过导师或研究生申请,研究生培养单位把关,研究生主管部门应予以批准;对确实因为导师和研究生之间出现不可调和的矛盾,或继续保持研究生指导关系可能出现严重后果的情形,研究生主管部门和相关学院,为了保护研究生导师和研究生的权益,在充分调查核实、广泛听取意见、反复调解无望的情况下,可以考虑解除他们之间的导学关系,重新确定更适合的研究生导师。二是深化研究生招生制度改革,科学设置初试的科目和内容,优化复试环节、完善综合评价,探索基础素质能力选拔与高校专业自主选拔相结合,确保研究生的生源质量。对基础学科、战略性新兴学科,注重从研究型大学中本硕博连读,选拔优质的研究生生源。三是完善考核和退出机制。高校研究生主管部门和相关学院,应加强对导师正确履行岗位职责的考核,在研究生招生、培养、毕业等重要环节,履行职责不到位,师生关系严重异化等,高校研究生主管部门和相关学院负责人,应及时采取约谈、停招和限招、取消导师资格等举措。对道德失范、违纪违法的,要严肃处理。同时,要特别关注研究生的思想状况和指导需求,坚持以生为本、立德树人,切实提升大学内部治理水平和研究生培养质量。

第二节　优化研究生权利纠纷处理机制

　　校内纠纷解决机制应是高校研究生和导师权利纠纷优化路径的首要选择,在校内纠纷解决机制不能发挥作用时,再考虑校外纠纷解决机制,在此过程中,要注意厘清校内外救济手段之间的有效衔接与配合问题。通过加强内部监督制度建设和强化外部监督功能,优化权利救济监督机制;通过建立完善预防举措、程序办法和救济措施,优化权利纠纷化解机制;通过扩大和强化学术权力、建立以学术为基础的行政权力、完善民主权利的监督职能、接纳外部社会的制约,可以优化大学权力制衡机制。

一、优化内外协同救济机制

(一)健全完善校内纠纷解决机制

校内纠纷解决机制是指高校依靠自身内部制度运行将发生在校内的纠纷解决在校园内部,是高校实现自我监督和自我纠错的一种有效机制。基于学术自由与高校自治原则,为了更好地维护高校自治和学术自由不受外部争议解决机制的侵犯,高校的内部争议应由高校自身进行内部解决[①]。受传统的文化及社会心理的影响,当研究生与学校发生纠纷时,寻求通过内部救济途径解决纠纷是其第一选择,相比外部纠纷解决机制,内部纠纷解决机制不仅可以对纠纷的合法性和合理性作出准确研判,还能直接予以改变决定,且具有救济成本低、符合传统文化和心理期待等优点。高校要实现内部机制的自我纠错功能,首先是要健全完善内部组织机制及相应的运行规则和程序。当前我国现行的教育法律法规已明确了行政申诉制度这种权利救济的基本渠道,能够为师生行使申诉权提供法律依据。但是,目前相关法律法条的实体性内容和程序性规定还不够完备。在下一阶段应修改法律条款或者出台专项规章制度,对行政申诉制度加以细化[②],这不仅是高校维护学术自由和高校自治的保障,同时也是研究生开展权利救济的迫切需要。

(二)健全完善校外纠纷解决机制

校外纠纷解决机制是指通过校外行政救济和司法救济解决高校内部争议的一种机制。行政救济方式包括教育系统内的行政申诉制度和行政复议制度,以及中立的教育仲裁制度。但当前我国教育法律法规对受理受教育权争议问题的行政申诉制度和行政复议制度的相关规定仍很不明确,教育仲裁制度也未实质性建立,不能给当事人提供多样化的纠纷解决渠道,使得当事人最终不得不诉至法院,通过法律途径寻求司法救济。但是诉讼纠纷

---

① 姚金菊.高等学校行政争议非诉解决机制研究[J].首都师范大学学报(社会科学版),2017(2):151-153.

② 湛中乐,靳澜涛.我国教育行政争议及其解决的回顾与前瞻:以"推动教育法治进程十大行政争议案件"为例[J].华东师范大学学报(教育科学版),2020(2):8-11.

解决存在受理周期长、救济成本高、不符合传统文化语境等缺点,因此在实践中往往不能作为研究生寻求权利救济的最优方式,且基于大学自治和学术自由,司法的介入应是审慎和谦抑的,司法审查的范围和强度还需进一步厘清和明确。因此,应当进一步从法律法规层面上明确教育行政申诉、行政复议和行政诉讼等相关规定,同时在教育领域引入仲裁模式,并以诉讼为最后保障,构建起完善的多元化的教育权益纠纷救济外部保障机制。

(三)厘清校内外救济手段之间的有效衔接与配合问题

打造多元的高校研究生教育权益纠纷解决机制,不仅要在救济方式的选择上实现多样性,更要在不同的救济渠道和手段间实现有效的衔接和配合。但是,现阶段我国并未形成清晰的、规范的、有章可循的高校纠纷解决体系[①]。因此,应当从制度层面上对校内外救济机制的衔接和配合作出必要的规定。本研究认为,在完善校内外救济机制的基础上,基于对高校办学自主权和学术自由的尊重,研究生与导师及学校之间发生的行政纠纷,高校内部的救济应具有优先性。因为当学生的合法权益受到损害时,其主要的诉求通常并不是要终结与高校、导师之间的教育法律关系,而是希望通过权利救济渠道恢复和谐的关系状态,所以应首先让高校自身实现自我纠错,避免外部系统对教育领域的过早干预,待学生在穷尽校园内部救济途径后,若仍不能化解纠纷,进而再寻求外部救济。具体而言,就是将校内申诉前置,提早于行政申诉、复议、仲裁和诉讼环节。司法机关对案例中可能出现环节交叉,要通过司法解释加以明晰:当行政申诉或复议先于司法程序,司法程序应当中止;反之,当司法程序先于行政申诉或复议时,申诉或复议环节也应终结。明确这样的制度安排,不仅可以保证行政程序的优先可选择性,同时也能维护司法程序的权威性和终局性[②]。

二、优化权利救济监督机制

救济是研究生合法权利受到损害时运用法治武器保护自身权益的最后

---

① 湛中乐,靳澜涛.我国教育行政争议及其解决的回顾与前瞻:以"推动教育法治进程十大行政争议案件"为例[J].华东师范大学学报(教育科学版),2020(2):8-12.

② 湛中乐,靳澜涛.我国教育行政争议及其解决的回顾与前瞻:以"推动教育法治进程十大行政争议案件"为例[J].华东师范大学学报(教育科学版),2020(2):8-12.

手段,救济若空有形式,而无实质效用,则研究生权益保障将无法实现。因此,救济的监督是避免研究生合法权益受损的最后一道防线。要进一步健全权利救济的监督机制,充分发挥各种监督机制互相配合、相互补充的积极作用,形成一个以法律监督为核心、以其他监督为有效补充的覆盖范围广泛的权利救济监督体系,以确保研究生的权益的救济得到充分的保障。

(一)加强内部监督机制建设

内部监督是建立在高校内部管理体制基础之上的,是高校管理得以有效运行并实现自我纠错功能的重要保障。首先,高校要建立健全校内规章制度审查机制,加强司法审查,确保学校制定的与研究生管理有关的校内规范不与上位法律法规、文件规定相抵触,以保证其合法性和有效性。其次,要完善制度规范的监督执行机制。强化校内纪委、监察、审计等部门的监督权,加强对管理主体实施运用法律法规和校内规章制度执行情况进行监督,确保权力实施主体适格和执行实施校内规范适用准确。再次,要健全校内民主参与的机制,充分发挥学校教代会的监督作用,积极鼓励研究生参与民主管理,使高校的决策和管理更加科学化、民主化和规范化。

(二)强化外部监督功能

外部监督主要包括人大监督、行政机关和司法机关的监督以及社会的监督。一是人大监督。要完善研究生权益保护的相关法律的立法工作,并对国家机关、高校等是否正确贯彻实施教育法律的情况进行监督,确保国家教育法律法规在高校充分正确地运用和执行。二是行政监督。教育行政监督是指教育行政主体对高校是否遵守教育法律法规、执行教育行政措施、履行教育行政决定的具体情况,展开督察活动。要强化教育行政监督的法治化监督作用,切实维护研究生合法权益。一方面,应健全教育行政部门对高校教育惩戒权的监督制约机制,规范高校教育惩戒权和惩戒方式创设权的行使,在法律规范中明确高校在实行惩戒权时可以采用的惩戒形式以及可适用的救济途径。另一方面,要监督高校是否依法建立了内部申诉救济制度并形成规范的工作规则,以及是否正确地履行职能,发挥维护公平和正义,起到保障研究生的合法权益的积极作用。三是司法监督。司法监督主要体现在司法机关通过受理诉讼案件解决教育权利纠纷问题。学校自治不是绝对的,它必然依赖司法权对其进行保障与监督,目前法律法规对高校能否作为行政诉讼被告的主体资格问题仍没有明确,在具体司法实践中,法院对于教育行政纠纷的受理态度和裁判立场仍大相径庭,司法机关对学生权利的救济仍处于不充分、不平衡的状态①。因此,应从法律上进一步明确高校作为行政诉讼被告的主体资格,厘清司法介入高校的司法审查范围和强度,使研究生权利救济的司法路径得以通畅。四是社会监督。社会监督是公民和社会组织对高校行政行为的监督,通过群众信访、社会呼声反应、媒体大众传播渠道曝光等形式实施舆论监督。社会监督虽然没有法律强制性的特点,但因其监督主体多元化、群众基础广等特点,能够发挥广泛的监督作用,能够促使高校和政府部门依法依规办事,进而推动高校管理和导师权力的行使更加合理规范,最大限度地维护研究生的合法权益。

三、优化权利纠纷化解机制

当研究生与导师发生权益纠纷后,如果不能予以及时和妥当的处理,不仅会损害研究生自身的权益,而且可能会使学校的声誉受到严重伤害,因而在发生矛盾纠纷时,需要积极协调双方当事人的利益关系,尽力缓解冲突剧烈的程度,尽量减少由此造成的负面影响。虽然我国现行的法律法规已明确解决研究生与导师及学校之间纠纷的途径有校内外申诉、行政复议、司法诉讼等方式,但因制度设计规定本身存在着缺陷,以及研究生与学校之间权益纠纷的复杂性、专业性和敏感性,当研究生的合法权益受到损害时,现行比较单一的纠纷化解机制很难有效地保护他们的利益,因此,应当进一步优化权利纠纷化解机制,建立和完善多元的纠纷解决机制,以有效化解研究生与导师之间的纠纷或最大限度地避免纠纷冲突的发生。

(一)建立完善的预防机制

纠纷源于权利受到损害,避免引发纠纷以及实现权利的救济需要完备的法律法规体系予以保障,同时也需要权力的执行者依法公正合理地行使权力。首先,要从国家层面上健全和完善与学生关系密切的教育法律法规,特别是权利救济方面规定的细化,形成能够反映教育规律、效率排列有序、内容形式完整的统一体系,实现对高校自主管理权的有效督导和控制,保障学生的正当权益。其次,在高校校纪校规方面,应遵循法治原则,制定的校纪校规不得与国家法律法规相抵触,同时,当学校在制定涉及学生利益的各

①　湛中乐,靳澜涛.我国教育行政争议及其解决的回顾与前瞻:以"推动教育法治进程十大行政争议案件"为例[J].华东师范大学学报(教育科学版),2020(2):13-15.

种规范文件时,应提供有效途径使学生能够参与到决策和执行的过程。再次,在制度的执行层面,高校的管理者应当提升依法办事的能力和水平,依法强化和规范对学生的管理,坚持以生为本,强化教育功能,切实重视发挥教育手段在解决纠纷化解矛盾中的重要作用。

(二)建立完善的程序机制

法是一个程序制度化的体系或制度化解决问题的程序,强调程序、规定程序和实行程序的规范是法的一个基本特征。"程序规则是制约权力行使和保障合法权利的有效因素"①。一项权力要公正合理地行使,必须有一套相适应的正当程序加以保障。正当程序要求高校在管理学生的过程中,要严格遵循自然正义理念和原则,以合法、合理的程序来规范自由裁量权行使,避免因滥用权力或权力扩张而侵害学生的合法权益。如果没有正当的程序,高校在学生管理的过程中就难以做到真正的公平和公正,学生权益受损后的救济权也得不到有效的保障。当合法权利之间相互冲突时,通过正当程序可以寻找到利益冲突方权利间的平衡,使矛盾纠纷得以控制和化解。因而在处理导师权力和研究生权利纠纷中,要努力寻求利益的平衡点,既要保护研究生的受教育权不受侵害,又要维护学校的办学自主权和导师的教育指导权,促进高等教育事业的和谐健康发展,实现学生个人利益与高校办学利益的平衡。

(三)建立完善的救济机制

"救济是一种纠正或减轻性质的权利,可以在一定的法律范围内,矫正法律关系中对方当事人违反义务行为所造成的相应后果"②。有权利就有救济,救济作为权利主体在其合法权利受到侵害时行使的一项权利,救济权利的实现必须以完善的救济机制为基础③。在研究生教育中,研究生的合法权利被侵犯后,应当要有与之相应的、有效的权利救济保障机制。当前,应尽快从教育法律法规层面上完善研究生教育权利保障校内外申诉、行政复议和行政诉讼相关规定,并在研究生权利校外纠纷解决机制中引入仲裁制度,充分运用多种纠纷解决方式,构建起完善的权利救济保障机制,使研究生的权益诉求能够通过制度化的渠道正常表达,进而妥善地化解研究生

---

① 孙笑侠.程序的法理[M].北京:商务印书馆,2005:226.

② 沃克.牛津法律大辞典[M].北京:光明日报出版社,1989:764.

③ 秦惠民.构筑化解高校纠纷的完善机制[J].中国高教研究,2004(4):62-65.

与导师及学校之间的矛盾纠纷,"只有穷尽一切可能的程序,即使最终的救济结果完全弥补所受的损害,这种救济的公正性也是毋庸置疑的"①。

四、优化权利正当程序机制

正当程序原则通过保持程序中立、公开、共同参与的方式保证权力正当运行,是一项的宪法原则和被广泛接纳的法制观念②。遵循正当程序原则是高校权利救济和依法治教的题中应有之义,通过正当程序,可以规范高校管理权的运行,保护学生的合法权利。近年来,在行政法律规范下的高校治理领域,正当程序原则已经得到广泛运用。《普通高等学校学生管理规定》的63条就直接采用了"程序正当"的表述,但在现实中,"程序瑕疵"依然是我国高校研究生教育管理过程中存在的一个普遍性问题。尽管现行的《普通高等学校学生管理规定》已有"程序正当"的规定,但正当程序原则并没有被确定为高校开展学生管理,特别是在学生权利救济时应当遵守的基本原则。上位法的缺失导致各高校在制定内部管理规定时普遍存在具体程序设置严重缺失的现象,特别明显的是对学生应当享有的参与权、知情权和申诉权等权利重视不够。同时,高校学生管理规定中还充斥着过多的"法律规定的程序"等极具模糊性的兜底条款,导致该条文被空洞化和形骸化,无法直接予以适用进而使救济程序严重缺乏。

因此,应当正视设定正当程序原则在高校学生权利救济过程中的重要性和必要性,将其作为教育行政法律中的基本原则予以确认,以解决正当程序原则在司法实践中无法可依的尴尬局面。因为现行法律法规尚未对正当程序进行明确规范,可以发挥司法的能动性,在高校发生内部权益纠纷时,寻求适用的正当程序原则加以解决,实现司法审查和高校自主办学之间的平衡点。具体而言,一方面,高校在开展学生管理活动时,将正当程序作为行动的基本原则:从法律层面看,在《教育法》《高等教育法》等教育上位法中进一步增加有关正当程序的条款;从规章层面看,应当在扮演大学管理总章程角色的《普通高等学校学生管理规定》中总原则规定里增加正当程序条

① 湛中乐,等.公立高等学校法律问题研究[M].北京:法律出版社,2009:426
② 潘懋元,左崇良.高等教育治理的衡平法则与路径探索:基于我国高教权责失衡的思考[J].清华大学教育研究,2016(4):13-15.

款;从高校自身校规而言,应当在高校大学章程以及与研究生管理有关的学校规定明确正当程序的条款。另一方面,要在学校管理过程中,特别是在给予研究生处理或处分时,落实学生所享有的参与权、知情权、申诉权等权力。在事前,通过公开学校规章制度让研究生充分知悉相关管理规定,及时告知研究生所享有的权利和救济的进程等;在事中,要设立告知程序、陈述申辩程序、听证程序、决定送达程序及建立回执制度等;在事后,应建立和完善包括校内申诉救济制度在内的校内外协同的法律救济保障制度。

五、优化大学权力制衡机制

　　大学作为一个特殊的社会组织,同样存在权力现象和权力关系。大学中的权力关系包括两个方面:一是外部关系,即大学与政府、社会、市场之间的关系。大学与政府的关系表现为权力在二者之间的分配,通常以教育法律法规体现。大学与社会、市场关系表现在政府引入市场机制对大学进行资源配置和管理。因此,大学不仅仅受到政府部门的干预管理,同样也需要被社会和市场所监督。二是大学内部的权力关系,主要由政治权力、行政权力、学术权力和民主管理权力构成。大学的政治权力决定高校发展的根本方向,具有全局性、战略性的特征。大学的行政权力来自制度的赋予,是一种授予权,是学术权力得到自由行使的重要保障。大学的学术权力主要来自专家学者对学术问题的认同与推崇,其构成的基础是专家学者广博的知识和精深的专业素养。民主管理权力是伴随着大学民主管理进程的不断深入而产生的,以在大学中人数最多的师生民主意识的增强而显现,以师生为主体的民主权力的增强已成为制衡大学行政权力和学术权力的第三方力量。因此要规范大学的行政权力、学术权力和民主权力在各自的职能范围内有效运行,增强三者相互影响和制约并达到动态平衡,是大学实现健康有序发展的重要保证。

(一)扩大和强化学术权力

　　受传统的高校管理行政体制的影响,我国高校内部行政权力长期主导着大学的管理和运行,学术权力被极大压制,影响着大学学术水平的提升。从大学制度建设的层面出发,应当赋予学术权力更多的行政管理能力,通过设立学术委员会、教授委员会等学术组织,并健全保障制度以发挥其学术权威和管理职能,维护其应有的学术地位,实现学术权力的自主性和独立性,保障高校学术水平的不断提高和学术权力的有效行使①。

(二)建立以学术为基础的行政权力

就高等教育而言,学术是大学的基础和生命力,而大学行政权力的存在和行使,是学术活动得以顺利进行的保证,二者在本质上互补是大学得以存在和发展的基础。因此,建立以学术为基础的行政权力管理体制,能够充分调动大学的学术人员和学术共同体的积极性和创造性,在推动学术发展的同时提高大学的行政效率。同时也能强化松散和效率低下的学术权力,弱化过于集中的行政权力,使二者相互制约、彼此牵制,以保证学术权利的有效行使。

(三)完善民主权利的监督职能

坚持"以生为本",重视学生的权力和权利,增强以学生为主体的民主权力,能够缓解学术权力和行政权力二元权力结构之间的矛盾与冲突。同时也能够培养研究生创新意识和创新能力,增强研究生自主探索能力,实现研究生健康成长成才。为此,要保障研究生的合法权利,应建立健全研究生参与学校内部治理的制度安排,构建更加完善的民主监督机制,使高校内部治理更加高效和透明。

(四)接纳社会外部的制约

大学权力的外部制约主要来自政府、社会与市场,随着政府投入机制的转变,以及现代化民主化进程的加快,大学已从社会的边缘走进社会发展的中心,大学也比以往任何时候更多地受到社会外部因素的关注和影响,这些因素影响着大学生源、师资人才、办学资金等重要资源的配置和获取,因此大学要以开放的姿态接受来自社会各界的外部监督。

第三节　健全研究生权利内部保障制度

健全研究生权利内部保障制度。第一,从国家法律法规层面、高校内部制度保障和具体实施的主体层面,健全学生参与决策制度;第二,从法律法规层面予以明确规定、优化学生代表大会的组织职能、积极发挥在解决校生

---

① 黎琳.中国现代大学制度中的权力制衡问题[J].现代大学教育,2001(3):34-36.

纠纷中的作用,健全学生代表大会制度;第三,从考核评估主体多元化、考评标准精细化和完善导师师德奖惩机制,健全高校内部的导师考评制度;第四,从完善学校信息公开制度、建立决策程序公开制度和做好切身利益信息公开三个方面,健全高校信息公开制度;第五,从细化学生处分程序法律规定、完善高校自身处分程序规定、落实高校处分程序三个方面,健全学生权利保障制度和学生权利申诉制度。

一、健全学生参与决策制度

设置科学合理的大学治理结构不仅可以推动高校实现自主办学,也是高校解决内部存在多元利益冲突的有效决策结构,是现代大学治理的基石①。大学是学生求学成长的基地,学生是大学的核心主体。学生作为学校的"内部人"参与到大学内部决策管理,符合高等教育发展的要求和大学自身的逻辑,既是实现高校决策和管理民主化、效率化的重要方式,也是学生保护自身合法权益的重要途径。但当前,我国高校学生参与学校事务的决策极为有限,学生对于大学治理话语权的缺失直接原因在于法律制度不健全。从高校自主办学的视角,构建民主管理和多元治理结构是防止高校内部出现权力滥用和实现高校管理去行政化的有效手段。因此,在学校重要事务管理和决策中,大学生应被赋予更多话语权,高校要完善参与决策机制,鼓励大学生通过合法的渠道广泛参与学校发展与建设过程,推动高校决策科学化、民主化,同时防止权力的独裁性、专制性。

第一,从国家法律法规层面,需要完善学生参与高校决策的制度安排,为学生参与学校内部治理提供最稳固的合法性来源。比如,应在《教育法》《高等教育法》中对学生参与高校治理的相关权力进行确认,进一步对《普通高等学校学生管理规定》中对学生参与高校治理的内容、基本原则、运行程序和制度保障等作出正式的规定和具体的阐释。

第二,从高校内部制度保障层面,需要以校内规章制度的形式明确学生参与学校事务的决策权、参与范围以及实现参与的方式,才能合理、合法地保障学生参与学校决策。具体而言,就是各高校要完善其大学章程及其他相关配套规定,明确研究生参与学校决策的权限、规定学生参与学校决策的

---

① 龚怡祖.大学治理结构:现代大学制度的基石[J].教育研究,2009(6):22-25.

范围、明确包括研究生社团、研究生会等在内的学生组织的职责范围、完善研究生解决权利纠纷的参与机制等,真正让研究生实现参与治理的"有章可循"。

第三,从具体实施的主体层面,需要构建基于身份认同的研究生权力运行机制,提升研究生参与学校决策的知识和能力水平。拥有相应的知识和能力是研究生参与决策的前提条件,能力和经验不足是制约研究生参与学校治理的重要因素。学校应当积极探索大学运行治理的有效机制,努力为研究生参与决策创造有利条件。一方面,认同研究生参与学校事务决策的主体地位,建立平等的对话协商机制,及时向研究生公开不涉密范畴的决策信息,及时接收研究生信息的反馈,通过平等沟通协商使决策更加科学化。另一方面,构建指导和服务的机制,有针对性为研究生提供相应的培训和实践岗位锻炼,让有参与意愿的研究生可以进行学习,通过重点培养,不断提升研究生的胜任力,增强其参与高校内部治理的实践能力,以使研究生的权利得到切实的保障。

二、健全学生代表大会制度

学生代表大会是学生依法行使民主权利,参与学校决策、管理与监督的重要制度形式,也是研究生在校园体验社会主义民主政治的重要途径。但在实践中,高校研究生代表大会制度的运行现状与理想和预期还有很大距离,代表制度的定位和设计还缺乏应有的重视,特别是研究生参与学校治理和监督、维护研究生自身权利方面的作用还不明显,因此,应当从制度和实践层面上进一步健全研究生代表大会制度。

其一,要在法律法规层面对研究生代表大会制度作出明确规定。现行的《教育法》《高等教育法》《普通高等学校学生管理规定》等法律法规虽然都有一些关于研究生参与学校管理的内容,但均为宽泛的指导原则,缺乏具有可操作性的具体规定,尽管 2017 年团中央出台了《高校学生代表大会工作规则》,对学生代表大会制度作了规范,但该规则对研究生参与学校治理、发挥其维护研究生自身权益方面的规定仍缺乏,且作为群团组织,团中央发布的规则在层级上仍显不够,因而应从法律法规的层面对研究生代表大会的职权、组织规则和工作机制等进行明确,为研究生参与学校治理提供制度保障,也有利于研究生的各项权利得到有效的保障。

其二,优化研究生代表大会的组织职能。作为研究生组织最高权力机构,研究生代表大会在大学生中的公信力是其发挥作用和影响力的根本。因而在研究生代表的组成上要限制学生干部的人数、重点扩大普通学生代表比例,将具有广泛群众基础和有能力参与学校事务的学生选拔出来,代表了所有研究生的群体利益。研究生代表要积极发挥桥梁和纽带作用,广泛征求同学对于学校工作的意见和建议,合理公正地行使学生权力,开拓研究生参与大学治理的有效渠道,为表达研究生利益诉求、维护大学生合法权益提供良好的平台。

其三,积极发挥研究生代表大会在解决师生纠纷中的作用。一方面,在高校内部有关研究生权益方面的重大事项和制度建设,都要将经过研究生代表大会的参与和同意作为必需的环节,让研究生在制度设计之初就明确应当遵守的规则及其拥有的参与治理的权力,有助于从源头上保障研究生的权利。另一方面,进一步提高研究生在参与解决纠纷的能见度。在高校推动有关研究生合法权益的制度和决策过程中,要充分赋予研究生代表大会质询权,这种质询权范围既包括研究生普遍关心问题的质疑,亦包括涉及研究生个体重大利益的申诉等,有关部门应当在规定的时限内予以答复,若研究生代表大会对相关部门的答复仍有异议,可要求学校予以复议,这能够从实践层面上规范高校内部治理体系,让研究生导师和校内管理机构谨慎用权,有助于从源头上减少纠纷产生的可能性。

三、健全高校内部考评制度

导师评价体系是对研究生导师开展监督的重要方式,合理有效的研究生导师考核评价体系能够有效规范导师权力的行使,从而保障研究生的合法权益不受侵犯。从我国高校现阶段的研究生导师评价体系来看,当前的评价体系属于多维度的综合评价,要真正发挥导师评价体系的考核与激励功能,更需要从考核的参与主体、评估标准以及奖惩体系三个方面,进一步健全完善以激励为主要导向的研究生导师双向考核评价制度。

首先,考核评估主体多元化。对研究生导师的考评,应坚持学校研究生管理部门和院系共同参与,鼓励学术委员会、教学督导部门、研究生和相关导师等多主体共同参与评价过程,及时将评价结果报送研究生管理部门进行审核。针对研究生导师的师德师风考察,应当通过完善研究导师的师德师风考核制度,健全德育评价机制,制定负面清单和具体的量化考评指标,强化导师对研究生日常学术指导行为、科研创新行为、师生交往行为等具体行为过程现实表现来加以考察。

其次,考评标准精细化。对研究生导师师德师风的考核,需要采用定性评价和定量评估相结合的方式展开。定量评估主要以数据的形式评估导师的思想道德修养,定性评价则是通过深入的描述性内容判断导师的修养是否存在异化,单纯的定性评估或定量评价都难以全面对导师的师德师风进行科学的评判[①]。同时,应将研究生导师是否有强烈的教书育人情怀,是否认真履行了教育育人的职责作为重要的考核指标,而不能简单仅偏重于科研成果取得的考量。

再次,考评奖惩机制科学化。要健立完善科学的研究生导师奖惩办法,将正向激励和反向警示协同并行贯穿研究生导师资格认定、人才引进、职称评定、职务晋升、绩效分配、评优评先等各个环节,对于立德树人成绩突出的导师,应给予及时的表彰与奖励,对失职失范的导师,高校有关职能部门要及时采取约谈、限招、停招、取消招生资格等处理。如果导师存在严重的违反师德师风的行为,高校要实行严格的"一票否决"制,依法依规对作风不良导师给予严肃处理。

四、健全高校信息公开制度

高校信息公开制度是大学生表达合理利益诉求和参与大学治理的重要渠道,可以提升高校管理的透明度和办学的公平性,是实现主体多元参与大学治理、实现大学治理现代化的重要途径,对化解高校研究生教育师生矛盾发挥着重要作用。因此,高校应进一步健全信息公开制度,切实保障研究生的合法权利。

首先,完善学校信息公开制度。高校应将以大学章程为统领的制度体系,特别是与研究生权利相关的规章制度,让导师和研究生知晓应当如何遵守以及违反学校制度规定会引发的不利后果。有关招生、收费、考试、奖惩、学位评定等管理制度,特别是在制度的调整优化过程中应当事先向研究生

---

① 张瑞鸿,陈庆,刑睿.以公约精神与评价体系完善推动导师和研究生关系建设[J].思想理论教育,2018(9):101-105.

公开,广泛征求导师和研究生的意见和建议,一些可能侵犯研究生利益的内容才可得到及时的发现和修正,提前让导师和研究生知晓并得到认同,实现"他律"到"自律"的有效转变,许多矛盾纠纷的产生将可能避免。

其次,建立决策信息公开制度。在高校决策启动、制定、反馈、评估等各阶段,要及时将立项原因、可选方案、评估依据、反馈结果等重要信息第一时间公布给导师和研究生,一方面有助于导师和研究生了解并参与学校战略规划、教学科研等重要议题的决策过程,另一方面能及时关注学校发展中的各类问题,学会换位思考,帮助学生正确理解改革发展过程中的新情况和新问题,合理地树立权利观念,以此为基础保障大学生参与大学治理的可能性[①]。

再次,做好切身利益信息公开。高校涉及导师和研究生核心利益的议题和事项,都应在学校内部通过合适的形式与程序予以公开。首先,高校要做好研究生申诉事件处理的信息公开,使当事人充分了解事件的处理结果、判定依据、维权的正当程序;其次,高校要规范做好与研究生核心利益相关事项的信息公开,例如学位授予、培养计划制定、奖助学金发放等,保障研究生合法权益;最后,高校要灵活做好研究生学习生活中各类民生问题的信息公开,允许导师和研究生提出合理的意见和看法,并将问题的处理结果及时公开,接受师生监督。同时,在信息公开过程中,要注意考虑导师和研究生的隐私权保护,不能因公开而损害到导师和研究生及他人的隐私权。

五、健全学生处分程序制度

国家教育法律法规虽然明确授予了高校处分学生的权利,但《教育法》《高等教育法》都只规定了实体的权利,都没制定明确的程序性制度,《普通高等学校学生管理规定》对学生违纪处分的程序也仅仅限于告知程序、陈述和申辩程序及申诉程序,对过程中的程序并没有提及[②],只明确"由学校具体规定"。但受传统的重实体轻程序观念的影响,在上位法缺失的情况下,

---

① 曹辉.大学内部治理中的学生参与:动因、路径及其实现[J].国家教育行政学院学报,2020(2):53-55.

② 王如全."41号令"视域下高校学生违纪处分程序构建[J].继续教育研究,2020(3):81-84.

我国高校在制定各自学生处分规定的时候,也很少有程序性方面的设计,特别是体现现代法治精神的听证制度和证据制度方面的规定十分有限,使得研究生的合法权利可能得不到及时和有效的保障。因此,需要进一步健全学生处分程序制度,这既是保障学生权益、减少师生纠纷的需要,也是高校依法治教、实现民主管理的基本要求。

首先,细化学生处分程序法律规定。健全的程序制度是学生权益得以保障和实现救济的重要途径。建议通过修改法律法规相关条款,细化学生处分程序及规定,让高校在做出处分决定时有法可依,学生也能充分知晓处分程序,在规范高校的管理职能时,也加大对学生合法权利的保护力度。只有科学的上位法的规定或释义,才能有效规范高校和导师权力的行使,在遇到导师与研究生的法律纠纷时,做到有法可依,让自由裁量权不再随意"自由"。

其次,完善高校自身处分程序规定。在上位法法律法规不健全的情况下,高校应当充分发挥自身的办学自主权,进一步完善研究生管理等校内规章制度,增强处分规定及其实施程序的可操作性和可行性,这样不仅可以有效减少导师和研究生纠纷,也能够更好地保障研究生合法权益、降低学校管理成本。一是完善研究生处分的立案调查和证据制度,打破让学生自述违纪过程等自证其罪的处理程序,建立起符合法治精神的调查程序和证据制度。二是完善陈述与申辩程序,在事前、事中及事后充分听取研究生意见,实行举证责任倒置原则,明确举证责任由学校或导师承担,同时在实施对研究生权利和身份具有实质性的影响处分时,建立听证制度和相关利害人回避制度。三是完善通知和送达程序,避免处分未告知或告知不全,保障受送达人的权益。四是完善申诉程序,进一步优化完善研究生申诉处理委员会的组织机构设置、成员构成、职权界定等,通畅研究生权利保障的校内救济渠道。

最后,有效落实高校处分程序。在研究生入学时加强宣传法律法规和学校相关规章制度,帮助研究生明确在校期间的行为准则和权利范畴,以及违反校纪校规的严重后果,使他们不仅能够了解实体性规定,也能了解自身的程序性权利。同时,在有关研究生管理的制度制定和修改过程中要积极吸收研究生的参与,听取研究生们的意见,这不仅能促进研究生对学校规章制度和违纪处分事项及程序的了解和认同,也能进一步增强制度规定的合理性。

六、健全学生权利申诉制度

校内申诉制度不仅是规范和约束高校教育管理权的有效手段,更是研究生在合法权利受损后开展权利救济最优先考虑的途径。当研究生与导师或学校因学术指导和教学管理而发生纠纷时,就研究生而言,浸润于传统的尊师重教思想的教育,即使认为导师、学校对自己的评价不公正、行为损害了自身的合法权利,研究生自身心理上天然地希望学校能给予从轻处理或进一步查清情况后给予自己公平公正的对待,如非不得已,也不想寻求校外救济,与导师或学校对簿公堂,由此承受可能来自社会的道德谴责,以及与导师或学校关系闹僵后影响了自己后续的学业。同样对学校而言,将纠纷限定在校内,通过校内申诉将纠纷先在学校内部处理,寻求平等对话、和谐沟通的渠道化解矛盾和纠纷,同时也更能体现高校的学术自治和办学自主权。就校内申诉制度本身而言,与校外其他救济方式相比,具有耗时短、便捷、不收费、影响限定在高校内部、参加人员均对高校的教育教学管理比较了解等优势,更符合中国传统文化与语境,其低成本和高效率更易被研究生和高校所接受。

校内纠纷解决机制能有效淡化师生冲突、减少摩擦,切实保护学生的合法权利[①]。但从近年来的司法实践看,研究生将与母校的纠纷诉至法院的事件仍屡见不鲜,且其大多经由校内申诉后再寻求国家权力的介入,究其原因,在于现阶段各大高校均没有形成完善的校内申诉制度,无法有效地解决高校或导师与研究生的法律纠纷。首先,对校内申诉制度的性质界定不明确。虽然我国法律法规已经明确规定了校内申诉处理委员会的成员构成范围,但对其如何设立、成员组成,以及相关利益人是否回避等没有明确规定。因此,研究生对于申诉处理委员会的人员存在争议性。其次,学生申诉处理委员会的权限较少。现阶段校内学生申诉处理委员会的职能更多地局限在复查处理处分决定,提出撤销或变更的复查意见的建议,没有改变原处理或者处分决定的权力,缺乏相应的权威性,极大弱化了校内申诉制度的有效性。最后,缺乏明晰的申诉处理程序。现有的法律法规都没有明确规定校

---

① 申素平,陈瑶.论非诉讼解决机制及其在我国教育领域的适用[J].中国高教研究,2017(1):66-68.

内申诉处理委员会的受理流程,例如在申诉期间,原处分决定是否暂时解除还是继续执行,都需要透过法律法规进行清晰界定。研究生受教育权具有无法恢复的特殊性,缺乏清晰的程序规范将严重削弱申诉这一救济渠道对导师权力的有效监督和对学生合法权利的保障力度①。

因此,高校要进一步完善和优化校内申诉制度,为研究生与导师、学校之间的教育教学管理纠纷得以在校内解决建立制度基础。第一,完善学生申诉处理委员会的机构设置和人员结构。在机构设置上,该机构应是一个校内相对独立的裁判机构,而不应是学校的职能部门或其学校职能部门的附属机构,以保证其运行的独立性与公正性。在人员结构上,应具有中立性和专业性的特点,要合理设置教师代表、研究生代表所占的比例,尽量减少具有行政领导职务人员比例,加大对普通教师和研究生代表的吸纳,并兼顾法律、教育学、心理学等不同专业学科背景教师的代表性。同时在处理申诉事件过程中采取回避制度,原处理单位、学生或者其他利益相关者都可能影响申诉结果的公正性,要及时回避②。第二,申诉处理委员会需有权变更处理或处分决定。因申诉处理委员会的权限基本停留在"作出建议"层面,对职能部门能否执行缺乏刚性且有效的监督,在现行的法律法规未修改前,可以通过校内制度的完善,规定职能部门对于申诉处理委员会的要求撤销或者变更决定的复查意见,要在规定时间内重新研究并报送复查结果,对于明显不作为或乱作为的情况,申诉处理委员会应有权直接变更原处理或处分决定。第三,规范申诉处理程序。首先,适当延长研究生提起申诉的时限,给予研究生更多收集证据、了解政策、寻求帮助的时间。其次,制定申诉处理的工作规程,明确申诉的各环节内容及其运作方式,确保制度运行顺畅。再次,建立健全听证制度,并将其作为影响研究生重大权利时予以适用的事前救济前置程序,明确其人员的组成和选拔制度,允许申诉人进行陈述、申辩、质证,给予他们直接、充分表达意见的机会,最大程度地保护研究生合法权利。最后,完善申诉期间受教育权的保护,明确申诉期间研究生的受教育权不受影响、申诉不加重处分等基本原则,以最大限度地保护研究生的受教育权利。

---

① 尹晓敏.论高校学生申诉制度功能的失落与复归[J].高等教育研究,2009(3):30-34.

② 陈小花.高校学生申诉制度的实践困境及其优化[J].高教探索,2018(1):41-43.

第四节　完善研究生权利外部救济制度

完善研究生权利外部救济制度,应注意处理好以下四方面问题。第一,构建的外部教育行政申诉机构要独立于高校之外,行政申诉制度和行政复议制度能实现有效衔接;第二,教育行政复议制度要通过明确的法律法规进行规范,进一步厘定教育行政复议的受理范围、受理主体和复议期间停止执行原则,完善教育行政复议制度;第三,从立法层面确立教育仲裁制度、设立教育仲裁委员会、明确教育仲裁委员会的受案范围、优化教育仲裁委员会人员组成和实行部分纠纷一裁终局原则,完善教育行政仲裁制度;第四,从明确高校可作为行政诉讼被告的主体、明确司法审查高校权利纠纷受案范围和合理确定司法审查介入强度三个方面,完善教育行政诉讼制度,从而确保研究生权利通过校外救济以得到有效的保障。

一、完善教育行政申诉制度

教育行政申诉制度保障研究生合法权益受到侵害时,可以向教育行政部门提出申诉,实现权利的救济。即该制度是帮助研究生维护自身权利,请求政府相关部门重新处理而存在的,也为研究生通过申诉渠道维护自身合法权利提供了法律法规的保障。教育行政申诉制度作为教育系统内部的自我纠错机制,是解决高校与学生之间纠纷的有效行政救济制度,是校内申诉制度的有益补充,可以有效地避免外部力量对高校自主权的干预,并且能有效监督高校自主权的正确行使,保障研究生的合法权益不受损害。

2017年修订的《普通高等学校学生管理规定》明确,若学生对学校处理或处分决定存有异议,可向当地教育行政部门或所在高校提出申诉,对学校或教师侵犯其合法权益的行为,可以提出申诉或依法提起诉讼。学生如果对高校的申诉复查决定仍存有异议,可在15个工作日内向省级教育行政部门提出书面申诉。虽然修订后的《普通高等学校学生管理规定》对教育行政申诉制度有了更明确的规定,但从实践上来看,教育行政申诉作为教育系统内部纠纷解决的行政救济制度,尚未发挥应有作用。究其原因在于其存在行政申诉机构缺失、申诉的效力缺乏法律刚性约束等不足。因此,应进一步完善教育行政申诉制度,使其真正发挥应用的优势和作用,以更好地保障研究生的合法权利。

第一,构建独立的教育行政申诉机构。教育行政申诉机构的构成,很大程度上影响着学生申诉结果的公正性。在省、市一级教育行政部门设置独立的教育行政申诉机构,根据高校隶属关系,及时受理师生的申诉,让研究生在寻求行政救济时,明确该找哪个机构,避免出现救济无门及部门推脱不愿受理案件的现象。同时,规范机构人员的组成,明确应包括法律、教育、心理等领域的专业人员,做到在保障高等学校导师和研究生合法权益的同时,提高处理此类申诉案件的专业性、权威性和公信力。此外,可以在申诉程序上规定行政申诉所适用的复议程序,方便研究生根据需要提出复议申请,并明确复议受理及作出决定的期限要求,以使研究生的权利能得到及时的保障。

第二,有效衔接教育行政申诉和行政复议制度。现阶段,高校教育行政申诉机构无权变更原处理或处分决定。如果研究生对于申诉处理意见不服,或学校不执行申诉处理意见,或学校维持原处理或处分决定,研究生仍不服申诉处理决定,可将高校作为被申请人,进一步提起行政复议;如果高校的处理或处分行为不涉及研究生特定的身份权的基础性权益,研究生不服申诉处理决定的,则不能提起行政复议;对于研究生提出申诉申请,教育行政申诉机构不作为或者滥用职权,研究生可以将教育行政申诉机构作为被申请人,向所在地省级人民政府或上级教育行政部门提起行政复议[①]。

二、完善教育行政复议制度

当研究生与学校及导师发生纠纷时,行政复议制度也是研究生维护自身合法权利的行政救济制度。相比行政诉讼,行政复议制度的优势在于这种救济方式效率更高、成本更低、无须缴纳任何费用,可以避免学生因无力承担诉讼费用而不能及时行使救济权,且行政复议的程序比司法审查程序更简略,但权利救济的效果并无实质性的差异,这对研究生来讲更具有实质意义。从近年来的司法实践看,研究生与导师之间因权益纠纷提起行政复

---

① 孙帅梅.高校学生纪律处分的法律研究[D].上海:复旦大学,2013:118.

议的案例少之又少,原因在于现行的教育法律法规尚未对教育行政复议制度做出任何规定。按照《行政复议法》第六条第九款规定,行政机关未履行保护公民人身权、财产权、受教育权的职责,公民可以提起行政复议。在研究生因合法权利受到侵害提出行政复议时,行政复议的被申请人即是教育行政部门。目前对高校能否作为行政复议的被申请人以及高校教育行政管理行为是否属于行政复议的受案范围等法律问题还没有完全获得制度性认可[①]。由于缺乏清晰的制度规定,现阶段教育行政复议制度难以充分保护研究生的合法权利,教育法律法规需要进一步完善教育行政复议的有关规定。

第一,从立法上予以明确教育行政复议制度。从性质上看,行政复议属于行政司法的范畴,是对行政权吸收和运用司法权的一种体现,司法权的行使则必须遵循中立原则。因此,行政复议制度不宜由教育行政部门通过规章进行规定,应该从立法角度,修改现有教育法律法规,明确规定导师和研究生在遇到教育法律纠纷时可向所在的教育行政部门提出行政复议,并明确教育行政复议是教育系统内部的监督机制[②],通过行政复议途径,尽可能让导师和研究生间的纠纷能够在教育系统内部予以解决,实现内部监督及时纠错、提升效率和确保权利运行稳定的功能,避免矛盾外化使高校的办学自主权受到实质性的损害。

第二,厘定教育行政复议的受理范围。基于对高校办学自主权的尊重,首先,高校学术评价行为纳入行政复议范围的仅限于程序性问题,即高校在对导师与研究生开展学术评价所做出的决定时,是否严格按照法律法规乃至学校本身校规所规定的程序要求。其次,修改《行政复议法》,将学校作出的改变研究生身份以及特定条件下影响研究生受教育权的处分行为引起的纠纷纳入行政复议的范围,如招生录取、开除学籍、拒绝授予学历和学位证书以及实施的其他影响研究生重大利益的行为,但如果处分行为不涉及研究生特定的身份权,如警告、严重警告、记过、留校察看等高校自身的内部管理行为,则不宜通过行政复议进行救济,而应通过申诉救济形式予以解决。

---

① 湛中乐、靳澜涛.我国教育行政争议及其解决的回顾与前瞻:以"推动教育法治进程十大行政争议案件"为例[J].华东师范大学学报(教育科学版),2020(2):8-13.

② 张恩学.教育行政复议制度研究:以高等院校校生纠纷为视角[J].教育探索,2015(1):112-113.

　　第三,明确受理高校行政复议的主体。根据《行政复议法》的相关规定,受理行政复议的机关为被申请人的上一级行政机关。目前我国招收研究生的高校分布广泛,类别多样,有部委属院校、省属院校、地方院校等,基于复议的效率效益考量,为确保教育行政复议救济得到有效实现,可规定受理部委属院校行政复议的受理机关可为高校所属的主管国家部委或代表所在地省级人民政府的省级教育行政部门,具体可由申请人自行选择;受理省属院校行政复议的受理机关为所在地的省级教育行政部门;受理地方院校行政复议的受理机关为所在地的市级教育行政部门。

　　第四,明确复议期间停止执行原则。我国的行政复议法律虽然规定了复议期间可以不停止具体行政行为执行。但是考虑到研究生与导师权益纠纷的特殊性,研究生如果通过行政复议的救济渠道,使得学校作出变更或撤销原处分决定的行为,虽然学生的权利实现有效救济,但原处分决定如不事先停止执行,研究生因原处分造成的损失也难以挽回,行政复议制度的实质价值将被削弱。因此,在研究生进行教育行政复议期间,高校应该停止执行相应处分决定。

三、建立教育行政仲裁制度

　　教育仲裁是解决学校、教师、学生三方在教育过程中发生法律纠纷的制度。在教育过程中,学校、导师、研究生三方如果存在权利义务关系的法律纠纷,可以交由专门的教育仲裁委员会进行处理,由仲裁委员会做出对三方共同认可的,具有强制约束力的裁决。专业性、权威性、中立性、经济性和准司法性是教育仲裁的显著特征[①]。从研究生与学校、与导师的关系而言,受传统的"师徒关系"的影响,研究生与导师之间特殊的教育与被教育关系事实上存在一定隶属甚至依附的关系,因而在发生矛盾纠纷时,若非不得已,双方均不会选择用对抗的方式来解决纠纷,这不利于双方在和谐的关系中实现最终的教育目的。而就诉讼本身而言,研究生与导师、与学校之间的教育纠纷大多为学术性的评价而引发的纠纷,具有很强的专业性和学术性的特点,而法官擅长的是对诉讼程序的掌控和诉讼技巧的把握,对于专业性极

---

　　① 陈久奎.我国教育仲裁制度的建构研究:一种解决教育纠纷的新途径[J].教育研究,2006(5):50-53.

强的学术性纠纷问题,很难就已有的知识予以评判。同时也因为法律法规对高校能否作为行政诉讼被告的主体资格规定不明确,法院在面对涉及学术性问题的导师与研究生纠纷时,司法救济呈现出不平衡、不充分的状态。正是源于教育法律关系的特殊性以及研究生与导师、学校之间纠纷的复杂性,使得教育仲裁制度可以成为解决导师与研究生纠纷的最优校外救济形式。

当前,我国教育仲裁制度尚未完全建立,但其所具有的效益、公平、及时的特征无疑在有效解决教育纠纷过程中具有不可替代的积极作用,因此,应当从以下几个方面,尽快健全完善教育仲裁制度。

第一,从国家立法层面确立教育仲裁制度。现行的国家法律法规层面没有明确教育仲裁制度的规定,因此教育仲裁制度一直是一种抽象的学术性制度设计。建议从国家法律法规层面明确规定教育仲裁制度,并细化实施的规则与原则,避免在施行过程出现模糊状态,造成可能的同一制度却有不同的实施方法或处理结果的尴尬局面。

第二,设立教育仲裁委员会。考虑到教育纠纷本身的专业性、技术性和复杂性等特点,而且教育纠纷涉及多方面利益,教育仲裁委员会应该是一个独立的中立机构。按当前我国教育发展现状,可以在省(自治区、直辖市)、设区的市、县(县级市、区)三级设立教育仲裁委员会,并由同级政府予以安排预算,独立于同级教育行政部门运行[①]。三级的仲裁委员会之间只有业务的指导关系,不存在上下级别的隶属关系,他们在法定的职权内独立行使教育仲裁权,不受任何国家机关、组织机构和个人的干涉,以确保仲裁委员会决策中的独立性和权威性,以促进研究生与导师权益纠纷的公平解决。

第三,明确教育仲裁委员会的受案范围。本书所研究的是研究生权利纠纷处理机制,因而所指的教育仲裁主要是解决研究生与高校在教育教学过程中发生的与教育权利义务关系相关的法律纠纷,是一种狭义上的教育法律纠纷。因而,纳入仲裁范围主要包括:(1)研究生与导师之间的合同纠纷。(2)教育教学过程中发生侵权纠纷,如侵犯研究生的名誉权、隐私权、荣誉权、身体健康权等引起纠纷以及侵犯研究生财产权引起的纠纷。(3)教育处分纠纷,既包括开除、退学、拒发毕业证、学位证等对学生基本身份改变有重大影响的纠纷,也包括日常学校管理过程中对研究生做出的警告、严重警

---

① 彭俊.中国公立高校校生纠纷研究[D].武汉:华中师范大学,2011:113.

告、记过、记大过、留校察看等处分引起的纠纷。(4)学校及相关代表机构对研究生的学习成果如论文水平、学习成绩等进行评价而引起的纠纷。

第四,优化教育仲裁委员会的人员组成。教育仲裁委员会处理的是具有特殊性的教育纠纷,因而其人员组成应兼顾各方的利益,成员中除了委员会的专业人员外,应包括高校、导师代表和研究生代表,以确保其公平性、公正性和民主性。同时考虑到导师与研究生权益纠纷之间所牵涉的问题的专业性与复杂性,因此还应吸纳高校专家、法学专家、教育专家、心理专家等社会专家进入仲裁委员会,以保障导师与研究生权益纠纷解决的科学性和合法性。

第五,实行部分纠纷一裁终局原则。由于导师与研究生之间的权益纠纷大多是集中在招生、培养和毕业三个阶段,大多涉及对学术权力的评价,体现出了较强的专业性和技术性,因此不适宜通过司法审查的途径解决,而适用一裁终局原则有其合理性。因为教育仲裁的组成人员大部分是由教育行业的资深专家组成,他们的学术背景和学术道德足以对导师权力与研究生权利纠纷中带有专业性问题作出实质性的判断(而不仅仅是程序性的)[1],因此,对导师与研究生权益纠纷中涉及学术性的问题纠纷可采用一裁终局,而对其他方面的纠纷,当事人如对教育仲裁决不服,且属于法院受案范围并未超过诉讼时效的,仍可向法院提起诉讼,由人民法院按规定予以审理,这样有利于学术自由与学生权利保护之间达到平衡。

四、完善教育行政诉讼制度

教育行政诉讼是学生认为学校行使职权的行政行为侵犯其合法权益,依法向人民法院提起行政诉讼请求的救济活动。诉讼是研究生权利救济的最后保障,这种制度的建立和完善对保护研究生的合法权利具有重要意义。尽管自"田永案"后[2],我国高校研究生通过行政诉讼来保护自身的案件逐渐增加,但"同案不同受""同案不同判"的现象依然普遍存在,研究生权利的

---

① 彭俊.中国公立高校校生纠纷研究[D].武汉:华中师范大学,2011:116.

② 1998年10月,因学校未按规定颁发毕业证书及学位证书,田永在将母校北京科技大学诉上法庭。此案被誉为中国行政法制发展中的一个里程碑。它的意义不仅仅在于法院受理了这个案件,更重要的是通过对该案的审理,促进了高校教育管理领域的法制化,同时也对我国行政诉讼受案范围的调整产生了很大影响。

行政诉讼救济仍处于一种"不确定"状态,教育行政诉讼制度并未得到完全确立。究其原因,主要有以下三点:其一,对于高校能否作为行政诉讼被告的主体资格,现行的法律法规没有明确规定,各地的法院对司法能否介入高校教育纠纷看法上存在分歧,进而导致对高校作为行政诉讼被告的适格问题有不同的认识。其二,现行的行政诉讼法,对公民的受教育权受到侵害时能否提起行政诉讼,即受教育权是否在行政诉讼的受案范围内,法律没有作出明确的规定。其三,高校学术权力的行使具有很强的专业性和技术性,法院很难对受案范围内高校的学术行为进行专业性的判断,进而影响了案件的审判。上述三个因素直接影响了司法部门在面对高校教育纠纷时以何种态度、何种标准、何种强度介入,因而,必须予以明确,以构建起完善的教育行政诉讼制度,畅通导师权力与研究生权利纠纷的司法救济渠道。

第一,明确高校可作为行政诉讼被告的主体,这是司法审查介入高校教育纠纷的前提。拥有学术权力是高校的重要特征,"田永案"虽然叩开了高校学术权力的大门,初步确立了高校作为法律法规授权组织的可诉性,但这一观点并未在理论界形成一致的看法,也未为之后的司法实践所完全认同。根据《教育法》第 29 条的规定,高校具有自主管理、组织实施教育教学活动、招生、学籍管理、奖惩教职工和学生等权利,从这些权利的行使可以看到明显的裁量性、单方意志性和强制性,具备了行政行为的主要特征,且《学位条例》规定,硕士学位、博士学位则由国务院授权的高等学校和科学研究机构授予。明确了学位授予行为是授权行为,因而本研究认为高校作为法律法规授权的组织,具有行政诉讼被告主体资格。而在高校内部实际的管理过程中,高校将学术权力进行了二次分配,其中研究生导师被赋予了较大的自主权。根据权责相当的原则,导师在被赋予较多权力的同时,也要承担相应的法律责任[①]。相应地,导师也就成为行政诉讼适格的被告主体,而应然地在研究生与导师、研究生与高校的行政教育权益纠纷过程中,被纳入到行政诉讼法管辖和监督的范围。

第二,明确司法审查受案范围。判断研究生与导师之间权益纠纷是否可纳入司法审查的范围时,应当充分考虑我国教育发展的实际情况,审查范围过大可能会严重损害高校的办学自主权,审查范围过小则不能全面有效

---

① 季欣.导学学术冲突的私权司法救济探析[J].学位与研究生教育,2020(2):26-29.

地保障研究生的根本权益。基于保护高校的办学自主权和维护研究生正当权利最大平衡的角度,本研究认为,应当通过立法的形式,明确规定研究生对导师及高校行使的诸如招生录取、学籍管理、学位和学历授予等直接改变研究生身份的管理行为,以及涉及研究生身份变更的处分,如开除学籍等行为,均应纳入司法审查的范围,研究生可以提起行政诉讼。对于高校行使如作息考勤、宿舍管理等普通内部管理行为,研究生因此而受到的纪律处分,如警告、严重警告、记过等不足以影响到学生失去学校成员身份的,不应成为司法审查的事项,因而不能提起教育行政诉讼。

第三,合理确定司法审查介入的强度。司法审查介入的强度即指法院对于其受理范围之内的高校行政行为应在何种强度上、运用何种标准开展审查。有学者认为,法官不是教育行政专业的专家,其对于高校内部的教育行政纠纷应有限干预。首先,法官要贯彻执行《行政诉讼法》的有关规定,对高校内部的教育行政争议进行必要的司法干预,积极保障当事人的合法权益。但是,法官也要注意司法监督的边界,对于属于高校自治范畴,属于学术自由判断或者高校内部管理等事务,并未侵犯当事人合法权益的教育行政纠纷,要保持司法的适度谦抑[①]。本书认同这种观点,司法在介入高校内管管理过程中必须保持谦抑和克制,必须充分尊重高校的办学自主权及其在学术和专业知识方面的权威,尤其是在涉及研究生学术能力评价、学业成绩评价、毕业考核认定等事项问题,不能以法院和法官的司法判断代替高校、导师和专业科研机构的评定意见。另一方面,司法介入的重点应以法律审查为主、以事实审查为辅,以程序审查为主、以实体审查为辅,充分尊重高校的学术自由和办学自主权。具体而言,法院对教育自主权范畴,如学术研究、学术评价、学术标准的审查,导师对学生成绩、学位水平的评定,法院应予以有限审查。对教育行政范畴,如是否给予学籍,是否给予毕业证书,是否授予学位,以及程序上的争议,法院应给予严格审查。

---

　① 湛中乐,靳澜涛.我国教育行政争议及其解决的回顾与前瞻:以"推动教育法治进程十大行政争议案件"为例[J].华东师范大学学报(教育科学版),2020(2):14-17.

小 结

　　本章从优化研究生权利内外协同救济机制、权利救济监督机制、权利纠纷化解机制、权利正当程序机制和大学权力制衡机制入手,探讨研究生权利纠纷处理机制的优化路径。以健全研究生教育中学生参与决策制度、学生代表大会制度、高校内部考评制度、高校信息公开制度、学生处分程序制度和学生权利申诉制度为重点,阐释健全研究生权利内部保障制度的着力重点。通过不断强化高校研究生教育内部制度建设,结合高等教育的特点,探索优化教育行政申诉、复议、仲裁和诉讼制度,完善研究生权利外部救济制度建设,论述研究生权利纠纷处理机制及内外保障制度建设路径。

第八章

结　语

　　师生关系,是中国传统伦常中最重要的非血缘关系之一。大学的师生关系是大学校园中最基本、最重要的人际关系。随高等教育的发展,特别是研究生教育规模的扩大与重要性的提升,导师和研究生关系和谐适配与否,直接关系到我国高等教育发展水平和研究生培养质量。本研究从我国研究生教育师生关系异化的现实问题出发,以研究生教育师生关系异化为研究对象,从现实层面和理论层面,分析了导师权力和研究生权利配置失衡的问题,探究构建和谐适配的研究生教育师生关系。在本研究论述中,不仅对研究生教育关键的导师权力和研究生权利的配置规范和影响机制进行了梳理,进一步明确了导师权力与研究生权利的具体内容及法律关系,同时引入了适配性的概念,构建科学、系统的师生关系适配性评价指标体系,并通过定量和定性的分析方法加以验证。最后,根据评价指标体系,进一步完善了导师权力和研究生权利配置规范与程序正义举措,分析了导师和研究生发生纠纷的内在因素,构建了研究生权利救济与保障机制。

一、研究结论

　　本研究从近年来研究生师生关系异化、师生矛盾冲突频发的客观现实出发,深入审视和重构了研究生和导师关系的内在逻辑,发现在高校推进依法治校和研究生权利意识高涨的大背景下,从传统师生文化视角无法把握研究生教育中师生关系异化问题的本质。因此,必须突破现有研究生教育师生关系的定势思维,从法律的视角出发,正视研究生教育中导师权力和研究生权利配置失衡是破坏师生和谐关系的根源,分析研究生教育关键环节导师权力和研究生权利配置的现状。同时,本研究发现 Homans 提出的适配性^①概念广泛运用于组织内部领导者和员工关系的构建,可以将适配性概念创新性地移植到研究生教育师生和谐关系的构建中,结合不同阶段导师权力和研究生权利配置的情况,建立科学、系统的师生关系评价指标体系,运用定性定量分析和质性研究的方法加以验证,并提出一个全新的研究生教育师生关系适配度的测量公式,可以普遍运用到不同院校的具体案例中,具有较强的实践价值和现实意义。本研究最后落脚到研究生教育师生法律关系,根据实证分析的情况,提出我国规范研究生教育导师权力和研究生权利配置、落实程序正义举措、构建师生纠纷解决机制和学生权利救济保障机制的具体路径,为构建和谐适配的研究生教育师生关系提出清晰、有效的现实路径。

在章节的分布上,除去绪论与结语部分,本研究正文内容共六章,每一部分所要解决的问题各有不同。第一章关注研究生权利保障诉求对大学治理体系现代化的挑战,从研究生权利意识特征、当代行政法变迁对权力与权利配置调整和大学治理体系现代化过程中的正当程序设置三个方面,聚焦于“大学内部治理的严峻挑战”这一研究生教育师生关系的适配性问题;第二章侧重于研究生教育关键节点的导师权力和研究生权利的配置困境,随着导师和研究生师生关系的更加紧密,从权力失衡加剧和救济保障缺失两个方面,论述研究生教育在招生、培养和毕业三个关键阶段,导师权力和研究生权利配置存在的轻度、中度和重度失衡的现实状况。第三章旨在构建导师和研究生关系适配性的指标体系假设模型,通过问卷设计和测量量表,对导师权力与研究生权利的适配性进行了实证分析,并设计了师生关系适配度的测量方法;第四章通过对导师和研究生的深度访谈,进一步验证了导师权力与研究生权利适配性的现状。并选取了 F 高校 CE 学院和陶某园事件两个具体案例,对该院现阶段的导师和研究生关系的适配度进行了量化计算,对陶某园事件进行了深入的剖析;第五章阐释了研究生教育关键节点的学生权利救济与程序正义举措,构建了大学招生自主、学术自治、毕业权利外化和导师权力、司法救济的平衡关系;第六章构建了研究生权利纠纷处理机制及内外保障制度的建设路径,以确保研究生受教育权利能得到及时

① HOMANS G C.Social behavior as exchange[J]American journal of sociology,1958(63):597-606.

的保障和救济。本研究对我国高校研究生教育导师与研究生法律关系的理论与现实、问题与对策、救济与保障等各方面进行了深入、详细的分析与探讨。

(一)研究生师生关系异化对大学内部治理带来严峻挑战

近年来,研究生师生关系出现了异化现象,恶性事件时有发生,这些病象深刻反映了研究生师生关系出了问题。如何进一步规范研究生导师的权力,厘清高校研究生教育师生法律关系即权利义务关系,完善研究生权利诉求的制度化表达,已经成为社会关注的热点。在高校推进依法治教的过程中,规范导师和研究生的法律关系是依法治校、完善大学内部治理、提升人才培养质量的根本要求。随着研究生知情权意识高涨、参与权意识上升和正当程序意识加强,当代行政法变迁对权力与权利配置调整,对大学内部治理体系现代化提出了新的要求和现实挑战。研究生在维护自身权利的过程中,更加注重以程序建构为中心、以信息公开为诉求、以学生参与为途径、以沟通共识为目标,对和谐适配的研究生教育师生关系呈现高度的期待。

(二)研究生导师权力和学生权利出现"三重失衡"现实困境

导师和研究生关系的建立发展需经历人际关系定向、情感探索、感情交流和稳定交往四个环节。结合研究生教育过程的特点,可进一步分为招生、培养、毕业三个关键环节。深入观察师生关系异化现象,随着师生关系逐渐紧密,师生出现矛盾的可能性增加,毕业阶段是双方矛盾冲突爆发最频繁的时期。高校研究生招生阶段中导师的话语权和研究生弱势地位,容易出现导师权力的过度扩张与研究生权利声张不足的困境;研究生培养方式的独特性,容易出现导师与研究生行为和关系得不到公众监督等困境;研究生毕业阶段的论文导师负责制,容易出现导师滥用职权和研究生权利受侵犯等困境。通过对权力失衡和救济保障两个方面深入分析,在研究生教育招生、培养和毕业三个关键节点,招生阶段导师权力影响与招生权力监督、学生权利救济制度的建立,导师权力和学生权利配置存在轻度失衡;培养阶段导师权力影响、变更导师的不确定性和学生权利保障渠道的缺失,导师权力和学生权利配置呈现中度失衡;毕业环节导师对研究生毕业的权威影响和学生权利救济渠道的缺失,导师权力和学生权利配置出现重度失衡。

(三)建立指标体系可对师生关系适配性开展实证分析

通过借鉴在组织管理领域广泛运用的适配性概念,结合不同阶段导师权力和研究生权利配置的情况,构建科学、系统的研究生教育师生关系评价指标体系,在问卷设计、测量量表、数据整理与描述性统计的基础上,运用SPSS、AMOS、Matlab 等统计分析软件对数据进行信度检验、效度检验、相关性分析和结构方程模型检验,通过了模型的验证。在此基础上,运用层次分析法,邀请行业专家对不同维度指标权重进行界定,设计了一项全新的师生关系适配度的计算公式,并对师生关系适配度高低进行标准划分,该测量方法可计算不同院校、同一院校不同时期研究生师生关系的适配度。本研究选取 F 大学 CE 学院作为案例,对该学院现阶段研究生师生关系适配度进行测量并得出 CE 学院导师与研究生关系为中等适配的研究结论。

(四)完善导师权力和学生权利配置规范与程序正义举措

从研究生招生导师权力的规范、学生权利的救济、大学自治与司法救济平衡等方面,开展研究生招生阶段导师权力和学生权利配置的规范构建。从导师更换机制完善、自治组织参与决策、学术自主权利与导师权力平衡等方面,分析培养阶段导师权力和学生权利配置的规范构建。从论文送审机制优化、论文答辩机制改善、毕业权利外化与司法救济平衡等方面,探讨研究生毕业阶段导师权力和学生权利配置的规范,通过积极构建大学招生自主、学术自治、毕业权利外化和导师权力与司法救济的平衡,实现研究生权利救济的程序正义举措。

(五)构建导师权力和学生权利纠纷处理机制及救济保障

从健全高校内部考评制度、高校信息公开制度、学生参与决策制度、学生代表大会制度、学生处分程序审查制度等方面,进一步健全研究生权利内部保障制度。从完善学生权利申诉制度、学生权利正当程序制度,导师权力监督、制衡和约束机制等方面,进一步完善研究生权利的保障制度。通过建立研究生权利校内申诉制度、完善研究生权利校外复议制度,进一步优化校内外协同的导师权力和研究生权利非诉讼纠纷解决机制。从完善教育行政申诉制度、教育行政复议制度、教育行政仲裁制度等方面,进一步优化研究生权利外部救济保障制度。通过优化导师权力和研究生权利纠纷化解机制,建立研究生权利救济监督机制,构建导师权力和学生权利纠纷诉讼前置审查制度,完善导师权力和研究生权利纠纷行政诉讼解决机制。

二、研究创新

本研究的创新点主要表现在以下四个方面:一是紧扣时代背景审视研

究生教育师生关系异化这一突出矛盾问题;二是聚焦通过法律视角展开研究生教育师生关系研究;三是围绕适配性理论构建新型研究生教育师生关系;四是通过问卷调查和深度访谈的方法,对研究生教育中导师权力与学生权利适配性开展量化研究和质性研究。

(一)紧扣时代背景审视研究生教育的突出矛盾问题

学界有关研究生教育和大学师生关系的研究不在少数,或专门论述,或附带提及,无论哪种研究,都反映出学界对研究生教育师生关系的关注和重视。但在已有的研究中,国内学者普遍关注研究生教育师生关系的应然状态,国外学者着重探究研究生教育师生关系的实然价值。因此,大多数研究的最终落脚点都在要求高校导师要更善于沟通、更富爱心与耐心,或者认为导师和研究生双方应更相互理解。诚然,这些建议对于高校研究生教育师生关系乃至所有人际关系都非常重要。本研究在此基础上,聚焦当前研究生教育导师与研究生矛盾冲突频发、恶性事件时有发生的现实问题,即师生关系异化现象进行更深入、更适切的剖析。本研究能够立足新时代高等教育依法治教的大背景和研究生权利意识觉醒的现实特征,以研究生教育中导师与研究生关系异化客观现实为研究对象,契合时代现实问题和教育发展矛盾。通过选取研究生教育中导师与研究生法律关系的独特视角,契合依法治教的时代发展要求和大学治理体系现代化的现实期待,契合依法治国的时代要求和大学内部治理的现实矛盾,对构建健康和谐的研究生教育导师与学生关系具有很强的现实意义和实践价值。

(二)聚焦通过法律视角展开研究生教育师生关系研究

用不一样的角度看世界,就会收获不一样的风景。角度是观测工作的关键,于研究生教育师生关系研究亦然。关于研究生教育师生关系研究,往往有多个视角:有从物质层面经济意义上的生产劳动关系;有从哲学意义上的认识实践关系;也有从伦理意义上的师道尊严辈分次序关系等等,不同领域的学者从不同视角开展研究生教育师生关系的研究。但是,聚焦于法律视角,分析研究生教育中导师权力和学生权利配置情况的研究相对匮乏。从法律意义上的研究生教育师生关系,即权利义务关系展开研究,首先应明确法律关系包含主体、内容、客体三个要素,分别是法律关系的参加者,即作为高等教育主导的研究生导师和作为高等教育主体的研究生,师生双方在享有权利的同时,也必须履行应尽的义务。客体是法律关系主体权利义务指向的对象,在师生关系中,导师与研究生的法律关系是基于法律规范所形成的权利义务关系。法律关系的内容,则是导师和研究生所享受的权利和所履行的义务本身。依据《教师法》,导师享有教育教学权、学术研究权、指导评定权、民主管理权等权利;研究生作为教育法律关系的主体,享有受教育权、选择导师的权利、参与科研的权利、参与教育教学计划活动等权利。因此,本研究聚焦研究生教育法律关系的视角,概述研究生权利保障诉求对大学治理体系的挑战,分析了研究生教育关键节点的导师权力和学生权利的"三重困境",构建了导师与研究生规范有序的法律关系,从法律关系的视角,探究了研究生权利纠纷处理机制及内外保障制度建设路径,而以往研究主要集中在教育学、伦理学和管理学的视角,本研究的法律视角能够拓展研究领域,弥补现有研究视角的不足,具有较强的独特性和新颖性。

(三)围绕适配性理论构建新型研究生教育师生关系

本研究围绕新时代研究生教育中导师权力与学生权利适配性基础理论与探索实践,对研究主题进行科学量化、系统深入分析和研究,重构研究生教育中师生之间和谐健康、友好互动的体现适配性的关系规范。当前关于导师与研究生的关系研究较为宏观,存在泛泛而谈的现象,且双方关系的紧密度、落脚点较为欠缺,而本研究紧扣研究生招生、培养、毕业三个重要环节,强调导师与研究生关系的紧密适配性,可以有效弥补相关研究内容的不足。本研究创新性地引用"适配性"的概念,为深入探讨研究生教育中导师与研究生的关系提供了有益思路。适配作为心理学、组织行为学研究范畴,并逐渐在组织管理领域形成了较为系统实用的适配理论,其在揭示人与组织、人与文化之间的关系方面发挥着重要作用。研究生教育过程的适配性,重点强调研究生与导师之间的"适切""匹配"的和谐互动关系、相互成就关系,这既是研究生教育师生个体和谐关系的追求,也是对大学治理效能的重要体现。只有导师和研究生的关系达到适配性的最佳,才能确保师生相互成就、互利共赢局面的出现,才能更好地促进高校立德树人教育目标的实现。为此,本研究围绕新时代研究生教育中导师权力与学生权利适配性基础理论与探索实践,对研究主题进行科学量化、系统深入分析和研究,为妥善化解矛盾纠纷,重构有利于人才培养质量提升的研究生教育师生之间和谐健康的适配性关系规范,具有基础性与普适性的特点。

(四)尝试使用定量与定性相结合的研究方法

"工欲善其事,必先利其器",研究方法就是研究的"利器"。研究生教育中导师权力和学生权利的法律关系作为一种无形的存在,传统研究更为关注对它进行学理性、抽象性的阐述,这对大学师生关系而言是有必要的。本研究也认同这一研究范式,因而在前人研究的基础上,对研究生教育导师和研究生关系做进一步的理论挖掘与学理阐述等相关工作。但是,导师与研究生关系作为大学师生双方基于知识进行交往而形成的一种产物,也有其现实性与实践性,单纯的理论阐释并不能很好地指导人们开展相关实践活动。正如测量温度需要使用温度计,测量长短需要使用尺子,研究生教育导师和研究生关系的观测也需要更具象化、实在化,有必要对研究生师生关系展开定量研究。本研究对我国研究生教育导师和研究生关系的适配性进行了调查,而我国庞大的高等教育规模决定了研究生教育导师和研究生关系内部的复杂性与多元性。因此,在展开实证分析过程中需要通过科学合理的抽样方法选取合适的样本以保证研究的代表性。基于此,本研究结合不同阶段导师权力和学生权利配置的情况,构建了科学、系统的研究生师生关系评价指标体系,通过在问卷设计、测量量表、数据整理与描述性统计的基础上,运用 SPSS、AMOS、Matlab 等统计分析软件对数据进行信度检验、效度检验、相关性分析和结构方程模型检验,通过了模型的验证。同时,运用层次分析法,邀请行业专家对不同维度指标权重进行界定,设计了一项全新的师生关系适配度的计算公式,并对师生关系适配度高低进行标准划分,用于计算不同院校、同一院校不同时期研究生师生关系的适配度。通过数据实证分析和个体深度访谈,运用问卷调查和质性研究方法,客观反映出当前我国研究生教育导师和研究生关系的主要特征与突出问题。

（五）提出了一些具有前瞻性与时代性的创新性观点

本研究基于高校研究生教育师生关系异化这一现状,通过创新的视角并借用现代研究方法,提出了一些新的观点与思想。这些观点和思想都是基于前人的研究成果而做的进一步延展,在前人研究的基础上,本研究希望能够在研究生教育导师权力和学生权利关系适配性探索的道路上,能带来"一丝波澜"。

其一,本研究提出导师权力和学生权利配置的"三阶段失衡理论"。通过观察研究生和导师双方随着关系的深入,矛盾冲突逐渐加剧且频发的现实问题,通过对权力失衡加剧和救济保障式微两个方面深入分析,从研究生招生导师权力的规范、学生权利的救济、大学自治与司法救济平衡等方面,论述研究招生环节导师权力和学生权利配置存在轻度失衡的情况;从导师更换机制完善、自治组织参与决策、学术自主权利与导师权力平衡等方面,分析培养环节导师权力和学生权利配置存在中度失衡;从论文送审机制优化、论文答辩机制改善、毕业权利外化与司法救济平衡等方面,探讨毕业环节导师权力和学生权利配置存在重度失衡情况。

其二,本研究认为导师权力和学生权利关系的适配性问题,关系到高等教育人才培养的质量。导师是研究生教育的第一责任人,有和谐适配的研究生教育导学关系,才能有高质量的研究生教育,才能培养出高素质的创新人才。本研究围绕新时代研究生教育中导师权力与学生权利适配性的基础理论与探索实践,对研究主题进行科学量化、系统深入的分析和研究,重构了有利于人才培养质量提升的研究生教育导师和研究生之间和谐健康的适配性关系规范,以进一步促进高等教育研究生人才培养质量的提升。

其三,本研究提出高校导师和学生关系的适配性解决,关系到大学内部治理体系的完善。学生权利意识增强、参与权意识上升、正当程序意识加强,对高校规范导师权力的行使、完善导师权力的制约机制提出新的要求。传统行政法理论体系受到挑战,"以权利制约权力"的参与型行政模式、以程序建构为中心的程序主义模式被广泛认可等行政法变迁促进权力与权利配置的调整,对高校导师权力与学生权利的适配性提出新的期待。以分岗分责、同行评价、保障机制构建等诉求,及以沟通、合作、共赢为主要特征的新型师生关系的构建,为深化高校导师评价制度改革、完善导师职务聘任管理办法等大学内部治理体系和治理能力现代化提供新的思路。

其四,本研究构建了高校导师权力和研究生权利纠纷的内外部保障和救济机制。从高校内部考评制度、高校信息公开制度、学生参与决策制度、学生代表大会制度、学生处分程序审查制度等方面,进一步健全研究生权利内部保障制度。从学生权利申诉制度、学生权利正当程序制度,导师权力监督、制衡和约束机制等方面,进一步完善研究生权利的保障制度。从研究生权利校内申诉制度、研究生权利校外复议制度等方面,优化校内外协同的导师权力和学生权利非诉讼纠纷等解决机制。从探索优化导师权力和学生权利纠纷化解机制,建立研究生权利救济监督机制,构建导师权力和研究生权利纠纷诉讼前置审查制度,完善导师权力和研究生权利纠纷解决的诉讼救济机制。

三、研究不足

本研究在积极尝试进行探索创新的同时,也要正视由于时间等因素,本研究的部分观点和方法也存在一些缺陷与不足,主要体现在以下两个方面。

(一)研究样本仍存在一定的局限性

首先,尽管本研究两次回收的调查问卷有 756 份,但相比于我国现阶段超过 300 万的研究生教育规模,样本数量还相当有限;其次,本研究所选取的调查对象聚焦于导师和研究生,在抽样中考量了样本性别、院校类型、学科分布、导师职称、学生年级等各种情况,但实际上,我国高校研究生教育实际情况远比调查样本本身更为复杂和多样。例如,本次调查对象中主要针对高校的导师和研究生关系,尚未考虑到科研机构中导师和研究生的关系是否同样适用等;最后,在设计研究假设和构建研究模型时,未能进一步区分硕士生和博士生与导师之间的关系、全日制研究生和非全日制研究生与导师之间的关系的测量。

(二)部分观点仍有待更充分的论证

本研究提出教育规模化、信息化及终身化的背景趋势下,对研究生教育师生关系产生影响,并希望借由这些未来发展趋势为导师和研究生关系的现实问题提出解决对策。这种设计或构想可能带有一定的理想主义色彩,因为研究生教育规模化、信息化、终身化发展趋势对导师和研究生关系乃至高等教育本身所造成的影响并不全部都是积极的,也并不必然能够为导师和研究生关系所用。同时,导师和研究生关系当前所面临的问题也源于大学内部治理体系不够完善、治理能力不够充分,可能并不与导师和研究生关系在未来所面临的挑战和问题完全重合。

四、研究展望

本研究基于法律关系的创新视角开展研究,从研究生教育招生、培养、毕业三个阶段进行师生关系研究的已有成果相对不足,本研究进行了初步的探索分析,研究视角和研究内容均取得了较大的突破和创新。但是,在已有研究欠缺、现有研究初探的情况下,尚需借鉴前沿理论并立足最新实践加强跟踪研究,尤其要对研究成果继续进行评价、反馈、优化、完善,才能更好地紧跟现实、指导实践、转化成果、取得实效。

一方面,为了弥补本研究的不足与缺陷,需要在后续研究工作中进一步优化研究视角,完善定量研究的科学性与合理性,扩大深度访谈和问卷调查的取样范围,并对研究结论进行继续修正,以此形成对研究生教育导师和学生关系更为由内而外的分析,有量有性的观测以及有理有据的结论。另一方面,应该针对不同类型的研究生教育开发不同版本的导师权力和研究生权利适配性问题的调查问卷,包括全日制研究生、非全日制研究生,高校研究生、科研机构研究生,硕士研究生和博士研究生调查问卷等。在问卷发放与样本选择过程中,更为主动地联系高校研究生教育主管部门和导师学者专家,积极与研究生教育主管部门进行沟通合作,采用更为合理的抽样方式,从而获得更具代表性的样本和访谈数量。通过扩大研究对象和范围,可能会对当前我国研究生教育的现状、特征与问题有更为深入的探索、更加准确的把握,并能够据此提出更有针对性和实效性的研究生教育导师与学生关系和谐适配的建议和对策。

附 录

附录一 高校研究生教育中导师与学生关系 适配性研究调查问卷

尊敬的导师/研究生同学:

您好! 本问卷是高校研究生教育中导师权力和学生权利适配性研究的部分内容,旨在了解高校研究生教育中导师权力与学生权利的适配性,进一步丰富和规范我国高校研究生教育中导师和学生关系,并作为依法治教和大学治理能力建设的重要组成部分,有助于丰富新时代法治高校建设理论,进而推动大学治理和人才培养质量提升。谢谢您!

【填写说明】

1.请根据当前所在高校的研究生教育中导师权力与学生权利的实际情况填写该问卷。

2.问卷采用5级李克特评分表法,分值越高表示越符合。其中,1表示完全不符合;2表示不太符合;3表示一般符合;4表示比较符合;5表示完全符合。

第一部分 基本信息

1.您的性别:

□ 男 □ 女

2.您目前所在的高校类型

□ 世界一流大学 □ 世界一流学科建设高校 □ 普通高等院校

3.您目前所在的专业领域是：

□ 人文社科　□ 理科　□ 工科　□ 医科　□ 艺术类　□ 其他

4.您的身份：

□ 研究生导师　□ 研究生

5.您的职称是(导师填写)：

□ 讲师　□ 副教授(副研究员)　□ 教授(研究员)

6.您目前所在的年级(研究生填写)：

□ 硕士一年级　□ 硕士二年级　□ 硕士高年级　□ 博士一、二年级
□ 博士高年级

第二部分　导师与学生权力感知及适配性关系现状研究

请您根据在师生关系中的实际情况,在对应的数字栏内打"√"	完全不符合	基本不符合	一般符合	比较符合	完全符合
	1	2	3	4	5
在师生关系中,导师是有权力的					
在师生关系中,学生要听导师说的话					
在师生关系中,导师可以让学生做要求的事情					
在师生关系中,导师可以按照个人意愿做出决定					
在师生关系中,学生是有权利的					
在师生关系中,导师要考虑学生的感受					
在师生关系中,学生可以提出歧义或商榷意见					
在师生关系中,学生可以按照个人意愿做出决定					
在师生关系中,我与对方存在很强的相互吸引力					
在师生关系中,我与对方的矛盾很少,或能有效化解冲突					
在师生关系中,我与对方能有效相互响应,采取共同行动					
在师生关系中,我与对方经常沟通,实现良好信息交流					

第三部分　导师权力现状研究

请您根据导师权力的实际情况,在对应的数字栏内打"√"	完全不符合	基本不符合	一般符合	比较符合	完全符合
	1	2	3	4	5
导师有权参与研究生招生政策制定					
导师有权参与研究生初试命题和改卷					
导师有权参与研究生复试考核					
导师有权决定研究生是否被录取					
导师有权参与制定、修改、调整学生的培养计划					
导师有权使用和管理学生培养经费,定期发放津贴					
导师有权对学生入党、评奖、选拔事宜进行推荐					
导师有权确定学生的研究方向、课题					
导师有权负责学生学术诚信教育、杜绝学术不端行为					
导师有权对学生所发表成果拥有署名权					
导师有权对学生开展专业知识教育和思想政治教育					
导师有权参与学生就业指导和就业推荐					
导师有权确定研究生毕业论文选题,参与论文指导					
导师有权提出论文发表要求、提出论文送审建议					
导师有权决定研究生论文是否进入答辩环节					
导师有权对学生进行毕业考评,决定是否准予毕业					

第四部分　学生权利及救济渠道现状研究

请您根据学生权利及救济渠道的实际情况,在对应的数字栏内打"√"	完全不符合	基本不符合	一般符合	比较符合	完全符合
	1	2	3	4	5
学生有权自主选择报考院校及专业					
学生有权对导师的基本情况进行全方位了解					
学生有权根据自主意愿选择导师					
学生有权参与制定培养计划、调整修业年限					
学生有权独自确定研究主题及研究方向					
学生有权独自进行科学研究、发表学术论文					
学生有权参与学术研讨及国内外学术交流活动					
学生有权获得奖助,申请"三助"(助研、助教、助管)岗位					
学生有权在毕业阶段获得公正的评定					
学生的毕业论文不会因导师主观因素影响送审					
学生的论文答辩不会因导师主观因素影响进度					
学生有权在完成培养计划后依法获得学历证书和学位证书					
招生阶段对招生结果有异议,学生可向有关部门提出申诉或复议					
培养阶段学生有权参与导师考核,发挥监督作用					
培养阶段对导师存在师德师风问题,学生有权更换导师					
毕业阶段对导师评定结果存在异议,学生可以提起申诉或诉讼					

非常感谢您的支持和帮助!

附录二 师生关系适配性评价指标权重调查表

尊敬的专家：

您好！本人正在进行关于"师生关系适配性评价指标权重"的学术研究,希望通过您的问卷得出导师权力和学生权利评价指标体系中各指标的权重。具体的打分规则已附在下方,烦您阅读后填答。

1.指标体系

表1 指标体系

目标层	一级指标	二级指标
师生关系适配性(F)	导师权力(P)	招生阶段权力(P1)
		培养阶段权力(P2)
		毕业阶段权力(P3)
	学生权利(R)	招生阶段权利(R1)
		培养阶段权利(R2)
		毕业阶段权利(R3)
		权利救济渠道(R4)

2.填写示例

请您用如下1—9或者倒数说明指标之间的相对重要性。

表2 指标评分说明

标度	定义	说明
1	同等重要	两个因素相比,同等重要
3	略微重要	两个因素相比,前者比后者略微重要
5	明显重要	两个因素相比,前者比后者明显重要
7	非常重要	两个因素相比,前者比后者非常重要
9	极其重要	两个因素相比,前者比后者极其重要
2,4,6,8,	中间值	两个因素相比,前者比后者重要性处于相邻标度之间
倒数	反比较	两个因素相比,后者比前者重要

3.指标权重评判

(1)一级指标

师生关系适配性判断矩阵 $F:P-R$

师生关系适配性 F	导师权力 P	学生权利 R
导师权力 P	1	
学生权利 R	—	1

(2)二级指标

①导师权力 P 判断矩阵 $d:P_1-P_3$

导师权力 P	招生阶段权力 P_1	培养阶段权力 P_2	毕业阶段权力 P_3
招生阶段权力 P_1	1		
培养阶段权力 P_2	—	1	
毕业阶段权力 P_3	—	—	1

②学生权利 R 判断矩阵 $q:R_1-R_4$

学生权利 R	招生阶段权利 R_1	培养阶段权利 R_2	毕业阶段权利 R_3	权利救济渠道 R_4
招生阶段权利 R_1	1			
培养阶段权利 R_2	—	1		
毕业阶段权利 R_3	—	—	1	
权利救济渠道 R_4	—	—	—	1

附录三　访谈对象基本信息

一、一对一访谈导师信息

化名	性别	导师年限	职称	学科门类	行政兼职
X导师	男	15	教授	法学	处长
Z导师	男	15	教授	法学	院长
W导师	男	12	教授	理学	副院长
C导师	男	9	教授	经济学	副院长
L导师	男	10	教授	理学	
F导师	男	8	教授	工学	
Y导师	女	10	教授	工学	
O导师	女	12	教授	工学	
J导师	女	6	副教授	工学	
T导师	男	6	副教授	工学	

二、焦点小组访谈学生信息

化名	年级	人数	专业类别
Y2学生	19研	2	艺术
W2学生	19研	2	文学
G3学生	18研	3	工学
LD3学生	19研（博）	3(1)	理学

附录四 导师访谈提纲

尊敬的老师：

您好！非常荣幸有机会与您进行一次深入访谈，也很感谢您对本研究的大力支持。我是厦门大学教育博士研究生，此研究课题是我的博士论文选题：研究生教育中导师权力与学生权利适配性研究。

众所周知，导师是研究生培养的第一责任人，也是影响研究生教育质量最重要的因素之一，因而研究生导师与学生的关系超出了传统师生关系的范畴，导师在研究生教育过程发挥着主导的作用。研究生教育师生关系虽为老话题，却始终是高等教育研究的热门话题，特别是近几年陆续发生的研究生师生关系异化悲剧事件，让我们重新反思并再次审视研究生教育的导学关系这一恒久的话题。

研究生师生关系的形成和塑造过程？我国研究生师生关系的现状？师生关系的问题本质？师生关系异化的归因？和谐师生关系塑造的举措？鉴于您作为研究生导师，对于研究生培养有着丰富的经历，我很想聆听您对于这些问题的个人看法。

本研究也会严格遵守伦理道德和保密原则，将在研究中对所有受访对象进行化名处理，不暴露您的真实姓名和身份。若您感兴趣，我也会在课题结束之后与您分享研究结论，听取您的意见和建议。为了方便您提前熟悉访谈的主要内容，我草拟了一份半开放式的访谈提纲。请您事先过目。我会在必要时，根据我们的访谈进程，向您进行补充提问。谢谢！

一、教师基本信息

1.您是从何时开始担任研究生导师工作的？

2.您目前带有几名研究生/博士生？

二、师生关系形成与塑造

1.您认为师生关系的形成和塑造有哪些过程？

2.您认为师生关系的形成和塑造是否有关键环节？（招生/培养/毕业？）

三、师生关系的现状

1.近年来,频繁发生研究生教育中师生关系异化的事件。您是怎么看待师生关系异化现象的？

2.您认为在研究生教育中的师生关系,学生处于什么地位？双方地位是否不平等？

3.您认为在异化的师生关系中,学生是否存在问题？

四、师生关系异化的本质

1.您认为师生关系异化问题的本质是法律问题/道德问题吗？

2.您认为能否从导师权力与学生权利配置的视角解决师生关系异化问题？

五、师生权利配置的剖析

1.您认为研究生教育不同环节,导师和学生的权利配置情况如何?(招生/培养/毕业?)

2.您认为师生关系异化最可能爆发在什么时候? 是否随着双方交流的不断深入而更加严重?(招生/培养/毕业?)

六、师生关系异化的解决举措

1.您认为可以通过哪些渠道解决师生关系异化的问题?(有关部门/学校/导师/学生)

非常感谢您接受我的访谈,让我获得了很多宝贵的信息。若有需要补充的想法,可以随时联系我。再次感谢您对我研究工作的大力支持!

附录五　学生访谈提纲

亲爱的同学:

您好! 非常高兴有机会与您进行一次交流,也很感谢您支持我的研究。我是厦门大学教育博士研究生,此研究课题是我的博士论文选题:研究生教育中导师权力与学生权利适配性研究。

这次访谈主要是想请同学聊聊现在对于研究生教育中导师权力与学生权利适配和研究生师生关系的感受、意见和建议等。

本研究也会严格遵守伦理道德和保密原则,将在研究中对所有受访对象进行化名处理,不暴露您的真实姓名和身份,您可以放心作答。为了方便同学们提前熟悉访谈的主要内容,我草拟了一份半开放式的访谈提纲。我会在必要时根据我们的访谈进程进行补充提问。谢谢!

一、学生基本信息

1.您是研究生还是博士生? 现在是几年级?

二、师生关系形成与塑造

1.您认为师生关系的形成和塑造有哪些过程?

2.您认为师生关系的形成和塑造是否有关键环节? (招生/培养/毕业?)

三、师生关系的现状

1.近年来,频繁发生研究生教育师生关系异化的事件,您是怎么看待研究生教育中师生关系异化现象的?

2.您认为在师生关系中,导师处于怎样地位? 是否双方地位是不平等的?

3.您认为在异化的师生关系中,导师是否存在权力使用过当问题?

四、师生权利配置的本质

1.您认为师生关系异化问题的本质是法律问题/道德问题?

五、师生关系异化的剖析

1.您认为在研究生教育不同环节,导师权力和学生的权利配置情况如何? (招生/培养/毕业?)

2.您认为师生关系异化最可能爆发在什么时候? 是否随着双方交流的不断深入而更加严重? (招生/培养/毕业?)

六、师生关系异化的解决举措

1.您认为可以通过哪些渠道解决师生关系异化的问题？（有关部门/学校/老师/学生）

非常感谢您接受我的访谈，让我获得了很多宝贵的信息。若您有需要补充的想法，可以随时联系我。再次感谢您对我本次研究的大力支持！

参考文献

一、中文文献

(一)专著类

[1]杜智萍.牛津大学导师制的历史演进[M].北京:科学教育出版社,2015.

[2]克利夫顿·康拉德,珍妮弗·格兰特·霍沃恩,苏珊·博雅德·米勒.美国如何培养硕士研究生[M].袁本涛,刘帆,等译.北京:北京大学出版社,2016.

[3]沃克.牛津法律大辞典[M].北京社会与科技发展研究所,译.北京:光明日报出版社,1989.

[4]廖文武,刁承湘.探寻研究生教育的岁月:恢复研究生教育30年[M].上海:复旦大学出版社,2009.

[5]林崇德,姜璐,王德胜.中国成人教育百科全书(心理·教育)[M].海口:南海出版社,1994.

[6]林喆.权力腐败与权力制约(修订本)[M].济南:山东人民出版社,2009.

[7]刘建华.师生交往论:交往视野中的现代师生关系研究[M].北京:北京师范大学出版社,2011.

[8]马丁·布贝尔.人与人之间[M].张健,等译.北京:作家出版社,2015.

[9]潘懋元.新编高等教育学[M].北京:北京师范大学出版社,2009.

[10]秦惠民.学位与研究生教育大辞典[M].北京:北京理工大学出版社,1994.

[11]孙笑侠.程序的法理[M].北京:商务印书馆,2005.

[12]石岩.高等教育心理学:第 2 版[M].太原:山西人民出版社,2014.

[13]苏林琴.行政契约:中国高校与学生新型法律关系研究[M].北京:教育科学出版社,2011.

[14]唐纳德·肯尼迪.学术责任[M].北京:新华出版社,2002.

[15]王洪才.中国大学模式探索:中国特色的现代大学制度建构[M].北京:教育科学出版社,2013.

[16]王洪才.大众高等教育论:高等教育大众化的文化—个性向度研究[M].广州:广东教育出版社,2004.

[17]王传毅.差异与协调:我国研究生教育之区域结构[M].北京:社会科学文献出版社,2013.

[18]王晓升.哈贝马斯的现代性社会理论[M].北京:社会科学文献出版社,2006.

[19]小威廉姆·E.多尔.后现代课程观[M].王红宇,译.北京:教育科学出版社,2000.

[20]余雅风.学生权利概论[M].北京:北京师范大学出版社,2009.

[21]周洪宇.学位与研究生教育史[M].北京:高等教育出版社,2004.

[22]周文辉.导师论导:研究生导师论研究生指导[M].北京:北京理工大学出版社,2012.

[23]湛中乐,等.公立高等学校法律问题研究[M].北京:法律出版社,2009.

(二)期刊类

[1]蔡红建.大学生盲目考研不可取:考研低年级化现象反思[J].人民论坛,2018(36):106-108.

[2]蔡茂华.大众化教育下研究生与导师关系的调查与分析[J].教育与职业,2013(14):182-183.

[3]蔡琼,吕改玲.后喻文化背景下导师与研究生之间的和谐关系探讨[J].中国高教研究,2008(3):39-42.

[4]曹辉.大学内部治理中的学生参与:动因、路径及其实现[J].国家教育行政学院学报,2020(2):53.

[5]苌庆辉,闫广芬.扩招后影响研究生教育质量的主体因素:对生源、

生师比、师生关系的考察[J]. 现代大学教育，2010(5):49-52.

[6]陈菲，陈晓，李英，等. 研究生复试组织管理模式与优质生源选拔[J]. 上海中医药大学学报，2014(3):94-96.

[7]陈海波，胡智愚，陈丽珍. 研究生导师选择偏好关键因素的实证研究[J]. 黑龙江高教研究，2017(6):140-143.

[8]陈恒敏. 导师、研究生关系的内在属性冲突及其超越：兼论一元主义雇佣关系的建构[J]. 江苏高教，2018(1):69-72.

[9]陈恒敏.我国高校自主招生中的社会公平问题研究[J].重庆高教研究,2016(5):53-58.

[10]陈劲松，王晓丽，鲍恩泉，等. 浅谈研究生导师师德师风建设[J]. 教育教学论坛，2020(43):45-46.

[11]陈俊珂. 文化反哺视野中研究生师生关系构建之思考[J]. 学位与研究生教育，2010(9):56-59.

[12]陈睿. 硕士研究生招生初试内容与形式的再思考[J]. 学位与研究生教育，2016(1):47-51.

[13]陈珊，王建梁. 导师指导频率对博士生培养质量的影响：基于博士生视角的分析和探讨[J]. 清华大学教育研究，2006(3):61-64.

[14]陈祎鸿.论导师在研究生培养中的作用[J].学位与研究生教育，2009(12):24-27.

[15]陈久奎. 我国教育仲裁制度的建构研究：一种解决教育纠纷的新途径[J].教育研究，2006(5):50.

[16]陈小花. 高校学生申诉制度的实践困境及其优化[J]. 高教探索，2018(1):41.

[17]程斯辉，曹靖. 当代研究生责任探析[J]. 学位与研究生教育，2014(11):24-29.

[18]楚永全，陈文婷，陈姗姗. 研究生与导师关系的比较分析与改进对策[J]. 教育与教学研究，2011(12):65-68.

[19]楚永全，周立志. 试论研究生导师的德育职责及工作机制构建[J]. 学校党建与思想教育，2011(11):7-10.

[20]戴国立. 高校教育惩戒中的学生参与权探析[J]. 复旦教育论坛，2020(1):40.

[21]段丽琴. 学术权力模式形成的历史：兼评《学术权力——七国高等教

育管理体制比较》[J]. 教育理论与实践，2006(8):10-12.

[22]樊炳辉，孙爱琴，王传江. 工科研究生导师工作几点思考[J]. 科学与管理，2010(2):17-19.

[23]方跃平. 高校师生关系畸变的主要原因解析[J]. 中国矿业大学学报(社会科学版)，2007(3):78-82.

[24]冯向东. 大学学术权力的实践逻辑[J]. 高等教育研究，2010(4):28-34.

[25]甘永涛. 研究生培养模式与师生关系[J]. 教书育人，2005(20):6-8.

[26]高建，乔贵平. 中国特色社会主义政治文化的内涵与特征[J]. 山西师大学报(社会科学版)，2007(6):16-19.

[27]高升.关于全国硕士研究生入学统一考试初试科目设置的思考[J]. 中国高教研究，2014(6):31-35.

[28]高岩，陈晓端. 改革开放 40 年我国课程政策研究的回顾与走向[J]. 课程·教材·教法，2018(8):34-42.

[29]顾海波，赵进华. 高校招生争端仲裁机制探析[J]. 国家教育行政学报，2012(5):43-47.

[30]郭春发，孙霄兵. 大学章程制定中要认真对待学生参与权[J]. 中国高教研究，2012(11):21.

[31]郭德侠. 研究生的课程权力亟待加强[J]. 学位与研究生教育，2007(1):33-38.

[32]郭金玉，张忠彬，孙庆云. 层次分析法的研究与应用[J]. 中国安全科学学报，2008(5):148-153.

[33]国兆亮，王楠. 关于研究生导师评价的几点思考[J]. 中国高教研究，2012(1):56-58.

[34]龚怡祖. 大学治理结构:现代大学制度的基石[J]. 教育研究，2009(6):22.

[35]韩兵. 完善我国高校学生参与权的思考[J]. 高等工程教育研究，2006(6):63-66.

[36]胡甲刚. 学术自由的构成要件:法律权利的视角[J]. 清华大学教育研究，2010(3):15-21.

[37]黄静，屠中华. 高等教育大众化阶段保障研究生招生质量的思考

[J].学位与研究生教育,2015(11):51-55.

[38]季欣.导学学术冲突的私权司法救济探析[J].学位与研究生教育,2020(2):25-32.

[39]贾黎明.导师是老师,还是老板?:试论研究生导师的职责[J].学位与研究生教育,2015(10):1-5.

[40]姜峰.自由与权力:如何超越零和博弈[J].北大法律评论,2008(1):230-238.

[41]姜晓平,吴爱武,陈海燕.当前研究生培养质量的问题及对策探究[J].学位与研究生教育,2005(8):43-47.

[42]姜毅,王炜,康苗苗.基于行为序列分析的师生互动效果研究[J].现代远距离教育,2019(6):53-61.

[43]乐江,周光礼."导师制"与"老板制":中外医学院校研究生培养制度比较分析[J].高等工程教育研究,2008(2):117-123.

[44]李长伟.师生关系的古今之变[J].教育研究,2012(8):113-119.

[45]李昌祖.高校学术纠纷的司法有限介入[J].教育评论,2008(4):11-15.

[46]李春根,陈文美.导师与研究生命运共同体:理念与路径构建[J].学位与研究生教育,2016(4):55-59.

[47]李继兵,李芳红.中美硕士研究生导师制比较分析[J].黑龙江高教研究,2014(2):43-46.

[48]李满林.我国硕士研究生报考条件中的问题及对策[J].教育探索,2009(6):68-69.

[49]李文兵.论学术自由及其限度:《高等教育哲学》解读[J].高教探索2006(6):20-22.

[50]李霞.大学治理中高校信息公开政策的定位[J].管理观察,2017(34):119-121.

[51]梁剑,陈恩伦.学生知情权保障研究[J].教学与管理,2007(9):49-51.

[52]凌云志.高校研究生导师培训常态化机制的建构[J].福州大学学报(哲学社会科学版),2016(4):104-107.

[53]刘海涛.学生学术自由:内涵、历史与未来[J].沈阳师范大学学报(社会科学版),2019(4):112-117.

[54]刘康平,刘立华.学校社会工作介入导师与研究生危机关系干预的策略研究[J].教育探索,2020(4):68-71.

[55]刘立.研究生导师职责协议书[J].科技中国,2018(4):70.

[56]刘蔷薇.浅议高校毕业环节管理的问题及发展对策[J].当代教研论丛,2017(1):96.

[57]刘姗,胡仁东.博弈论视角下的导师与研究生关系探析[J].学位与研究生教育,2015(5):45-50.

[58]刘燕,刘博涵.研究生导学关系优化研究[J].高教探索,2018(8):30-34.

[59]刘引平.硕士研究生报考过程中导师选择的博弈分析[J].金融经济:2015(12):199-201.

[60]刘志,刘健康,许畅.研究生导师立德树人评价需要平衡三对矛盾冲突[J].学位与研究生教育,2019(4):8-12.

[61]楼成礼,孟现志.研究生导师非权力性影响力刍议[J].中国高教研究,2004(10):52-53.

[62]楼成礼,郑庆岚,林玲.以人为本,重构研究生教育的"导学关系"[J].教育发展研究,2004(6):28-29.

[63]卢勃.高等教育管理权力的分化与协调:伯顿·R.克拉克高等教育分权管理思想研究[J].现代教育论丛,2010(5):43-47.

[64]卢德平.高校研究生教育中的知识与权力:对"研究生李某死于导师工厂"事件的反思[J].中国青年政治学院学报,2016(5):6-12.

[65]罗晓雯,李伟.高校学籍管理应当遵从正当程序原则:以一起"高考移民生"被取消学籍案为例[J].课程教育研究,2020(8):7-13.

[66]罗英姿,刘泽文,张佳乐,等.博士生招生"申请—考核"制下的行为选择与制度安排[J].教育发展研究,2016(5).

[67]吕欣,孟庆红.论高校研究生权利和义务的关系:以《普通高等学校学生管理规定》为视角[J].科教导刊,2015(3):141-142.

[68]马焕灵.导学关系转型:传统、裂变与重塑[J].国家教育行政学院学报,2019(9):17-22.

[69]马骁,张华.新时期高校研究生教育管理工作面临的挑战与对策[J].大学教育,2016(1):66-67.

[70]潘懋元,左崇良.高等教育治理的衡平法则与路径探索:基于我国

高教权责失衡的思考[J].清华大学教育研究,2016(4):9-16.

[71]秦惠民.构筑化解高校纠纷的完善机制[J].中国高教研究,2004(4):62.

[72]齐晓颖,刘海峰."双一流"高校建设中研究生导师队伍优化路径探究[J].高教学刊,2018(23):150-153.

[73]乔思辉.新时期我国硕士研究生招生制度演变分析:兼论高校招生自主权的变化[J].研究生教育研究,2012(3):25-30.

[74]秦国柱,孙志远.改革开放40年来研究生招生选拔模式变革趋势、问题及对策[J].黑龙江高教研究,2019(5):100-106.

[75]覃红霞.招生领域高校与学生的法律关系研究[J].北京大学教育评论,2010(2):82-90.

[76]邱栋,吴秋明.技术系统进化法则对虚拟创新集群形成与发展的启示[J].东南学术,2016(3):148-154.

[77]祁占勇.高等学校学术权力本位治理结构的现实困境与逻辑路向[J].高等教育研究,2001(2):27-33.

[78]任海峰,肖鹏.硕士研究生招生综合面试指标体系研究[J].技术与创新管理,2010(4):484-486,506.

[79]史静寰,李一飞,许甜.高校教师学术职业分化中的生师互动模式研究[J].教育研究,2012(8):47-55.

[80]施鹏,张宇.论研究生教育中和谐师生关系及其构建路径[J].学位与研究生教育,2015(5):37-41.

[81]申素平,陈瑶.论非诉讼解决机制及其在我国教育领域的适用[J].中国高教研究,2017(1):66.

[82]孙利君.构建当代研究生和谐师生关系[J].中国成人教育,2011(6):7-10.

[83]孙群,侯其锋.交往理论视角下导师与研究生和谐关系的构建[J].教育评论,2015(2):67-69.

[84]孙文桢.法律视角下导师与研究生关系初探[J].学位与研究生教育,2017(11):8-13.

[85]唐润,尹星.研究生教育中的师生博弈关系及管理策略分析[J].研究生教育研究,2018(6):70-75.

[86]汤晓茜.研究生"导师制"改良的内外途径[J].江苏高教,2017

(2):64-66.

[87]田国秀.师生冲突的概念界定与分类探究:基于刘易斯·科塞的冲突分类理论[J].教师教育研究,2003(6):40-45.

[88]田建军.导师与研究生关系的基本类型及科学构建探析[J].研究生教育研究,2018(3):55-58.

[89]王洪才.教育治理体系与治理能力现代化论略[J].复旦教育论坛,2020(1):12-18.

[90]王洪才.高等教育现代化"三步走"的逻辑[J].终身教育研究,2019(5):3-10.

[91]王本贤.高校硕士研究生招生监控的内涵、程序和要求探析[J].高教论坛,2018(12):100-103.

[92]王春华,涂宇翔,孙晶茹.导师组制在研究生培养中的实践探索[J].高教论坛,2012(3):17-19.

[93]王金利.学术权力影响因素分析:来自《学术权力——七国高等教育管理体制比较》的启示[J].中国电力教育,2009(8):9-10.

[94]王星,马志强.高校研究生师生互选存在的问题及模式创新[J].东北师大学报(哲学社会科学版),2014(3):267-268.

[95]王雪,乔刚.研究生教育的内涵解析[J].中国研究生,2019(3):55-61.

[96]王燕华.从工具理性走向交往理性:研究生"导学关系"探析[J].研究生教育研究,2018(1):60-66.

[97]王轶玮.英国顶尖研究型大学研究生导师制度及其启示:以牛津大学为例[J].学位与研究生教育,2018(10):71-77.

[98]王志栋.硕士研究生与导师双向选择影响因素分析[J].基础医学教育,2006(3):322-324.

[99]王如全."41号令"视域下高校学生违纪处分程序构建[J].继续教育研究,2020(3):81.

[100]汪勋清,王春霞,田松杰,等.优化研究生培养方案,构建培养质量管理体系[J].高等农业教育,2008(12):72-74.

[101]魏海峰,陈文杰,张懿.香港与内地硕士研究生导师制比较[J].世界教育信息,2013(20):64-67.

[102]危建华.权利社会与权力配置[J].行政与法,2001(4):9-12.

[103]吴佩林,魏勇.现行硕士研究生招生过程中亟待解决的几个问题[J].扬州大学学报(高教研究版),2004(3):71-73.

[104]吴岩,徐茜,朱小平,等.导师在研究生培养过程中的职责分析[J].医学教育研究与实践,2010(1):65-67.

[105]吴玥,徐爱萍,余淼,黄道主.高校知情权与学生隐私权的冲突与平衡[J].内蒙古师范大学学报(教育科学版),2020(2):20.

[106]肖灿,王传毅.我国导师评价制度的计量分析:以研究生院高校为案例[J].学位与研究生教育,2020(4):30-34.

[107]肖春.以导师团队为纽带的研究生基层组织管理模式探索[J].教育理论与实践,2011(21):9-10.

[108]谢安邦,朱宇波.我国学位与研究生教育发展30年:回顾与展望[J].教育研究,2008(11):19-29.

[109]谢俊文,覃梦蒙.领导关系:导师与研究生关系的个案研究[J].高等理科教育,2020(2):49-54.

[110]谢义忠,韩雪,张欣,等.P—J匹配,P—O匹配与工作满意度的关系:LMX的调节作用[J].中国临床心理学杂志,2006(5):495-498.

[111]许克毅,叶城,唐玲.导师与研究生关系透视[J].学位与研究生教育,2010(2):59-62.

[112]徐岚.师父、师傅还是老板:从教师角色看研究型大学师生关系[J].高校教育管理,2013(5):33-40.

[113]徐来祥,燕艳.导师视角下高校理工科研究生"三助"工作现状研究[J].高教学刊,2018(15):20-22.

[114]徐水晶,龙耀.中国研究生教育中导师与研究生关系问题研究[J].现代大学教育,2016(5):80-87.

[115]薛花.多元文化视野下高校研究生事务管理的有效性探讨[J].学校党建与思想教育,2010(4):66-68.

[116]阎光才.学术共同体内外的权力博弈与同行评议制度[J].北京大学教育评论,2009(1):124-138.

[117]阎为民,栾忠权,杨菁.研究生教育和谐的内外部质量保障机制的构建[J].研究生教育研究,2011(2):33-36.

[118]杨菁.研究生思政教育中导师"第一责任人"工作机制研究[J].北京教育(高教版),2017(7):141-142.

[119]姚琳琳.研究生导师的权利诉求及其规范的制定[J].高教发展与评估,2019(5):47-54.

[120]姚金菊.高等学校行政争议非诉解决机制研究[J].首都师范大学学报(社会科学版),2017(2):151.

[121]尹晓敏.论高校学生申诉制度功能的失落与复归[J].高等教育研究,2009(3):30.

[122]于峰,张勇.研究生师生关系的非均衡现状及其影响和调整[J].学位与研究生教育,2012(12):69-72.

[123]余桂红,张应强.研究生招考方式改革百年:流变与特征[J].学位与研究生教育,2012(11):43-47.

[124]曾红权,贺浩华.建立责、权、利统一机制发挥导师在研究生培养中的主导作用[J].高等农业教育,2009(5):67-68.

[125]湛中乐.保障学生正当权利规范高校管理行为[J].中国高等教育,2017(9):14-16.

[126]湛中乐、靳澜涛.我国教育行政争议及其解决的回顾与前瞻:以"推动教育法治进程十大行政争议案件"为例[J].华东师范大学学报(教育科学版),2020(2):8-14.

[127]张端鸿,陈庆,邢睿.以公约精神与评价体系完善推动导师和研究生关系建设[J].思想理论教育,2018(9):97-101.

[128]张恩学.教育行政复议制度研究:以高等院校校生纠纷为视角[J].教育探索,2015(1):112-113.

[129]张静.导师与研究生之间的和谐关系研究[J].中国高教研究,2007(9):19-22.

[130]张汶军,夏豪杰.有效益的公平:我国博士招生"申请—考核"制实施状况回顾与反思[J].江苏高教,2020(4):77-82.

[131]张欣兰,刘鸿,肖云龙.论导师与研究生交往关系的转变[J].学位与研究生教育,2007(9):17-20.

[132]张懿,魏海峰.香港高校研究生导师制的特点及启示[J].中国教育技术装备,2013(24):54-56.

[133]张振芝,王彦锜.硕士研究生权利现状调查,法理分析与保障研究[J].高等农业教育,2019(5):92-97.

[134]郑婷婷,蒋义.普通高校研究生师生关系的调查分析:以 Y 大学

为例[J]．扬州大学学报（高教研究版），2016(4):46-50.

[135]周雷．机械制造企业资产适配性分析[J]．会计师，2015(2):66-67.

[136]周巧玲，柳铎．博士研究生导师的角色与责任:概念框架的建构[J]．学位与研究生教育，2008(9):26-29.

[137]周文辉，张爱秀，刘俊起，赵清华，周玉清．我国高校研究生与导师关系现状调查[J]．学位与研究生教育，2010(9):7-14.

[138]朱小平，邬丽莎，尹思源，等．地方医学院校提升研究生教育质量的实践探索[J]．中国高等医学教育，2012(7):132-139.

[139]朱勇．严格答辩程序 完善答辩救济:关于研究生学位论文答辩制度建设的思考[J]．学位与研究生教育，2006(3):23-26.

[140]左崇良．研究生导师责权机制的法理分析[J]．学位与研究生教育，2018(8):19-24.

[141]左崇良，皮修平．研究生导师责权关系的法哲学思考[J]．高等教育评论，2019(2):134-145.

[142]左崇良，杨欣鬲，钱晓东，等．研究生与导师互选工作中的师生心态分析和矛盾协调[J]．学位与研究生教育，2011(3):21-25.

（三）学位论文类

[1]寸翠鹤．云南大学导师与硕士研究生师生关系的现状及影响因素研究[D]．昆明:云南大学，2016.

[2]高岩．教师个体教学哲学及其建构研究[D]．西安:陕西师范大学，2012.

[3]胡萌．大学生权利现状调查研究:以 G 校为例[D]．南京:南京师范大学，2014.

[4]黄代翠．心理健康教育辩证法研究[D]．武汉:武汉大学，2012.

[5]黄子纯．基于社会网络视角的农林院校导师与研究生师生关系研究[D]．武汉:华中农业大学，2019.

[6]李俊峰．全日制硕士专业学位研究生导学关系研究[D]．广州:华南理工大学，2017.

[7]李可．高校行政权关系中研究生权利充分实现的研究[D]．长沙:中南大学，2003.

[8]梁锦涵．导师与研究生科研能力的关系研究[D]．青岛:青岛大

学，2016.

[9]彭俊.中国公立高校校生纠纷研究[D].武汉：华中师范大学，2011.

[10]阮晓磊.我国师生关系的历史变迁研究[D].西安:西北师范大学,2014.

[11]孙帅梅.高校学生纪律处分的法律研究[D].上海：复旦大学，2013.

[12]许明成.大学生权利保护研究[D].扬州:扬州大学,2013.

[13]张珊骥.高校研究生教育中师生关系研究[D].西安:西北农林科技大学，2015.

(四)网络文献类

[1]2020年博士研究生招生简章(校本部)[EB/OL].[2019-09-12].https://admission.pku.edu.cn/docs/20190912214910913773.pdf.

[2]福建省教育厅高等学校章程核准书第1号（福州大学）[EB/OL].[2015-02-15].http://www.fjedu.gov.cn/html/xxgk/zywj/2015/02/15/c1a194dd-5982-42ce-8c30-204145f4ff9d.html.

[3]物信学院北斗团队党支部:增强理想信念,建设学习型先进组织[EB/0L].[2019-09-17].http://xcb.fzu.edu.cn/html/2019ztjy/sbby/2019/09/17/e488e54a-0647- 4171-b070-64d0a0e2f4bc.html.

[4]腾讯教育、麦可思调研机构.本科生考研意向调查[EB/OL].[2020-10-10].https://new.qq.com/rain/a/20201019A01G2Z00.

[5] The History of the Tutorial[EB/OL].[2018-05-20].https://www.greenes.org.uk/ greenes-education/our-history/the-history-of-the-tutorial/.

[6]教育部关于全面落实研究生导师立德树人职责的意见[EB/OL].[2018-02-09].http://www.moe.gov.cn/jyb_xwfb/gzdt_gzdt/s5987/201802/ t20180209327165.html.

[7]2020全国研究生招生调查报告[EB/OL].[2021-1-28].https://www.Eol.cn/eky/zt/report/2020/catalog.html.

[8]2020年全国硕士研究生招生工作管理规定[EB/OL].[2019-08-14].https://www.moe.gov.cn/srcsite/A15/moe778/s3113/201908/t20190819395052.html.

[9]关于进一步规范和加强研究生培养管理的通知［EB/OL］.［2019-03-04］. http://www. Moe. Gov. cn/srcsite/A22/moe826/201904/t20190412377698.html.

[10]关于深化研究生教育改革的意见［EB/OL］.［2013-03-29］. http://old. Moe. Gov. cn//publicfiles/business/htmlfiles/moe/A22zcwj/201307/154118. html.

[11]国家中长期教育改革和发展规划纲要（2010-2020 年）［EB/OL］.［2010-07-29］. http://www. Moe. Gov. cn/jyb＿xwfb/s6052/moe＿838/201008 /t2010080293704.html.

[12]普通高等学校招生违规行为处理暂行办法［EB/OL］.［2014-07-08］. http://old. Moe. Gov. cn/publicfiles/business/htmlfiles/moe/moe621/201407/171344.html.

[13]研究生导师指导行为规范（征求意见稿）［EB/OL］.［2020-11-12］. http://www. Moe. Gov. cn/jyb＿xwfb/s5147/202011/t20201112499586.html.

[14]教育部关于全面落实研究生导师立德树人职责意见［EB/OL］.［2018-01-18］. http://www. Moe. Gov. cn/srcsite/A22/s7065/201802/t20180209327164.html.

[15]学位与研究生教育发展"十三五"规划［EB/OL］.［2017-01-20］. http://www. Moe. Gov. cn/srcsite/A22/s7065/201701/t20170120＿295344.html.

二、英文文献

[1]ALLAIRE Y，FIRSIROTU M E. Theories of organizational culture［J］. Organization studies，2016，5(3):193-226.

[2]ANDERSION C，JOHN O P，KELTNER D .The Personal sense of power［J］. Journal of personality，2012，80(2):313-344.

[3] ANDERSION J E. Student-faculty interaction's influence on student motivation: A comparison of perceptions between students and faculty in technology［J］. Dissertations & theses － gradworks，2011(4): 35-44.

[4]ANTHONY S B. Contextual influences on inquiries into effective teaching and their implications for improving student learning [J]. Harvard educational review, 2012(1):83-106.

[5]BENSON T A, COHEN A L, BUSKIST W, et al. It is relation to student attitudes and behaviors towards teachers and classes [J]. Teaching of psychology, 2009(4):237-270.

[6]BLAKE B S, BAYNE M L, CROSBY F J, et al. Matching by race and gender in mentoring relationships: keeping our eyes on the prize [J]. Journal of social issues, 2011(3):622-643.

[7]BRADBURY L U, KOBALLA T R. Mentor advice giving in an alternative certification program for secondary science teaching: opportunities and roadblocks in developing a knowledge base for teaching [J]. Journal of science teacher education, 2007(6):817-840.

[8]CHORY R M, CROSKEY J C. The relationship between teacher management communication style and affective learning [J]. Communication quarterly, 1999(1):1-11.

[9]COX B E. Adevelopmental typology of faculty-student interaction outside the classroom [J]. New directions for institutional research, 2011 (S1):49-66.

[10]ELIZABETH M, IAN M, SHANE T H. Observing emotional interactions between teachers and students in elementary school classrooms [J]. Massey university, 2011(10):22-30.

[11]FRIEDRICH H, MAC K J. The quality culture in doctoral education: Establishing the critical role of the doctoral supervisor [J]. Innovation in education and teaching international, 2019(2):140-149.

[12]GATFIELD T. An investigation into Ph D supervisory management styles: Development of a dynamic conceptual model and its managerial implications[J]. Journal of higher education policy and management, 2005, 27(3):19-25.

[13]GRAEN G, SCANDURA T. Toward a psychology of dyadic organizing [J]. Research in organizational behavior, 1987(9): 175-208.

[14]HOLLANDER E. Leadership dynamics: A practical guide to ef-

fective relationships [M].New York：Free Press，1978.

[15]HOMANS G.Social behavior as exchange [J]. American journal of sociology，1958(83)：597-606.

[16]HUGHES N，WAINWRIGHT S，CRESSWELL C. Enhancing and supporting the role of academic tutors in developing undergraduate writing skills：reflections on the experiences of a social work education programme [J]. Learning and teaching：the international journal of higher education in the social sciences，2012(2)：27-48.

[17]IVES G，ROWLEY G. Supervisor selection or allocation and continuity of supervision：Ph. D. students′ progress and outcomes [J]. Studies in higher education，2005(5)：535-555.

[18]JEHNIE I. Cultural internationalism at the cite universitaire：international education between the first and second world wars [J]. History of education，2010(2)：155-173.

[19]JIM D，KELLY W，MARGARET W. Classroom interactions：gender of teacher，gender of student，and classroom subject [J]. Sex roles，2001(10)：597-593.

[20]JOHNSON W B，NELSON N. Mentor-protege relationships in graduate training：some ethical concerns [J]. Ethics &·behavior，1999，9 (3)：189-210.

[21]KWAN T，LOPEZ F R. Mentors' perceptions of their roles in mentoring student teachers [J]. Asia-pacific journal of teacher education，2005(3)：275-287.

[22]LECHUGA V M. Faculty-graduate student mentoring relationships：mentors′ perceived roles and responsibilities [J]. Higher education，2011(6)：757-771.

[23]LESSING A C，SCHULZE S. Postgraduate supervision and academic support：students' perceptions [J]. South African journal of higher education，2002(2)：139-149.

[24]MANEPATT U. Mentoring an essential leadership skill [J]. Review of research，2012(3)：1.

[25]MARTIN A J，DOWSON M. Interpersonal relationships，moti-

vation, engagement, and achievement [J]. Review of educational research, 2009(1):327-365.

[26]MARTIN T. Problems in the transition from elite to mass higher education[R]. Berkeley, California: Carnegie Commission on Higher Education, 1973.

[27] MOSKVICHEVA N, BORDOVSKAIA N, DARINSKAYA L. Role of students and supervisors' interaction in research projects: expectations and evaluations [J]. Procedia social and behavioral sciences, 2015(1):576-583.

[28]NASIR S, MASEK A. A model of supervision in communicating expectation using supervisory styles and students learning styles [J].Procedia social and behavioral sciences, 2015(4):265-271.

[29]NURIT P E, SHOSHANA B K. Dialogue in the Israeli classroom: types of teacher-student talk [J]. Language and education, 2006 (2):51-60.

[30]ORTRUN Z S, VAL R. A constructivist model for evaluating postgraduate supervision: a case study [J]. Quality assurance in education, 2004(2):82-93.

[31]PETRA S, HEINZ S. Noticing children's learning processes-teacher jointly reflect on their own classroom interaction for improving mathematics teaching [J].Journal of mathematics teacher education, 2007 (2):157-185.

[32]PIANTA R C. Enhancing relationships between children and teachers [M]. American psychological association, 1999:58-67.

[33]RAWLINGS W K. Teaching as a mode of friendship [J]. Communication theory, 2000(1):5-26.

[34]SHOSH L. The many faces of mentor-mentee relationships in a pre-service teacher education programme [J]. Scientific research, 2012 (4):413.

[35]SMITH A, VICKI J. It is the relationship that matters: a qualitative analysis of the role of the student-tutor relationship in counselling training [J]. Counselling psychology quarterly, 2011(3):233-246.

［36］TAL R，ARGAMAN S. Characteristics and difficulties of teachers who mentor environmental inquiry projects ［J］. Research in science education，2005(4):363-394.

［37］THOMPSON D R，KIRKMAN S，WATSON R，et al. Improving research supervision in nursing ［J］. Nurse education today，2005 (25):283-290.

［38］KINDEBERG T. The significance of emulation in the oral interaction between teacher and students ［J］. Journal of philosophy of education，2013(1):1-9.

［39］WILKES Z. The student-mentor relationship: a review of the literature. Nursing standard，2006(37):42-47.

后 记 ·········

本书由我的博士论文修改而成,其选题与我的学科背景和高等教育管理学习实践有关。我从法学本科毕业到法律硕士论文撰写,一直把高校与学生的法律关系、大学生受教育权救济等大学生权利保障作为自己的研究主题。到了博士论文选题时,自然聚焦到关系到大学治理效能和研究生培养质量的导师权力与学生权利的适配性问题。因为近年来研究生师生关系异化而引发的各类事件,不仅要从道德的视角,而且更应当从法律的视角来审视和把握,这与高校依法治教、提升大学治理体系和治理能力现代化的时代背景高度契合。

学习是一种责任、一种境界、一种习惯,在高校工作尤为如此。在高校工作 17 年后,经历了中国高等教育渐进式改革和高速度发展,有了一定高等教育管理经历和思考之后,迫切需要再学习、再思考、再提升,以更好地适应高等教育跨越式发展。厦门,是一座极富魅力的城市,不仅是因为她是中国改革开放的前沿城市,更因为她有在中国高等教育发展史上极具特色且做出重大贡献的厦门大学。对厦门的喜爱和对厦大的钟情,自然攻读博士学位的目标锁定在厦门大学,更何况厦大有中国高等教育研究的发源地厦门大学教育研究院和中国高等教育研究的奠基人潘懋元先生,一位令人高山仰止、无比崇敬和热爱的学术泰斗!

厦门大学有许许多多令人崇敬和热爱的老师,我的导师王洪才教授就是其中的一位。追随王洪才教授,不仅是因为读博之前的一点学术积累,与王老师的研究方向高度契合,更是因为王老师是一位治学严谨、学术造诣深厚,特别有思辨智慧和学术风范的师者;是一位为人正直、率真坦诚,对学生既严格要求、高度负责,又关爱有加、以身示范的尊者。从刚开始拜读王老师的博客和文章,就深深地被王老师严谨求实的治学精神、理性思辨的博学智慧所折服。2015 年有幸被厦大录取,使自己在所从事的高等教育领域的研究和思考,能有机会在王老师的指点下,在学以致用的道路上不断求索,从自己一开始《章程、治理和现代大学制度》的选题到最终的《研究生教育中导师权力与学生权利适配性研究》,都是在王老师现代大学治理的研究大方向指引下,反复论证和聚焦,最终确定了自己法律硕士的学科背景和研究基础的这一博士论文选题。在博士论文写作的四年多时间里,王老师耐心细致的指导和有条不紊的催促,自2020年底论文初稿形成和2021年一整年6次的修改完善,每次都被王老师对高等教育独到而深刻的见解和思辨所折服。王老师深厚的理论功底、严谨的治学态度和勤勉负责的敬业精神,让我在一次次痛并快乐着的修订过程中,更加地成熟和完善,直至最后定稿、送审和顺利答辩,无不倾注了王老师的心血,在此谨向恩师王洪才教授致以崇高的敬意和由衷的感谢!

厦门大学教育研究院在中国高等教育研究领域有着崇高的地位,最重要的原因是这里有我国当代著名教育家、高等教育学开拓者、全国教书育人楷模潘懋元先生,一位今年到了101岁的期颐之年仍思维敏捷、思路清晰且能进行前瞻性思考的高等教育学奠基人。2015—2016年博士学习的第一学年,95岁高龄的潘先生给我们上了两个学期课,无论是堂课讲学、报告点评还是论文批改,我们都近距离地享受着这位令学生们无比敬重和热爱的治学严谨、爱生如子、孜孜不倦的教育大家的言传和身教。2020年8月先生百岁华诞暨从教85周年的纪念大会,5位教育部原副部长悉数到场,先生在中国高等教育领域的崇高地位可见一斑。厦门大学教育研究院的大牛还很多,给我们授课作报告的就有讲述大学文化、典故与人物的邬大光教授、中国科举与考试的刘海峰教授、高校战略与规划的别敦荣教授、教育质量与评估的史秋衡教授、高校管理实务的李泽彧教授、大学校长研究的张亚群教授、质性研究方法的徐岚教授、资料检索和文献综述的吴薇教授,各位老师从高等教育不同视角的生动诠释和讲述,使我们对中国高等教育的历史文化、发展脉络、现状未来及研究方法,有了更为深刻、更为全面的了解、认知和把握,老师们的教诲、鼓励和帮助,使我受益匪浅、终生难忘!

道阻且长,行则将至。著书写作,确实是一个痛并快乐着的过程,其中的压力与挑战、充实和收获,只有经历过的人才能体会。尽管本书的撰写倾注了自己大量的时间和精力,从中也体验到收获的喜悦,但由于我个人学养的局限,本书还有许多疏漏和不足,只待日后努力去弥补。从书稿形成至今已近一年时间,难忘在我研究选题、资料收集、问卷调查、深度访谈和数据整理过程中,给予我关心、指导、支持和帮助的师长、同事、朋友和家人们,借书稿付梓之际,我谨在此表示深深的谢意!

首先,要特别感谢福州大学原党委书记陈笃彬研究员和闽江学院副校长陈兴明教授(时任福州大学发展规划处处长),陈笃彬研究员和陈兴明教授是我攻读厦大博士的推荐者和领路人,在我读博士的过程中,给予我莫大的支持、鼓励和帮助。同时,要特别感谢一路走来给我关心、指导和帮助的我的大学老师邹雄教授、吴国平教授和王利平教授,老师们的教诲、支持和鼓励,让我终生受益。能坚持到最后顺利完成本书的撰写,还要特别感谢我的家人,我的爱人刘晓静老师和妈妈王增彰老师,她们自觉承担了大量的家务和对儿子的教育与辅导,是她们默默辛苦的付出、积极长久的支持,我才能在写作的道路上,一路前行而没有家庭的拖累和负担。

本书能顺利出版,特别感谢厦门大学王洪才教授领衔的教育部人文社会科学重点基地重大项目"中国特色的大学内部治理结构与质量保障机制建设"的资助。厦门大学出版社的编校人员为本书的出版付出了巨大的努力,在此也深表谢意! 收笔之前,不能不提在厦门大学学习的日子,寒来暑往,2015年9月以来的长假和寒暑假,我在那里度过了300多个日日夜夜,一方面是因为厦大校园可以无干扰地进行文献阅读和写作,更重要的是,倚在凌云八的宿舍阳台,可以观海沧日落日出、听白城潮落潮起、看鹭江船来舰往、感普陀晨钟暮鼓,把中国最美大学的建南大会堂、科艺中心、颂恩主楼、芙蓉湖畔、勤业餐厅尽收眼底,傍晚还可以到凌云后面的思源谷跑跑步,感受思源谷的清风碧波、草亭晚舟、花鸟虫鱼,让写作带来的压力和苦闷,能得到及时的舒张和化解。懂得思源与颂恩,是为人最基本的准则,感谢厦门大学! 感谢福州大学!

施卫华
2021年11月13日
于福州大学旗山校区